영상번역가로 먹고살기

왓북

목차

프롤로그

지은이 & 소중한 경험과 노하우를 공유해주신 번역가분들

1장 번역가들은 어떻게 살고 있나요? 18

- / 저녁이 있는 삶, 아침이 있는 삶
- / 이 맛에 번역하죠
- / 슬픔을 지어내고 싶진 않아요
- / 세상에 공짜는 없어요

2장 어떻게 준비해야 하나요? 50

- / 영어공부용 먹방 프로그램 추천
- / 그래도 어학 실력 vs. 그래도 열정
- / 뭘 좀 알아야 : 배경지식
- / 디테일에서 신을 만나다
- / 번역이란 노동을 대하는 자세

3장 데뷔하는 방법 좀 알려주세요 90

- / 내가 찾아간 영상번역 vs. 나를 찾아온 영상번역
- / 데뷔 : 인연이 필요한 걸까, 인맥이 필요한 걸까
- / 첫사랑, 첫 작품
- / 눈여겨볼 국제영화제 목록
- / 기억에 남는 작품은 따로 있어요

4장 일감은 어떻게 구하나요? 132

- / 영상번역, 쉽게 생각하면 안 돼요
- / 일감을 따는 법 : 영업비밀을 왜 물으세요
- / 업계의 단가 현황은 천차만별
- / 몸값 올리는 법 좀 알려줘요

5장 번역 노하우 좀 알려주세요 172

- / 대본과 영상 받기
- / 자막의 외관 I : 스파팅(spotting)과 타임코드(TC)
- / ATS 영상번역 프로그램
- / 자막의 외관 II : 두 줄의 미학
- / 직역과 의역의 선택
- / 장르별 번역 시 유의할 점
- / 감수와 검수

6장 번역가들의 동행 이야기 268

- / companion : 우리 같이 빵 먹자
- / 잡초가 연약한 풀이라고요?
- / 공동작업 : 혼자 일해도 완전히 혼자일 순 없어요
- / 뭉쳐야 산다

7장 번역가의 미래는 어떨까요? 296

/ 번역가와 인공지능
/ 우리가 바라는 세상
/ 어떤 사람이 영상번역가가 되나
/ 나를 위한 격려 : 수고했어, 사랑해

에필로그

영상번역 노하우 원포인트 레슨 332

① 실제 사례를 통해 배우는 스파팅 방법
② 글자 수 안배를 통한 읽기 좋은 자막 만들기
③ 영상번역의 묘미, 대사 축약!
④ 대사 이외에 번역할 것들
⑤ 시청자를 위한 배려, 단위환산
⑥ 더빙작품을 위한 영상번역 방법

※ 영상번역가로 변신한 정역씨 에서 발췌

프롤로그

'좋아하는 외국 드라마나 영화를 보면서 돈도 버는 직업'이라고 혹시 들어보았나?

바로 영상번역가라는 직업이다.

이런 말을 얼핏 들으면, 사람들은 눈을 동그랗게 뜨고는 "아니, 그런 직업이 다 있어?"라며 엄청난 호기심을 표한다. 출퇴근할 일도 없고, 카페에서, 집 거실에서 자기 스케줄에 맞춰서 외국 드라마나 영화를 보다가 노트북 자판 좀 두들기고는 (번역에 투자한 시간을 감안했을 때) 적지 않은 돈까지 번다니 혹할 수밖에 없다. 그래서 많은 영상번역가 지망생들이 영상번역가가 되는 꿈을 꾸며, 괜찮은 정보를 찾아 인터넷을 헤맨다. 정말 영상번역가만 되면 꿈같은 일이 벌어질 것만 같다. 이 책은 이런 환상을 가진 독자들에게 '꿈 깨라'는 이야기를 전한다.

꿈 깨라고 해서 영상번역가의 생활에 관한 묘사가 사실이 아닌 건 아니다. 모두 사실이다. 영상번역가들은 직업 만족도가 상당히 높은 직군이다. 솔직히 말해서 드라마나 영화 보는 일이 힘들어 봤자 얼마나 힘들까? 남들은 주말에 일부러 시간을 내서 보기도 하니 말이다. 하지만, 영상번역가의 삶을 깊숙이 파고들어 가서 미시적으로 살펴보면 녹록지 않은 현실과 마주하게 된다. 그래서인지 일부 사람들은 "영상번역가는 외국어를 완벽하게 귀로 듣고 번역해야 하는데, 그에 비하면 돈 얼마 못 번대", "영상번역 공부한다고 암만 노력해봐도 결국 영상번역가 되는 사람은 극소수라고 하더라", "요즘 영상번역 쪽에 일거리가 없대요. 지상파에서 요즘 외화 안 하잖아" 같은 '카더라' 통신을 남발하고 있다. 이 책은 이런 말들이 '허위사실'임을 또한 밝히고 있다.

내가 이 책에서 말하고픈 이야기는 영상번역가들의 '관념적인 삶'이 아니라, '현실의 생활'이었다. 책 제목 그대로 '먹고사는' 이야기를 제대로 하고 싶었다.

사실 저자인 나도 영상번역가이다 보니 이왕이면 남들 보기에 폼 나고, 봄날처럼 화사한 이야기만 추려볼까 하는 생각이 전혀 없었던 건 아니다. 하지만, 영상번역가들이 일하면서 실제로 거북해하거나 짜증스러워하는 부분까지도 다 담아냈다. 그래서 읽다 보면 약간 투정이나 불만 섞인 부분도 보일 것이다. 하지만 그게 '현실의 생활'이다.

세상에 공짜가 없다는 것. 이 놀라운 진실을 한 해, 한 해 살면서 온몸으로 느끼게 된다.

이 책에 소개되는 번역가들의 일상과 각종 업계 현황 등은 객관적인 자료를 기초로 했다. 통계학에서 말하는 '대수의 법칙(law of large numbers)'에는 미치지 못하겠지만, 심층 인터뷰에 응한 번역가들 이외에도 여러 영상번역가와 업계 관계자들의 이야기를 취합했고, 각종 언론에서 다룬 내용 중에서 믿을 만한 자료를 취사선택했다.

자료는 객관적이지만 자료의 해석은 저자의 주관적 해석이다. 따라서 자료 부분에서는 크게 이견이 없겠으나 업계의 현실을 진단하는 문제나 현실을 타개하는 방안, 업계의 미래 전망 등에 있어서는 이견이 있을 수 있다는 점을 미리 밝힌다.

그리고 이 책은 우롱차가 아니다. 저자의 전작인 《영상번역가로 변신한 정역씨》에서 언급한 내용은 (100퍼센트라고 할 순 없겠지만) 최대한 배제하려 노력했다. 《정역씨》의 반응이 좋았다고 해서 (솔직히 상당히 좋았다) 그 내용을 우려서 밋밋한 책을 쓸 생각은 손톱만큼도 하지 않았다. 《정역씨》가 입문과정쯤 되는 이야기라면, 이 책은 심화과정쯤 되는 이야기이다.

그들은 어떻게 영상번역가가 되었고, 지금 어떤 삶을 살고 있나?

어려운 질문에도 선뜻 응해준 김명순, 임선애, 김지혜, 이 세 분의 영상번역가들에게 특별한 감사의 말씀을 전한다. 솔직하게 이런저런 얘기를 많이 해 주셔서 정말 큰 도움을 받았다. 또 이름을 밝히지는 않았지만, 업계의 뒷얘기와 개인적 견해 등을 가감 없이 꺼내어 놓은 또 다른 영상번역가들과 업계 관계자분들께도 감사드린다.

인생은 자전거 타기와 같다. 할 일은 두 가지다.

오늘이라는 페달을 열심히 밟는 것.
고개 숙이지 않고 앞을 보는 것.

" Life is a tragedy when seen in close-up, "

but a comedy in long-shot.

- Charles Chaplin

인생은 가까이서 보면 비극이지만, 멀리서 보면 희극이다.

- 찰리 채플린

지은이 & 소중한 경험과 노하우를 공유해주신 번역가분들

지은이 **최 시 영** Sean Choi

프로는 아름답지 않다고 생각하는 직업 번역가이며, 영상번역 전문블로그 〈밥상〉의 에디터이다.

한국외국어대학교에서 경영학과 신문방송학을 공부했고, ROTC로 포병장교 복무를 마친 후 연매출 6조 원의 금융대기업, 매출 300억 원의 중소기업, 연매출 0원의 공익단체, 매출 1억 원의 사회적기업(Social Enterprise) 등 여러 직장에서 동가식서가숙(東家食西家宿) 하며 살았다.

재단법인 아름다운가게의 번역 프로보노(ProBono)를 하면서 글로 먹고살기를 꿈꾸다가 우연히 〈글밥 www.glbab.com〉 이라는 곳을 알게 되었고, 운도 좀 따라주어 《역사를 바꾼 영웅들》, 《서양인의 손자병법》, 《4차 산업혁명의 충격》, 《Golden Rules》, 《영국이코노미스트 세계경제대전망》 등과 같은 근사한 책들과 역자의 인연을 맺었으며, 영국 BBC와 미국 PBS에서 공동 방영한 인류의 과학문명사를 다룬 다큐멘터리 〈How We Got To Now: TIME〉의 자막 제작 및 감수 작업을 진행하면서 영상번역가로 데뷔하였다.

지금은 영상번역 전문가 그룹인 〈써브바이(SubBy)〉의 멤버이자 출판번역 및 기획전문 그룹인 〈바른번역〉의 정회원으로 양 손에 떡을 쥐고서 번역도 하고, 잡지에 기고도 하며 '내 삶'을 살고 있다.

감성 정보소설 《영상번역가로 변신한 정역씨》의 저자인 관계로 실물을 궁금해 하는 독자들이 많은데, 〈고용노동부〉와 〈한국산업인력공단〉에서 운영하는 한국직업방송(TV WORKNET)의 '강의쇼 청산유수'에서 확인할 수 있다. '정역'과 '수성'은 창조된 인물로 저자와 무관하다.

네이버 블로그 '밥상' | blog.naver.com / bab-sang
글밥 아카데미 | www.glbab.com

김지혜

2012년부터 영상번역가로 활동하며 수백 편의 미드·TV영화·다큐멘터리 등을 번역했다. 글밥아카데미 출판번역과정을 수료한 후로는 출판번역도 겸업하고 있다. 미국 버클리음악대학에서 Professional Music을 전공했으며, 한국외대 영어통번역학과를 졸업하고 이화여대 외국어교육특수대학원에서 TESOL을 전공했다. 음악·엔터테인먼트 회사와 특급호텔에서 근무했으며, 캐리커처보다 훨씬 아름답다. 주요 작품은 다음과 같다. (이메일 jessiekimmail@gmail.com)

미드 번역

「하우스」 시즌 2·4, 「은밀한 하녀들(디비어스 메이드)」 시즌3, 「멜리사 앤 조이」 시즌3, 「시크릿 앤 라이즈」 시즌1, 「쿠거 타운」 시즌 4·5, 「로앤오더: 크리미널 인텐트」 시즌7, 「위험한 아내들」 시즌 1·2·6, 「캐슬」 시즌 5·6, 「더티 섹시 머니」 시즌2, 「로스트」 시즌1·2, 「크리미널 마인드」 시즌3, 「대통령 스캔들」 시즌 1·2, 「그레이 아나토미」 시즌9 등

TV영화 번역

「워킹 위드 더 데드」, 「나의 가장 완벽한 결혼식」, 「댓 어쿼드 모먼트: 그 어색한 순간」, 「사랑을 위한 여행」, 「포겟 미 낫」, 「아이 어게인스트 아이」, 「해저 2만 리」, 「본드 오브 사일런스」, 「두 얼굴의 남편」, 「울프맨 헌터」, 「지구 최후의 날」 1·2편 등

다큐멘터리 번역

「브라질 월드컵 특별 다큐멘터리: '축복의 그라운드' 시리즈」, 「고아의 아버지 조지 뮐러」, 「위대한 설교자 찰스 스펄전」, 「세상을 이기는 말씀」 등

김명순

한일 영상번역가이자 일본어 번역 전문 '카나필' 대표 겸 프로듀서. Fox Japan 프로젝트 BABY TV 번역 및 녹음연출 프로듀서로 활동 중이며, 미야자키 하야오의 [지브리미술관 레이아웃전] 음성가이드 녹음연출을 맡기도 했다. ARC ACADEMY 한국어 강사, 일본TV 요미우리 문화센터 한국어 강사, 주식회사 GEOS 한국어 강사로 활약하기도 했다. 우아한 실물 및 보다 상세한 번역 경력은 인스타 계정(asuka_purelife)에서 볼 수 있다.

홍보 및 유통 판매용 자막 번역디렉팅

「낭만닥터 김사부」, 「아임쏘리 강남구」, 「상속자들(메이킹 DVD)」, 「우리 갑순이」, 「돌아와요 아저씨」, 「미녀 공심이」, 「욱씨남정기」, 「원티드」, 「닥터스」, 「사랑은 방울방울」 등

방송용 자막 번역디렉팅

「미세스캅2」, 「검과 꽃」, 「판타스틱」, 「런닝맨(유튜브 공개용 하이라이트)」, 「태양의 후예 콘서트」 등

웹툰 번역

레인보우 코믹스, 레진코믹스, 다음카카오의 일본서비스 사이트

음반 번역

- 한국 드라마/영화 OST-레코드사 ㈜포니캐년 재팬 발매 작품들

「말죽거리 잔혹사」, 「신부수업」, 「외출」, 「연리지」, 「청춘만화」, 「왕의 남자」, 「그해 여름」 등 (이상 영화), 「101번째 프로포즈」, 「태양 속으로」, 「순수」, 「프로즈」, 「다모」, 「Love story in Harvard」, 「불새」, 「옥탑방 고양이」, 「내 이름은 김삼순」, 「미안하다 사랑한다」, 「허준」, 「이 죽일 놈의 사랑」, 「궁」, 「미스터 굿바이」(이상 드라마)

- 이동건 베스트 앨범 가사 번역

- 브라운 아이드 걸스 아브라카타브라 일본어 버전 음반 번역 外 다수

임선애

2008년부터 지금까지 수많은 중국 드라마와 영화 등을 왕성하게 번역해 왔으며, 현재 글밥아카데미에서 후배 번역가들을 가르치고 있기도 하다. 단국대학교 중어중문학과를 거쳐 한국외대 통번역대학원을 졸업했다. 실물은 캐리커처보다 훨씬 아름답다. 수많은 작품 가운데 일부만 소개하면 다음과 같다.

드라마

「아요변성잉사자」, 「명탐정 적인걸2」, 「09 의천도룡기」, 「절대은사」, 「대당유협전」, 「옹정황제의 여인」, 「초류향 신전」, 「칠협오의 인간도」, 「금혼」, 「태평공주」, 「철학의 계보 왕양명」, 「설평귀와 왕보천의 이런사랑」, 「공자 춘추」, 「삼국의 여인」, 「수호지 무송」, 「정충 악비」, 「영웅」, 「영춘전기」, 「대약방」, 「신조협려 2014」, 「칭기즈칸의 후예」, 「대청염상」, 「풍운의 대가문」, 「주원장과 유백온」, 「동자스님 소공공」, 「왕후의 꽃」, 「제금:가면의 비밀」 등

시놉/시나리오

「나의 로봇 남친(我的机械男友)」, 「쩨쩨한 남녀(抠门男女)」, 「다른 사랑은 없어(没有别的爱)」 등

다큐/교양

KTV 해외 특선 다큐 「메콩강, 4,900Km 물길을 가다」 더빙 번역, 「본초명가」, 「자금성, 루브르 박물관을 만나다」, 「왕립군의 진시황 강의」, 「문명의 길」 더빙 번역, 「혀끝으로 만나는 새해」 더빙 번역

영화

「노포아」, 「로스트인홍콩」, 「나는 증인이다(블라인드 리메이크)」, 「나의 소녀시대」, 「굿바이 미스터 루저」, 「몬스터 헌트」, 「자객 섭은낭」, 「꺼져버려 종양군」, 「도사하산」, 「구층요탑」, 「파풍」, 「만물생장」, 「좌이」, 「적도」, 「살파랑2」, 「헐리우드 어드벤쳐」, 「아이 엠 썸바디」, 「20세여, 다시 한 번」, 「십만개냉소화」, 「도성풍운2」, 「살교여인 최호명」, 「실고」 등

1장

[번역가들은 어떻게 살고 있나요?]

날마다 반복되는 생활을 일상이라고 한다.
일상은 꼭 직업적인 부분에 한정한 생활이 아니다.
많은 사람에게 사랑받았던 어느 가수의 노래처럼 '산책을 하고,
차를 마시고, 책을 보고, 생각에 잠기는' 모든 일이 일상 속에 녹아 있다.

영상번역가의 일상은 어떨까? 정신없이 바쁠까?
느긋하고 한가할까? 아침 몇 시쯤에나 일어날까?
하루 작업시간은 얼마나 될까?
그들의 일상으로 여러분을 초대한다.

저녁이 있는 삶,
아침이 있는 삶

❋ 저녁이 있는 삶

국민들에게 '저녁이 있는 삶'을 돌려드리겠다는 어느 정치인의 구호가 아직도 많은 직장인들의 뇌리에 여운으로 남아있다. 저녁을 집에서 식구들과 평화롭게 보내고 싶다는 이 작고 당연한 권리를 이 땅의 많은 직장인들은 아직도 제대로 누리지 못하고 있기 때문인가 보다.

 어쩌면 구직자 입장에서는 부럽기만 한, 사치스런 욕심일 수도 있다. 하지만 대한민국에서 직장생활을 잠시라도 해본 사람이라면 누구나 알게 된다. 평일에도 가족이나 친구처럼 편하고 가까운 사람들과 밥을 먹을 수 있는 여유, 기진맥진한 채로 잠만 자러 집으로 들어가는 게 아니라, 퇴근 후 좋아하는 영화도 보고 취미생활도 할 수 있는 여유가 얼마나 소중한지를.

 그런 면에서 번역가들은 직장인들과는 다른 선택지를 가진 사람들이다. 과연 그들의 일상은 어떤 모습일까?

"번역가는 조직생활을 하는 직장인처럼 근무시간이 엄격하지는 않지만, 저는 스스로 정한 퇴근시간을 칼처럼 지키기 위해 노력합니다. 그래야만 작업시간에 집중력이 더 높아지고, '저녁이 있는 삶'도 가능하지요. 매일 스스로 야근을 선택한다면, 프리랜서라는 직업을 선택할 이유가 없다고 생각하거든요. 식구들과 함께 하는 저녁시간이야말로 번역가로 전업하는 데 찬성해준 식구들에 대한 보답이라고 생각한답니다." - 17년 차 번역가 K 씨

인터뷰에 응해 준 K 번역가는 전형적인 아침형 인간이다. 그는 번역가로 전업하고 난 뒤에도, 마치 직장인처럼 작업실로 규칙적으로 출근하고 또 스스로 정한 퇴근시간에 맞춰 정확히 퇴근한다. 스스로 '저녁이 있는 삶'을 지켜나가는 것이다.

그런데 내가 만나본 영상번역가들 가운데에는 이런 아침형 인간보다는 저녁형 인간이 좀 더 많은 것 같다.

❈ 아침이 있는 삶

아침형 인간들이 '저녁이 있는 삶'을 늘 꿈꾼다면, 저녁형 인간들은 느긋한 아침을 소망한다. 예전에 어떤 기관에서 직장인들을 상대로 조직생활의 가장 큰 스트레스가 뭔지 조사했다는 기사를 읽은 적이 있다. 뭐니뭐니해도 '조직 내 불편한 인간관계'를 가장 큰 스트레스로 꼽은 사람들이 가장 많았고, 두 번째가 매일 아침 반복되는 '출근 스트레스'였다고 한다. 그만큼 고단한 출근길은 많은 직장인들을 힘들게 한다.

사람도 아침에는 '예열'이 필요하다. 사람이 오븐이나 자동차는 아니지만, 사람도 갑작스럽게 활동을 하면 무리가 따르기 때문에 수면시간 동안 낮아진 체온을 어느 정도 끌어올려야 몽롱한 상태에서 벗어나 제대로 된 활동을 할 수 있기 때문이다. 그런데 아침(또는 새벽)에 충분히 자지도 못한 채로 알람 소리에 '억지로' 잠을 깬 뒤 부랴부랴 출근을 서두르다 보면, 스트레스 호르몬 때문에 몸과 마음이 함께 망가질 수도 있다. 출퇴근 시간의 꽉 막힌 도로 사정이나 사람들에 끼인 채로 이리저리 떠밀리며 목적지로 향하는 지하철 객차 안을 떠올리면 출근도 안 했는데 퇴근부터 하고 싶어진다.

하지만 번역가는 비교적 아침의 여유를 즐길 수 있다. 느긋이 일어나 커피 향을 맡으며 작업실로 들어가기만 하면 '출근 끝'이기 때문이다. 새벽부터 일어나 화장하거나, 옷을 골라 입을 필요도 없다. 허둥지둥 화장실과 식탁을 오가며 부산을 떨 필요도 없다.

"저는 늦잠 자는 편은 아니에요. 아침 9시 정도면 일어나거든요. 왜 웃으세요? 하하. 오전에는 일 안 하고 운동하고요. 오후부터 새벽까지 작업하는 편입니다." - 김지혜

"아침에 늦게 일어나죠. 아무래도 밤에 작업을 하다 보니 일반 직장인들처럼 아침 일찍 일어나는 경우는 많지 않아요. 하루 일정을 거의 자기 마음대로 할 수 있으니까 자기가 아침형 인간이면 오전에 작업을 많이 하고, 저녁형 인간이면 야간에 작업을 많이 하겠죠." - 임선애

"저는 회사를 운영하는 입장이라 마냥 늦게 일어날 순 없고요. 다른 작가들을 보면 아무래도 저녁형 인간이 좀 더 많은 것 같긴 해요. 제 생각엔 아침형이든 저녁형이든 간에 계획을 세우고 스스로 시간 활용을 잘해야지, 시간 활용에 대해 터치가 없다고 시간을 막 흘려보내면 안 되겠죠. 너무 아깝잖아요. 일반 직장인들이 그토록 원하는 아침시간이나 저녁시간일 텐데요." - 김명순

❋ 책상 출근, 카페 출근

프리랜서 영상번역가들의 사무실은 집이나 카페다. 물론 따로 작업실로 오피스텔을 얻는 경우도 있긴 하지만 대부분 집에서 책상으로 출근하거나, 아니면 집 근처 카페 2~3군데를 정해 놓고 출근하는 경우가 많다. 아, 시설 좋은 공공도서관도 많이들 간다. 부럽나? 하지만 사람에 따라서 평온하고 느긋한 삶보다 사람들을 만나고, 실적을 내고, 다른 사람들로부터 인정받는 것에 큰 만족을 얻는 사람들도 많이 있다. 또 조직의 일원이 되어 혼자서는 할 수 없는 커다란 일을 성취하는 것에서 자아를 찾는 사람도 있고, 공적 조직에서 공무를 통해 보람을 느끼는 사람들도 있다.

❋ 각자 자기 몫의 삶이 있다.

카페를 이용하는 경우에는 커피 맛보다는 '공간'적 특성이 주요 고려 대상이다. 왜냐하면, 엄연히 영상번역가들의 사무공간이기 때문이다. 공간이 협소하면 아무래도 카페 주인이나 종업원들의 눈치가 보인다.

물론 아주 단골이라서 카페 측에서 모텔이나 호텔의 장기 투숙객처럼 생각하면 얘기가 좀 달라질 순 있다.

카페는 1층에 카운터가 있고 2층에 넓은 공간과 종업원이 없는 곳이 편하다. 창가 쪽 자리를 선호하는 영상번역가들도 있긴 한데, 너무 밝은 빛은 영상을 보기에 불편하기도 하고 집중하기도 좋지 않아 안쪽 자리를 선택하는 영상번역가들도 많다.

요즘에는 공공도서관도 카페처럼 시설이 괜찮은 곳이 많이 있다. 새로 생긴 곳은 대부분 노트북 작업실도 따로 마련되어 있어 자판 두드리는 소리에 크게 신경 안 써도 된다. 그래도 도서관은 너무 조용해서 적당히 백색소음이 있고 전화 통화도 자유롭게 할 수 있는 카페가 대세인 것 같다.

❈ 커피는 정신노동자의 막걸리

영상번역가들 중에는 술을 좋아하는 사람도 있고, 잘 안 마시는 사람도 있다. 반반 정도? 번역을 제2의 창작이라고 말하는 경우도 있긴 하지만, 원칙적으로 완전한 창작의 영역에서는 벗어나 있기 때문에 문인들이나 예술가들처럼 주당들이 많은 업계는 아닌 것 같다.

그렇지만 커피는 확실히 많이들 마신다. 물론 예외는 있겠지만. 커피는 술과 대척점에 있다.

술이 각성된 정신을 느슨하게 풀어 창조의 뇌 작용을 자극하는 촉매제로 작용한다면, 커피는 느슨해진 정신을 반듯하게 붙들어 매는 강력한 각성제로 작용한다.

번역은 노동이라는 표현을 많이 하는데, 늦은 밤에 미묘한 어감을 옮기느라 고군분투하는 모습을 상상하면 자연스레 노트북 옆에 커피가 떠오른다. 커피는 정신노동자의 막걸리다. 뜨겁던 커피가 절반쯤 식은 채로 남게 되면, 문득 시계를 쳐다보게 되고 자정을 한참 넘긴 시침이 취침할 때임을 알려 준다.

 그리고 아무런 '부담 없이' 잠자리에 든다. 마감 전에 일을 마친 안도감과 함께.

❋ 마감과 함께 하는 삶

영상번역이 출판번역보다 대체로 작업주기가 짧다. 이 말은 마감이 금방 돌아온다는 말과 같다. 출판번역이 2~6개월을 주기로 마감이 돌아온다면, 영상번역은 한 달에도 2~3번 마감이 돌아온다. 일주일에 한 번꼴이라고 생각하면 편하겠다. 더 짧은 경우도 있다.

 마감이 짧아서 좋은 점과 나쁜 점이 있다. 좋은 점은 (업체별로 한 달에 한 번씩은 들어오니까) 번역료 회전이 빠르다는 점이고, 나쁜 점은 아무래도 마감에 대한 정신적 압박이 자주 생긴다는 사실이다.

 무리하게 물량을 많이 받는 경우가 아니라면 특별히 마감에 쫓길 이유는 없다. 물론 중간중간 '기묘한 일'이 생기기도 한다. 예를 들면, 몸 상태가 갑자기 나빠져서 작업을 못 했다든지, 작업을 다 해놓았는데 파일이 날아가(이때의 심정을 감안하면 '날라가'가 더 적확한 표현이 될 것 같다) 버렸다든지 하는 경우이다. 파일에 이상이 생기는 사고를 겪고 나면 파일을 웹에 저장해야겠다는 생각을 하게 된다. 물론 외장하드를 이용하는 경우도 있다. 영상번역가마다 노하우가 있는데, 인터넷 포털 사이트 카페를 개설해서 그 안에 작품별로 정리하는 경우도 있고, 웹하드를 사용하는 경우도 있다.

❋ 제약과 마감을 사랑하기

영상번역가를 영상번역 작가라고도 부르는 이유는 출판번역이나 기술번역에 비해 번역가의 개입 여지가 많기 때문이다. '번역가의 개입'은 원어를 옮기면서 '뺄 건 빼고, 더할 건 더하며, 수정할 건 수정하고, 바꿀 건 바꾼다'는 의미이다. 왜 개입 여지가 많을까? 바로 '제약' 때문이다. 글자 수라는 강력한 제약도 있고, 방송용 작품은 소위 표준어라 불리는 정형화된 언어를 강요받기도 한다. 영상번역가는 역설적이게도 그 제약 때문에 상대적으로 더 자유롭다. (있는 그대로 모든 단어를 옮길 필요도 없고, 옮길 수도 없기 때문이다.)

 마감도 마찬가지다. 마감이 없으면 완성된 작품도 없고, 작품 목록인 필모그래피도 없다. 마감이 빨리 돌아오는 건 그만큼 다양하고 많은 작품을 만난다는 의미이다. 영상번역가 중에는 작품목록이 1,000편 이상이 되는 사람들도 꽤 있다. 물론 그 작품들 중에서 두고두고 기억되는 작품은 소수이겠지만.

 마치 가수 이미자가 '동백아가씨'로 기억되는 것처럼, 배우 이영애가 '대장금'으로 기억되는 것처럼, 번역가 이미도가 '슈렉'으로 기억되는 것처럼 누군가에게 자신을 각인시키게 할지 모르는 작품을 위해 오늘도 많은 영상번역가들이 밤늦도록 커피를 마시고 키보드를 두들기며 숙명 같은 마감을 받아들고 있다.

" All great artists and thinkers are great workers. "
- Friedrich Nietzsche

위대한 예술가와 사상가들은 모두 위대한 노동자이다.
- 프리드리히 니체

이 맛에
번역하죠

✿ 칭찬이 없어도 춤추는 고래

'칭찬은 고래도 춤추게 한다'라는 말이 있다. 책 제목으로 유명하기도 하다. 그런데 칭찬이 긍정적인 효과가 큰 교육방식이자 인간관계 향상 방법인 건 맞지만, 최상의 것은 아니다. 왜냐하면, 자기 외부의 보상에 기댄 방식이기 때문이다. 금전적인 보상이든 칭찬과 같은 심리적인 보상이든 타인에 의한 외적 보상보다는 스스로 좋아서 하는 내적 보상이 가져다주는 효과에 더 집중해야 자아실현과 같은 '궁극적인' 목표와 성장을 달성할 수 있다.

자아실현이라는 말은 별다른 게 아니라 자기 삶을 산다는 의미이다.

"번역은 자기표현 행위라고 생각해요. 자기표현의 결과물이 작품인 거죠. 그래서 작가라고 호칭하는 거고요. 가장 중요한 건 자기만족에 있어요. 자기가 좋아하는 작품을 할 때가 제일 좋죠. 저는 미야자키 하야오 감독님의 작품 관련해서 음성가이드 더빙녹음 연출을 할 때가 제일 좋았어요." - 김명순

"피트니스 클럽에서 운동하면서 스크린을 보고 있는데, 제가 번역한 작품의 예고편이 그럴듯하게 나올 때가 있어요. 물론 제 이름이 나오는 건 아니지만 기쁘죠. 신기하기도 하고. 아, 내가 번역하는 사람이구나 하는 걸 관념이 아닌 실체 속에서 깨닫는 순간이죠." - 김지혜

"돈이나 칭찬, 그런 것보다는 내가 좋으니까 하는 거죠. 물론 시청자나 관객들 피드백이 좋으면 신나겠죠. 하지만 그건 부차적인 문제라고 봐요. 번역하는 일이 자기한테 맞고 좋다는 것, 그게 제일 중요한 거죠. 어릴 때부터 무협영화를 좋아했는데 내가 지금 무협영화를 번역하고 있다는 것. 생각할수록 행운이고, 감사한 일이에요." - 임선애

그런데 내적 보상이 외적 보상보다 '더' 중요하다는 의미이지, 외적 보상이 중요하지 않다는 말이 아니다. 외적 보상은 시청자들의 긍정적인 피드백, 번역료, 자유로운 일과 등이 있다.

✤ 시청자와 관람객들의 피드백

영상번역가들 중에서 이름이 알려진 대형 상업영화 번역가들은 종종 악성 댓글에 시달리기도 하고, 또는 날카롭고 논리적인 지적에 고개를 숙이기도 한다. 인터넷에 누구누구 오역 사례라고 게시한 글들도 많다. 심지어 특정 번역가를 상대로 퇴출운동이 벌어지기도 한다. 유명세란 '세상에 이름이 널리 알려진 탓으로 당하는 불편이나 곤욕을 속되게 이르는 말'이라는데, 말 그대로 유명세를 치르는 것이다.

가끔은 이런 유명세가 부럽다고 말하는 영상번역가들도 있다. 인기

를 얻지 못한 연예인들이 "무플보단 악플이 낫다"고 푸념하는 것과 비슷한 맥락이다. 이런 말을 하는 이유는 유명해지면 아무래도 경제적 수입이 나아질 확률이 높고, 또 유명해지는 것 자체가 남보다 낫다는 느낌이 들게 하여 대부분 사람에게 긍정적 심리상태를 가져오기 때문이다.

 방송 계통의 영상번역가들도 시청자들에게 피드백을 받는다. 방송사별로 시청자들의 의견을 듣는 게시판 등을 마련해 놓고 있다. 여기에는 긍정적인 피드백도 있고, 부정적인 피드백도 있다. 그런데 생각보다 영상번역가들의 사기에 미치는 영향이 크다. 왜냐하면, 어쩌다 한 번씩 발생하는 '특별한' 일이기 때문이다.

 시청자들의 칭찬에 사기가 충만해지기도 하고, 비난에 어깨가 축 늘어지기도 한다. 물론 별로 신경 안 쓰는 '대범한' 번역가들도 있다. 하지만 대부분의 영상번역가는 핼리혜성이 찾아오듯 가끔 찾아오는 댓글이나 시청자 의견에 '번역 좋았다'는 내용이 있으면 연애편지라도 받은 듯 기쁜 마음으로 하루를 보낸다.

"영상의 내용을 완전하게 옮긴 대본이 아니라 시나리오에서 약간 수정한 정도의 대본을 받을 때도 잦아요. 특히 번체(正體字)로 나오는 시나리오가 영상과 불일치할 때 딜레마에 빠지죠. 한번은 우리나라 아이돌 스타가 출연한 유명 드라마를 번역하는데 영상과 맞지 않는 거예요. 주인공 언니 이름이 바뀌었더라고요.

 받은 대본과 음성이 서로 맞지 않으면 당연히 음성에 따라서 번역해주면 되는데, 그때는 화면에 나오는 위패의 한자와 등장인물의 음성이 달라서 문제였죠. 등장인물의 음성에 따라 번역을 하자니 화면에 크게 잡히는 위패의 한자와 맞지 않고, 위패의 한자에 따라 번역을 하자니 등장인물의 말과 매치가 안 되고, 말 그대로 진퇴양난에 빠졌어요. 어떻게 했느냐고요?
　업체 감수팀장과 번역팀이 모여서 대책회의를 하고 프로덕션 피디와도 상의한 끝에 괄호로 처리했어요. 이런 경우도 있답니다.” - 임선애

❋ 번역료

나중에 자세히 설명할 테니 지금은 간단히 말하겠다. 번역료 때문에 번역한다는 영상번역가는 극히 일부다. 사실 번역가들은 돈 쓸 일도 많지 않아서 자리를 잡은 번역가들을 보면 의외로 통장에 돈이 차곡차곡 쌓이는 경우를 많이 본다. 왜냐하면 번역 일정이 빡빡하면 개인 운동시간 말고는 거의 하루 종일 번역작업에 시간을 다 뺏기는 경우도 많고, 번역 일정이 빡빡하지 않을 때에도 주로 가까운 사람들 위주로 만나다 보니 의복이나 화장품에 많은 돈을 들이지 않는다. 재택근무 내지 카페근무가 대세라서 교통비도 거의 쓸 일이 없다. 대충 입고 돌아다녀도 사람들이 '아, 문화예술 쪽 사람이라 그런가 보다' 하고 대부분 좋게 이해한다. 주거광열비와 여행비는 번역가들이 좀 쓰는 경향이 있긴 하다.

❀ 자유로운 일과

초등학생이 방학을 앞두고 하얀 스케치북에 컴퍼스로 동그랗게 커다란 원을 그리고 그 안에 방학 동안의 하루를 계획하듯, 번역가들은 자기의 일과를 일정에 따라 스스로 계획한다.

 처음에는 넘쳐나는 시간을 주체하지 못하기도 하고, 자신의 신체 리듬을 제대로 파악하지 못해서 매일매일 일과가 바뀌기도 한다. 하지만 어느 정도 시간이 지나면 '루틴'이라는 것이 생겨서, 독일 철학자인 임마누엘 칸트 정도는 아니더라도 규칙적인 생활에 돌입하는 경우가 많다. 알람 소리가 없더라도 해가 방안을 밝게 비추면 자연스레 눈이 떠지게 된다. 요즘엔 도시에도 공원이 많이 생겨서 산책 겸 아침 운동을 나갔다 올 수도 있고, 느긋하게 음악을 들으면서 브런치를 먹을 수도 있다. 자기 마음이다.

 사람마다 다르긴 한데 대체로 오후 시간부터 번역작업에 들어가는 경우가 많았다. 왜냐하면, 아침부터 업무용 영화나 드라마 보는 건 아침부터 삼겹살 구워 먹는 것과 비슷한 느낌이기 때문이 아닐까. 물론 미국식 아침 식사에 곁들여지는 베이컨처럼 가벼운 시트콤이라면 아침부터 작업해도 좋다. 아침드라마도 챙겨서 보는데, 돈 벌면서 시트콤 보는 거야 얼마든지 환영일 테니.

❀ 소박한 기쁨 속에서

영상번역가들이 번역을 하는 이유, "이 맛에 번역한다"라고 말할 때 그 맛은 '슴슴한' 맛일 테다. 강렬하게 맵고 자극적인 맛이 아니라, 이북식 냉면이나 개성만두가 전하는 맛처럼 소박하고 정갈한 차림새 속에 은근히 생각나는 맛과 비슷하다.

"잠깐 잠깐의 순간 때문에 번역을 하게 되는 것 같아요. 대사가 잘 풀릴 때는 제가 마치 번역하고 있는 영화나 드라마 속의 주인공들과 같이 있는 것 같은 느낌이 들거든요. 그 잠깐의 순간이 영상번역가에게는 소중하죠." - 김지혜

 기쁨도 차곡차곡 쌓아가는 것일까? 성실한 기쁨이 느껴진다.
 메밀과 전분을 섞어 반죽을 만들어 면을 뽑고, 뽑아낸 면을 찬물에 씻어 '탱글탱글한' 면발을 만든 다음, 물에 사골을 넣고 느긋하게 끓이다가 사태를 넣고 삶아낸 뒤 고기를 건져낸 육수를 차갑게 식혀서 동그랗게 말아 놓은 면 위에 살포시 부으면 훌륭한 냉면이 된다.
 그 냉면을 팔아 음식값을 받아서 좋고, 또 손님이 맛있다고 추켜세우면 더 기분이 좋고, 냉면 만드는 재미 자체도 좋다.
 그리고 무엇보다 반죽을 치대는 순간, 사골 육수가 뽀얗게 끓어오르는 순간, 돌돌 말린 면 위에 차곡하게 육수를 부어내는 그 순간순간이 소중하다는 얘기이다. 그 소중하고 기쁜 순간이 모여 근사한 냉면이 손님 앞에 당당히 나선다. 아, 인생이란.

자유직 종사자들의 미시적 삶과

1. 마지막 4중주 (A Late Quartet, 2012)

고상하고 우아한 클래식 선율 사이로 인간의 욕망이 흐르는 영화이다. 사랑과 우정에 관한 이야기이며, 권력욕과 질투에 관한 이야기이다. 그냥 '삶'에 관한 이야기라고 하기엔 '음악가들'의 삶과 일상이라 더 애잔하고 특별하게 다가온다. 왜냐하면 우리는 알게 모르게 지고(至高)의 아름다움을 추구하는 예술가들에게 한 수 접어주는 관대한 미덕이 있으니까.

자유로운 영혼도 더러는 구속을 받는다. 아니, 오히려 인간은 원래부터 누구나 구속 상태에 있고, 다만 '자유로운 영혼'이라 불리는 족속들이 조금 더 빈번하게 구속에서 벗어났다가 다시 현실로 잡혀 들어간다는 표현이 더 맞을 것이다.

사진의 왼쪽 두 번째에 선량해 보이면서도, 욕망과 질시를 감춘 채 앉아 있는 필립 세이모어 호프만의 미소를 보라. 2013년에 〈소프라노스〉의 제임스 겐돌피니가 세상을 떠나 슬펐는데, 2014년에는 필립 세이모어 호프만마저 하늘나라로 가 버렸다. R.I.P.

그 아름다움을 그린 영화 3편

2. 프리다 (Frida, 2002)

이 영화는 생각보다 고통스럽지 않다. 프리다 칼로라고 하면 미디어에서 항상 '고통'의 이미지로 덧칠해 놓았기에 영화도 '여류' 화가의 고통스런 삶을 그렸겠거니, 그런 선입관으로 관람을 시작했다. 그러나 아니었다. 원색 찬란한 남국의 색감이 온갖 고통보다는 예술가로서의 삶과 디에고에 대한 사랑을 더욱 명징하게 드러내고 있었다. '마지막 외출(the exit)'을 떠난 프리다에게 묻고 싶다. 왜 그토록 뜨겁게 살았느냐고. 프리다가 환생한 듯한 셀마 헤이엑은 스크린 속에서 이렇게 대답했다.

"내가 나를 가장 잘 아니까! (Because I am the person I know best.)"

번역 : 이미도

3. 아메리칸 셰프 (Chef, 2014)

인생이 맨날 신나면 좋겠지만, 이상하게도 날이 갈수록 속된 욕심만 늘고 신나는 일은 줄어들기만 한다. 그래서 항상 신나는 것까지는 언감생심, 더러 신나기만 해도 감지덕지다.

 무겁고 고상한 영화만 좋은 영화가 아니다. 베토벤이나 말러만 훌륭한 음악가인 게 아니다. 우리를 신나게 해주는 건 오히려 쿠바 샌드위치가 팬에서 지글거리는 소리나 레게 음악의 신나는 리듬 같은 것일지도 모른다. 그냥 흥얼흥얼거리는 허밍 속에 파랑새는 숨어 있다. 이 영화를 보고 난 감동을 받지 않았다. 감동을 '먹었다'.

 그리고 다짐했다. 인생을 너무 거북하게 받아들이지 말자고.

" What's money? A man is a success if he gets up in the morning and goes to bed at night and in between does what he wants to do. "

- Bob Dylan

돈이 뭐길래? 아침에 일어나서 밤에 잠들 때까지, 그 사이에 자신이 원하는 일을 한다면 성공한 사람이다.

- 밥 딜런

슬픔을 지어내고 싶진 않아요

❋ 아쉬울 때

영상번역가의 애환? '애환'이라고 할 것까지는 없을 것 같고, 일을 하다 보면 아쉬운 점이 생기게 마련이다. 경우에 따라서는 내가 왜 이 일을 하고 있을까 하는 자괴감이 들 수도 있다. 영상번역가로 자리 잡기 전에 경제적으로 힘든 경우라든지 업체에서 싫은 소리 듣는 경우라든지 그 사유는 많고, 또 개별적이다.

"번역하면서 아쉬운 대부분은 일정이 빡빡하게 일이 들어온다는 것, 그래서 명색이 프리랜서인데 프리할 수 없다는 것 정도일까요? 가끔 대본이 정리가 안 된 상태로 들어와서 일할 때 좀 힘들다는 거 정도예요." - 임선애

"일정 쫓길 때 힘들죠. 대강할 수도 없는 거잖아요. 그리고 프로덕션 피디가 기분 나쁘게 말할 때도 감정이 많이 상하죠. 물론 대놓고 막

뭐라고 하는 건 아닌데, 삐딱하게 말하는 거 있잖아요. 확인이라기보다는 추궁하듯이 묻는 거요. 번역 자체가 아닌, 그런 인간관계에서 오는 스트레스가 아쉽죠."- 김지혜

"모든 작품을 번역할 때는 상당한 애정을 갖고 번역을 해요. 평소 방송매체를 상당히 좋아해서요. 멋진 작품을 번역할 때 정말 행복한데요. 검수단계에서 표현을 극대화하여 원고의 느낌을 최대한 살리려 노력했는데, 작품의 이해가 부족한 담당자분의 검수가 올 때는 정말 기운이 빠지죠. 언제나 빠듯한 스케줄이라 어쩔 수 없이 적당히 타협하고 마무리할 때가 참 서글픕니다."- 김명순

❋ 번역 실명제

번역 실명제란 번역을 누가 했는지 작품의 크레딧에 이름을 새기는 것을 말한다.

 최근인 2016년 09월까지는 극장용 영상번역이 아닌 방송용 영상번역에서는 번역 실명제가 제대로 시행되지 않았다. 그런데 조금 상황이 달라졌고, 더 달라질 것 같다.

 이것도 나중에 자세히 말할 내용인데, 번역 실명제가 번역가에 대한 대우 문제와도 관련이 있지만, 그런 이해관계를 떠나서 그저 자기 작품이니까 자기 이름을 넣고 싶다는 순수한 '작가'로서의 감정이 있다는 사실을 이해할 필요가 있다.

❋ 일정 관리

프리랜서의 가장 큰 걱정이라면 아마 일이 끊기는 상황이 아닐까? 그래서 일이 들어오면(의뢰를 받으면) 거절하기가 쉽지 않다. 약간 타이트한 일정이더라도 하려는 경향이 많다. 왜냐하면, 일감이 공백 없이 들어온다는 보장도 없고(물 들어올 때 노 저어야 하고), 또 의뢰를 거절했을 때 해당 업체에서 다음번에 의뢰하지 않으면 어쩌나 하는 걱정이 있기 때문이다.

프로덕션 입장에서는 안정적으로 번역을 공급받길 원한다. 그래서 영상번역가가 의뢰를 거절하면 다른 번역가를 찾아야 하는 번거로움이 있고, 불행하게도 아주 특별한 영역이 아니라면 대체 가능한 영상번역가 풀을 가지고 있기 때문에 금방 대체자(대타)를 찾고 그 사람이 잘하면 그 사람과 계속 거래할 확률도 있다. 그래서인지 휴가도 제대로 못 가는 번역가도 보게 된다.

이런 일을 방지하려면 확실한 실력을 업체에 각인시켜 놓거나 아니면 인간적인 유대관계를 맺어 놓는 게 좋다. 하긴 실력이 각인되기 전까지, 또 인간적인 유대관계가 생기기 전까지는 의뢰를 거절하기 힘든 상황이니 공허한 말처럼 들릴 수도 있겠다.

간혹 프로덕션에서 갑자기 정해진 마감 일자를 좀 당겨달라고 하는 경우도 있다. 그럴 때는 정말 일정에 쫓기게 된다. 이런 일이 자주 생기면 혹시 고의로 그러나 하는 생각이 들 수도 있다.

치열한 경쟁 환경이 프로덕션 피디와 영상번역가를 피곤한 상황으로 몰아가고 있다. '부탁'하는 입장이든 '거절'하는 입장이든 마음이 편치가 않다. 이런 부분에서는 약간의 감정노동이 필요하다.

❊ 임의적인 수정

영상번역은 최종 번역문을 프로덕션 임의로 결정하는 경우가 많이 있다. 보통은 영상번역, 특히 방송번역 쪽은 바쁘게 돌아가기 때문에 번역가들에게 여러 차례 물어보지 못한다는 얘기를 많이 한다. 이런 사유도 있지만, 기본적인 전제에서부터 영상번역가들이 최종 결과물을 제공하는 게 아니라 중간 결과물을 제공한다는 인식이 깔렸기 때문이다.

이 문제는 번역 실명제와도 연관이 있다. 예전에야 번역가 이름이 나오지 않고, 아예 번역자에 대한 언급이 없거나 회사 이름으로 나가니까 그러려니 했을 수도 있겠지만, 번역 실명제 작품의 경우에는 시청자들이 해당 번역가의 이름을 확인할 수 있으므로 최종적인 번역물의 수정 권한도 영상번역가가 갖는 게 바르다고 본다.

너무 당연한 얘기인데도 출판번역과 영상번역은 다르다고, 영상번역 업계는 나름의 룰이 있다고 강변하는 사람들도 있긴 하다. 이렇게 강변하는 사람들 중에 이해하기 힘들지만, 영상번역가(들)도 있다. 젊을 때 시집살이에 시달린 며느리가 늙어서 시집살이시키는 시어머니가 됐다고나 할까. 업계 현실은 현실인 거고, 잘못된 건 잘못된 거다. 예를 들어, 사회에 성차별이 만연하다고 해서 성차별이 정당화되는 건 아니지 않는가.

❊ 밥은 먹고 다녀요

영화 〈살인의 추억〉에서 주연배우 송강호는 "밥은 먹고 다니냐?"라는 유명한 대사를 남겼다. 극 중에서 '이런 살인을 저지르고도 정상적인

생활이 되냐'는 의미로 한 말이라고 한다. 일상생활에서도 많이 쓰는 말인데, 생계는 어떻게 유지가 되느냐고 안부를 물을 때 쓰기도 한다.
 문학, 순수예술, 영화 등에 종사하는 사람들에 비해서 그래도 번역가들은 '먹고사는 문제'는 어느 정도 해결이 된다. 즉, 자기 혼자의 생계 유지는 경력이 2년 정도 이상이 되면 대체로 가능한 것 같다. 물론 1년이 안 되었는데도 빨리 자리 잡는 경우도 있고, 5년이 넘도록 자리를 못 잡는 경우도 있다.
 이렇게 밥은 먹고 다닐 수 있는 건 '의뢰받은 일'을 하기 때문이다. 예를 들어, 화가나 시인, 소설가는 자신들의 작품이 팔리지 않아 그간의 노력이 '자기만족'에 그치는 경우도 많이 있지만, 적어도 번역가는 유상으로 일을 하므로 투자한 노력과 시간은 번역료가 많든 적든 간에 보상받게 된다.

❋ 실제 작업시간

간혹 번역료에 관한 애환을 말하면서 영상번역가의 시급이 편의점 알바보다 못하다거나, 최저임금법상의 최저시급에도 미치지 못한다고 말하는 영상번역가들이 있다. 하지만 이건 과장이 좀 포함돼 있다. 왜냐하면, 실제 작업시간을 고려해서 살펴보아야 하기 때문이다.
 예를 들어, 영상번역가 중에 한 달 수입이 최저임금에도 미치지 못하는 사람들이 있다면, 그건 그만큼 일감을 맡지 못해서거나 일을 많이 안 했기 때문일 것이다. 최저시급(2018년 7,530원)으로 하루 8시간씩 일한다면 하루 6만 원 남짓이다. 영상번역가가 이와 비슷한 시간 동안 작업했다면, 정말 일을 시작한 지 얼마 안 되는 초보 번역가(그것도 특별히 번역속도나 자막작업 속도가 느린)가 아닌 이상 최저임금과 비교할 일은 아닌 것 같다. 물론 최저임금과 비교해 설명해야 하는 현실이 슬프긴 하다.

❀ 슬픔에 대처하는 자세

불편한 상황을 무조건 참는 건 능사가 아니다. 그렇다고 무조건 불평만 하는 것도 능사가 아니다. 영상번역가도 적극적인 사람이 대체로 업계에서 성공할 확률이 높다. 적극적인 건 외향적인 것과는 다른 의미이다. 내향적인 사람도 얼마든지 적극적일 수 있다. 외향적인 사람은 관심이 자기 바깥에 있다는 의미이고, 내향적인 경우는 반대로 보면 되겠다. 즉, 외향적이고 내향적인 것이 관심의 방향이라고 하는 성격상의 문제라면 적극적이냐, 소극적이냐 하는 문제는 '실행'과 '실천'의 문제이다.

 몸값을 올리기 위해 이력서 문구를 정성 들여 고치고, 3~5명의 소규모 영상번역가 그룹을 결성하는 일과 같이 자그마한 실행과 실천이야말로 슬프게 느껴지는 상황에 대처하는 우리의 자세가 아닐까 한다.

세상에
공짜는 없어요

❋ 공짜 점심과 비지떡

영미권에선 세상에 공짜가 없다는 말을 'There's no such thing as a free lunch'라고 표현하고, 우리나라에선 '싼 게 비지떡'이라는 말로 표현한다.

물론 누군가 정말 아무런 대가 없이 공짜 점심을 살 수도 있고, 싸지만 맛과 영양이 우수한 음식을 먹을 수도 있다. 하지만 이런 표현이 사람들 입에 자주 오르내리는 이유는 그만큼 세상에 공짜가 없기 때문일 것이다.

영상번역가가 되면서 얻게 되는 것과 잃게 되는 것은 무엇일까?

세상 사람들의 직업 대부분을 차지하는 '직장인', '회사원'과는 달리 번역가는 특수한 직업이고, 특히 영상번역가는 번역가 중에서도 많이 알려지지 않은 영역의 사람들이다. 외화 속 자막번역에 특별한 관심이 있는 사람이야 몇몇 알려진 영상번역가들의 이름을 알겠지만, 일반 대중이 다 아는 사람은 이미도 번역가 정도가 유일하다.

앞에 서술한 '이 맛에 번역하죠'와 '슬픔을 지어내고 싶지 않아요'의 이야기는 영상번역가 개인이 '번역'을 하면서 느낀 좋고 싫은 점을 담았다면 이번엔 '직업'으로서의 장단점을 얘기해 볼까 한다. 특히 일반적인 직장과의 차이에 초점을 맞추어서 말이다.

❀ 직업으로서의 장점

영상번역가라는 직업의 최대 장점은 '주된' 업무가 영화와 드라마를 보는 일이라는 거다. 물론 싫어하는 장르를 하게 되거나 엄청 난해한 다큐멘터리를 하거나 하면 고역일 수도 있겠으나 그런 경우는 어쩌다 한 번씩 생기는 거니까 큰 애로 사항은 아니다. (만약 정말 싫어하는 장르만 계속 들어온다면 업체를 바꾸는 수밖에 없다. 어른이 돼서 취향을 바꾸는 건 거의 불가능에 가까우니까)

또 다른 장점이라면 자유로운 시간 관리일 것이다. 이미 말했지만 자기가 알아서 시간표를 짜면 된다. 물론 결혼 안 하고 부모님과 같이 사는 영상번역가라면 엄마가 '왜 해가 중천인데 자고 있느냐', '왜 온종일 집에만 있느냐'고 상냥한 조언을 하실 수도 있다. 그래도 그런 말이야 흘려들으면 되고, 낮에 느긋하게 반려견 데리고 공원을 산책할 수도 있고, 요가나 수영을 할 수도 있다.

그리고 소극적인 장점으로 사람 상대 거의 안 하는 거. 이것도 큰 장점이다. 따라서 감정 스트레스가 극히 적은 직종이다. 물론 이성(두뇌) 스트레스는 상당히 있을 수 있다.

업무 장소가 자유로운 것도 큰 장점이다. 출퇴근 부담이 없다. 카페, 도서관, 집, 별도의 작업실 어디든 노트북을 놓을 공간만 있으면 업무 장소가 된다.

폼도 좀 난다. 우리나라는 '먹물'을 좀 우대하는 경향이 아직 꽤 남아 있다. 그게 반드시 바람직하다고 볼 수는 없지만, 어쨌건 남들 보기에 고상해 보이고 다른 사람한테 주눅 들 일도 거의 없다. 물론 어깨에 힘 들어갈 일도 별로 없다.

이는 번역계가 100%는 아니지만 상당한 수준의 실력 사회이기 때문이다. 번역은 학연, 지연, 혈연과 같은 인맥으로 해결될 일이 아니라서 남들한테 잘 보일 일도, 남들이 나에게 아부할 일도 거의 없다. 인맥이 필요하다는 대형 상업영화 영역도 실력 있는 사람을 소개한다는 뜻이지 그냥 아는 사람 꽂아주는 그런 인맥의 의미는 아니다.

❇ 직업으로서의 단점

일단 수입이 일정치 않다. 일정치 않다는 의미는 양적으로도 들쑥날쑥하고 기간으로도 많이 들어올 때가 있고, 반대로 전혀 안 들어올 때가 있다는 의미이다. 프리랜서의 대표적 특징이기도 하다. 부양가족이 있는 경우 특히 불안함이 가중된다.

건강상의 문제가 생길 수도 있다. 대표적인 사례로는 모니터를 오래 집중해서 보다 보니 시력 감퇴가 생기기도 하고, 거북목 등의 근골격계 질환에 시달리기도 하며, 사람에 따라 야간 동안의 장시간 작업으로 인한 수면 부족을 호소하는 경우도 있다.

은둔형의 삶이 될 가능성도 있다. 사람을 만날 일이 별로 없다. 대부분 업무는 이메일이나 전화로 처리된다. 직장인 친구들과 생활 패턴도 다르다. 주로 저녁 시간과 야간에 작업하는 경우가 많기 때문이다. 이렇다 보니 일부러 짬을 내서 사람을 만나지 않으면 사람과 어울리는 시간이 거의 없어서 일주일이 지나도록 사람들과 대화다운 대화를 나누지 않는 경우도 많이 생긴다. 물론 사람에 많이 치인 사람들은 이런 삶을 부러워하기도 한다.

❁ 가족의 지지

번역가로 살기 위해서는 자신의 의지도 중요하지만, 가족들의 지지도 중요하다. 가족들이 경제적으로 지원을 해 줘야 한다는 의미가 아니고, 마음의 격려와 응원을 보내 주어야 한다는 말이다.

"저는 고등학교 마치고 미국에 혼자 갔거든요. 학부 마치고 한국에 다시 와서 또 대학 다니고, 대학원도 다니고, 회사 들어갔다가 옮기고. 부모님이 많이 이해하고 격려해 주셨죠. 정말 감사해요. 지금은 제가 독립해서 살고 있거든요. 물론 본가까지 걸어서 갈 수 있을 만큼 가까이 있지만요. 부모님이 이해 많이 해주셔도 영상번역가 특유의 생활패턴이란 게 있으니까, 독립해서 사는 것도 괜찮은 것 같아요." - 김지혜

"부모님하고 같이 살아도 저 같은 경우에는 큰 불편함은 없어요. 제가 누굴 챙기고 하는 입장이 아니니까 그런 거겠죠? (웃음) 저 같은 경우는 밤에 주로 작업을 하는데, 밤이든 낮이든 일하는 건 마찬가지잖아요. 부모님도 제가 일한다고 생각하시지 밤늦게까지 영화 본다고 생각하시는 건 아니죠. 좀 나가 놀라고 말씀하실 때는 있어요." - 임선애

"평생을 가정주부로 사신 자상하신 어머니께서는 제가 방에만 있고

외출을 거의 안 하는데 어떻게 돈을 버는지 하시며 신기해하셨죠. 건강 걱정도 많이 해주셨죠. 오히려 집안일이 많고 시간이 빠듯할수록 저는 의욕도 생기고 더 노력하더라고요. 시간적 여유가 많으면 오히려 집중이 잘 안 되는 편이에요." - 김명순

 심층 인터뷰에 응한 번역가들은 상대적으로 가족들의 지지를 많이 받는 사례라 볼 수 있다. 일정치 않은 수입과 생활패턴은 생활을 함께 하는 가족들의 삶에도 많은 영향을 끼친다. 가계의 경제를 책임지는 부모의 수입이 어떤 달에는 많이 들어왔다가 어떤 달에는 들어오지 않는다고 생각해 보라. 들쑥날쑥한 소득 상황은 가족에게 환영받기 힘들 것이다. 생활패턴도 마찬가지다. 새벽까지 작업을 하고 정오가 다 될 무렵에 깨는 올빼미형 번역가들이 많은데, 함께 사는 배우자 입장에서는 영 마뜩지가 않다. 또 일이 많을 때는 주말도 없이 일하다가, 일이 없을 때는 온종일 아무것도 하지 않고, 휴가 일정 잡기도 쉽지 않다.
 하지만 이런 어려움도 영상번역가로 자리를 어느 정도 잡고 나면 많이 해결된다. 수입도 '그런대로' 안정적으로 바뀌고, 생활패턴도 특이하긴 하지만 루틴을 찾아간다. 번역가로 생활하는 데 있어 가장 지지를 얻어야 하는 가족은 배우자다. 아이들이야 부모의 일에 큰 관심이 없고, 부모님은 자식한테 결국 이기지 못하는 데다가, 자식이 좋아하는 일을 한다면 웬만하면 이해하려 하는 게 부모의 마음이기 때문이다. 그런데 가족이면서도 남남인 배우자는 조금 다를 수 있다. 그러니까 싱글이 아닌 경우 번역가로 살려면 배우자를 잘 만나야 한다. 이해심이 넓거나 무관심하거나.

" My toughest fight was with my first wife. "
- Muhammad Ali

가장 힘들었던 싸움은 첫 번째 아내와의 싸움이었다.
- 무하마드 알리

2장

[어떻게 준비해야 하나요?]

영상번역은 누구나 도전할 수 있는 일이지만,
아무나 할 수 있는 일은 아니다. 수많은 영상번역 지망생들이
무턱대고 영상번역에 뛰어들었다가 좌절을 맛보고 사라진다.
영상번역을 하려면 어떤 준비가 필요할까?
일단 외국어를 잘해야 할 것 같은데, 얼마나 잘해야 할까?
외국어 이외의 다른 준비는 필요 없을까?
번역가들이 운동을 한다고?
번역하는 데 체력이 무슨 상관일까?
가장 중요한 준비사항 한 가지는 미리 귀띔한다.
바로 '자신에 관한 성찰'이다.

영어공부용 먹방 프로그램 추천

❖ 왜 먹방 프로그램인가?

공부는 '몰입'이 중요하다. 머리 좋은 아이들이 학교공부를 잘 못하는 경우가 자주 있는데, 해당 과목에 흥미가 없어서 산만해지는 이유가 크다. 물론 흥미가 없더라도 몰입할 수밖에 없는 상황에 밀어 넣으면 공부가 된다. 영어 공부도 '몰입'할 수 있을 때 효과가 좋다. 그래서 교육 전문가들이 어학연수를 준비하는 학생에게 가능하면 한국 사람과의 접촉이 적은 곳을 추천하는 것이다. 생존영어랄까.

먹방 프로그램의 시청률이 잘 나오는 이유는 우리 뇌가 음식을 보면 자동적으로 관심을 갖도록 프로그램 되어 있기 때문이다. 남이 맛있게 먹는 것까지 봐야하나 회의가 들지만 유전자가 설계해 놓은 대로 우리의 신경은 어느새 열량 높은 화면에 집중하고야 만다. 이를 역이용하는 방법이 '먹방으로 영어공부하기'이다.

❋ 먹방 프로그램으로 영어 공부하기의 장·단점

 장점과 단점은 동전의 양면과 같다. 먼저 단점부터 살펴보자. 먹방 프로그램은 사용되는 어휘가 한정적이다. 당연히 음식 재료나 요리 방법, 맛에 대한 평가 등에 치중되어 폭넓은 어휘를 익히기에는 좋지 않다. 또 일상적인 대화보다는 설명조의 말이 많아서 회화 측면에서도 한계가 있다. 등장인물들도 대체로 다양하지 못하다.

 반대로 이런 점이 장점이 되기도 한다. 한정적인 어휘와 표현이 반복되므로 저절로 머릿속에 들어온다. 진행자들이 비교적 또렷하게 말을 하므로 알아듣기도 수월하다. 어휘나 표현의 분량이 적긴 하지만 그래도 음식은 일상 대화에서 자주 쓰이는 대화 소재이다. 영어는 강세와 리듬이 중요한데 출연자들이 말을 많이 하므로 적은 시간 동안 알찬 리스닝 훈련을 할 수도 있다. 그리고 무엇보다 재미가 있어 계속 보고 싶어진다. 천릿길도 한 걸음부터라고, 처음부터 욕심을 내서 너무 어려운 어휘와 표현에 도전하면 흥미도 떨어지고 금방 '까먹게' 된다. 그러니 '적당한' 난이도의 영어 프로그램이 학습 효과 면에서 더 낫다.

영어 초·중급 학습자들이

1. 김치 크로니클   (Kimchi Chronicles / 미국 PBS)

'울버린'의 휴 잭맨이 단연 눈에 띈다. 휴 잭맨 말고도, '오스틴 파워'의 헤더 그레이엄도 출연한다. 메인 호스트는 세계적인 요리사 장 조지와 작가인 그의 아내 마르자이다. 마르자의 생모가 한국인이라 그녀의 한국에 대한 애정이 각별하다.

우리나라 음식 이야기이기 때문에 '본능적으로' 외국 음식보다 더 집중하게 되고, 외국 친구들에게 K-FOOD를 소개할 때 쓸 수 있는 유용한 어휘들도 한가득이다.

보면 유익할 먹방 5편

2. 심플리 이탈리안 (Simply Italian / 영국 BBC)

고대 로마인들을 포함해서 이탈리아 사람들은 인류에게 엄청난 유산을 남겼다. 건축, 법률, 음악, 미술, 패션, 그리고 음식까지. 〈Simply Italian〉는 이탈리아 요리, 그 중에서도 주로 파스타에 관한 이야기이다. 만두와 비슷한 라비올리도 파스타에 소를 넣어 만드니까 파스타 요리로 봐야 할 것 같다. 맛있는 이탈리아 음식과 따뜻한 느낌의 화면, 그리고 호스트인 Michela Chiappa의 티 하나 없이 환한 표정을 보면 업무에서 오는 스트레스까지도 힐링되는 기분.

3. 고든 램지의 홈 쿠킹   (Gordon Ramsay's Home Cooking / 영국 채널4)

 고든 램지 혼자서 요리할 때도 있지만, 가족들이 함께 나와 요리를 하는 에피소드도 많다. 〈헬's 키친(Hell's Kitchen)〉의 독설가 고든 램지와는 전혀 다른, 자상한 아빠와 남편의 모습을 보여준다. 고든 램지의 집도 으리으리해서 주방이 마치 TV제작 스튜디오 같다.
 고든 램지 특유의 강한 억양과 나레이터의 표준 영국 발음을 함께 들을 수 있어 리스닝 공부에도 도움이 된다. 요리하는 모습을 가까이서 잡은 화면도 정말 예쁘다. 그리고 무엇보다 신선한 식재료를 손질하는 고든 램지의 섬세한 손놀림과 디테일한 요리팁이 반복 시청을 질리지 않게 만들어 줄 것이다.
 시리즈 인기에 힘입었는지 동명의 책도 나와 있다.

4. Fab. 베이커 브라더스   (The Fabulous Baker Brothers / 영국 채널4)

둘 다 제빵사는 아니고 한 사람만 제빵사이다. 다른 한 사람은 요리사이면서 정육점을 운영하고 있다. 톰과 헨리 두 사람은 형제 사이로 프로그램과 같은 이름의 책도 출간했다. 프로그램은 파이 같은 빵 종류를 만들어서 사람들에게 맛을 보인 뒤 누가 만든 파이가 더 맛있는지 평가를 받는, 대결 구도의 구성이다.

 제목이 왜 〈The Fabulous Baker Brothers〉인지는 정확히 모르겠다. 그냥 추측해 보면 미셸 파이퍼가 주연했던 영화 〈The Fabulous Baker Boys(1989)〉에서 따온 게 아닐까 한다. 우리나라에는 '사랑의 행로'라는 제목으로 나왔다. 영화 제목에서 'Baker'는 제빵사가 아니라 '베이커'라는 성씨를 의미한다. 그러니까 빵집 얘기가 아니다. 그래도 음악 하는 형제 이야기라는 점에서 음식을 만드는 허버트(Herbert) 형제와도 오버랩되는 부분이 있다.

 억양이 우리나라 사람에게 익숙한 미국식이 아니라서 리스닝이 쉽지는 않지만, 다양한 억양을 접하다 보면 그 속에 공통적으로 들어있는 영어의 특질을 캐치할 수 있지 않을까 한다.

5. 커피 숍 핫 숏   (Coffee Shop Hot Shots / BBC Business Boomers)

 먹방은 아니지만 커피와 관련한 프로그램이라 소개한다. 유익하면서 재미도 있는, 두 마리 토끼를 모두 잡은 다큐멘터리이다. 커피의 역사를 다루는 건 아니고, 영국의 커피 숍 이야기를 다루고 있다. 소비 트렌드를 분석한 비즈니스 다큐멘터리이다. 스타벅스, 코스타, 카페 네로 등 영국 시장을 놓고 치열한 경쟁을 벌이는 커피 브랜드들의 전략이 어떠한지, 차를 마시는 사람들의 나라 영국이 언제부터 이탈리아식 에스프레소에 빠져들게 되었는지, 커피 가격에 숨은 비밀 등 흥미로운 내용이 가득하다.
 그리고 나레이터의 선명한 발음뿐 아니라 다양한 사람들의 발음과 억양도 들을 수 있어 학습 효과도 좋다.

" It is better to light a candle than curse the darkness. "
- Eleanor Roosevelt

어둠을 욕하기보다 촛불을 하나 켜는 게 낫다.
- 엘리너 루즈벨트

그래도 어학 실력
vs. 그래도 열정

❀ 어학 실력 어느 정도여야 할까?

번역가가 되는 데 있어 가장 처음 맞닥뜨리게 되는 진입장벽은 바로 '외국어 실력'이다.

"영어 실력은 토익 같은 시험용 영어와는 관계가 많이 없는 것 같고요. 미드 구어체의 뉘앙스를 캐치할 정도는 돼야 한다고 생각해요. 그냥 뜻만 해석해서 전달하는 게 아니라 미묘한 어감의 차이가 있으면 그 어감 차이도 고려해서 번역을 해야 하니까 영어 실력이 상당히 필요하죠. 제대로 번역을 하려면요." - 김지혜

"HSK(中國漢語水平考試)는 별로 상관없어요. 예를 들어서 업체에서 이력서를 검토하면서 HSK 성적을 보기는 하는데, 사실 번역 테스트 통과하는 게 더 중요하거든요. 굳이 등급을 따지면 5급 이상은 돼야 하지 않을까 생각합니다. 5급 끝자락에서 6급 사이 정도?" - 임선애

"일본어에 대한 애정만 있다면 충분합니다. 오히려 일본어 실력이 뛰어나다고 자만하는 사람보다는 초반에 조금 모자라고 배우려는 자세를 가진 사람이 더 번역을 잘하거든요. 일본어를 전공하지 않고 오랜 세월 일본 콘텐츠를 좋아해서 애정을 갖고 많은 양의 작품들을 접한 학생의 첫 과제를 보고 깜짝 놀란 적도 있어요." - 김명순

 위의 세 사람 말고도 영상번역가마다 어학 실력을 바라보는 관점은 달랐다. 영어와 중국어는 한국말과는 완전히 생경한 언어지만 일본어는 우리와 같은 교착어이다 보니 어순이나 통사구조가 비슷한 점이 많아서 상대적으로 학습이나 번역 면에서 쉬운 측면이 있는 건 사실이다. 이런 점에서 다른 외국어 번역보다 일본어 번역이 가장 정교한 완성도를 보인다. (이 부분 참고사항: "일본어는 같은 구조라서 쉽다고는 하지만 사실 똑같은 사물을 놓고 그것에 대해 표현하는 표현방식 자체가 달라서 오히려 구조가 같다는 것이 약점이 되어 오역을 초래하거나 가독성이 떨어지는 번역을 할 수가 있습니다." - 김명순)
 영어와 중국어는 어순 자체가 우리나라 말과 다를뿐더러 표현 방식 등에 있어서도 차이가 크기 때문에 외국어 실력에 대한 부담이 크다. 같은 외국어 실력이라면 영어나 중국어의 경우 어감의 미세한 차이를 잡는 것이 일본어에 비해 쉽지가 않다.
 영어번역의 경우에는 토익 700점(요령으로 딴 점수 말고) 정도면 번역하는 데 사전 찾느라 시간이 좀 더 걸리지 큰 문제는 없다고 생각한다. 물론 어감을 캐치하고 메시지 구조를 파악하는 등의 실력은 '별도로' 공부할 필요가 있다. 이 부분은 토익 같은 시험영어로는 해결되지 않는다.

❋ 어학 공부의 지름길

알렉산더 대왕 사후 이집트를 차지한 톨레미(프톨레마이오스라고도 부른다) 1세에게 알렉산드리아 대학의 수학 교수였던 유클리드가 했다는(실제로 했는지는 모르지만) 유명한 말, "기하학에는 왕도가 없다"는 공부에는 왕도가 없다는 말로 변형되어 공부할 때 얄팍한 요령 피우지 말고 우직하게 하라는 조언으로 많이 인용된다.

외국어 공부도 절대적인 양이 중요하다는 게 교육 전문가들의 대체적인 의견이다. 하지만 우리나라에 살면서 '절대적인 양'을 확보하는 게 쉽지 않으니까 같은 시간에 좀 더 효율적으로 학습할 방법을 찾게 된다.

"저는 영어를 중고등학교 때부터 좋아했고 웬만큼 한다고 생각했는데, 막상 미국에서 대학 생활을 시작하니까 6개월까지는 거의 절반 정도밖에 알아듣질 못하겠더라고요. 수업 내용을 알 수 없으니까 너무 답답했죠. 그런데 계속 물어보고 부딪히고 하니까 점점 늘었어요. 우리나라에 있는 경우라면 미드를 많이 보면 큰 도움이 될 것 같아요. 영어자막 띄워놓고 같은 걸 여러 번 보면 더 효율적이겠죠." - 김지혜

'1 x 3 > 3 x 1'이라는 말이 있다. 복습의 중요성을 일컫는 말인데 같은 내용을 3번 보는 게 3가지의 다른 내용을 1번 보는 것보다 더 학습 효과가 높다는 얘기다. 그런데 사실 이미 한 번 보았던 것을 '또' 본다는 게 쉽지 않다. 그러니까 여러 번 봐도 질리지 않을 만큼 아주 자신이 재미있어하는 드라마를 선택하든지 아니면 같은 상황이 '자연스럽

게' 여러 번 반복되는 드라마를 선택하면 도움이 될 것이다. 대체로 영어학습용 미드로 인기 있는 드라마들은 같은 대사가 반복되는 경우가 많아서 자연스러운 복습이 된다.

❋ 번역 아카데미에서 외국어 배우기

외국어를 배우는 과정으로 번역 아카데미를 활용하는 것은 효율적일까? 물론 도움은 되겠지만, 외국어 학습에 시간이나 노력을 투자한 만큼 충분한 효과가 나타날까?

"아카데미에 와서 중국어를 따로 배우는 건 힘들다고 봐요. 외국어 학습과 번역기술 학습은 별개의 문제거든요. 외국어 학습은 외국어의 메시지가 어떤지 이해하려는 데에 주목적이 있지만, 번역은 이해한 메시지를 어떻게 표현할 것인지에 더 방점이 찍히니까요. 그래서 번역 아카데미에서 하는 공부는 중국어 공부가 아니라 한국어 공부에 더 가깝다고 봅니다." - 임선애

미드 많이 번역하는 영상번역 과정을 들으면 영어회화 공부에 도움이 되는 것도 맞고, 출판번역 과정을 들으면 독해 공부에 도움이 되는 것도 맞다. 하지만 효율성 측면만 따지면 외국어 학습은 외국어 교육 전문기관의 도움을 받는 게 낫다고 생각한다. 각자의 전문 영역이 있는 거니까.

❊ 외국어 실력보다 중요한 열정

번역을 업으로 삼으려면 외국어 실력이 확실히 중요하긴 하다. 하지만 한국어 실력이 도저히 안 늘어서 번역을 관두는 경우는 종종 보지만 외국어 실력이 늘지 않아서 관두는 경우는 의외로 보기 힘들다. 아무래도 일정 수준 이상의 외국어 실력을 갖춘 사람들이 많이 도전해서일 거라고 추론은 해 보지만, 그런 점을 고려하더라도 외국어 실력 때문에 힘들어하는 경우는 많지만 업을 관둘 정도로 곤란을 겪는 경우는 드물다는 말이다.

"열정과 애정이 가장 중요하죠. 사소해 보이는 일부터 잘해야 그 사람에게 더 큰 일을 맡기는데, 사소하다고 정말 사소하게 일을 해버리면 다음 일을 맡기기 힘들어요. 물론 모든 분들이 다 그렇다는 건 아니에요. 처음 업체에서 번역 일을 줄 때는 작은 일부터 줘서 테스트를 하거든요. 전 번역에 대한 애정만 있으면 얼마든지 외국어 실력을 늘릴 수 있고, 더 크게 성장할 수 있다고 봐요. 자신의 번역은 자신의 프라이드라고 저는 가르치고 있어요." - 김명순

사실 외국어 실력이 중요한 이유 중 하나는 속도 때문이다. 간단한 단어나 구문도 사전을 찾아야 하면 번역으로 밥 먹고 살기가 쉽지 않다. 하지만 번역 자체의 품질에 영향을 미치는 경우는 많지 않다. 영상 번역은 영상물이라는 특성상 짤막짤막한 구문이 많지 아주 난해한 구문이 나오는 경우는 드물다. 또 외국어 좀 하는 사람들이 막연히 이럴 것이라고 하고 대강 넘어가는 표현도 검색을 통해 더 정확한 의미를 찾아내서 번역하는 경우도 많다. 역설적이게도 오역이 줄어들기도 한

다. 구글, 네이버, 다음 등이 있기 때문에, 또 사전을 언제든지 활용할 수 있기 때문에 외국어에 대한 부담이 많이 사라졌다.

❊ 영한번역과 한영번역, 어느 게 낫나

특별한 경우가 아니라면 '도착어(target language)'가 모국어인 것이 번역품질에 있어서 훨씬 유리하다. 요즘에는 K-팝, K-드라마 등의 한류 열풍 덕분에 중동이나 동남아, 남미 등지에서 한국어를 배우고자 하는 사람들이 많아졌다는데, 그래도 번역을 할 만큼 한국어를 이해하는 사람은 많지 않아서 도착어가 모국어가 아닌데도 영한번역가가 한영번역도 같이하거나, 아니면 영어 원어민이 아닌 한국 사람이 한영번역을 하는 경우도 많다.

이런 경우는 대체로 프로덕션과 같은 의뢰자 측에서 원어민 감수를 따로 하곤 한다.

번역료 단가에 있어서는 한영번역이 영한번역보다 2배가량 더 높다. 대체로 1.8배 정도?(물론 경우마다 다르다.)

하지만 야심 있는 영상번역가라면 한영번역보다 영한번역에 더 주력할 필요가 있다고 본다. 왜냐하면, 당장의 소득 면에서는 한영번역이 낫겠지만, 번역의 본질에 더 가까이 가려면 모국어를 도착어로 삼아야 하기 때문이다. 그래야 정교한 번역 과정에서 오는 쾌감을 제대로 느낄 수 있다. 또 소득에 있어서도 많은 영상번역가들이 궁극적인 목표로 삼고 있는 대형 상업영화 쪽은 결국 영한번역 시장이다.

❁ 오독과 오역을 번역가의 숙명으로

넓은 의미에서 오역은 두 가지 부분으로 나뉜다.

아예 오독하여 그 뜻을 잘못 짚은 경우가 하나이고, 그 뜻은 제대로 짚었으나 알맞은 표현을 찾지 못한 경우가 다른 하나이다. 오역의 사례는 많다. 오역 사례만으로도 책을 낼 수 있고, 또 몇 권의 책으로 이미 나와 있기도 하다.

여기서는 오역, 더 나아가 번역을 대하는 번역자의 마음가짐을 다시 한번 살펴보게 하는 글을 소개할까 한다.

영상번역의 이미도 선생님과 대비되는 분을 출판번역에서 찾으라고 한다면 김석희 선생님이나 공경희 선생님 같은 인지도 높은 분들일 텐데, 한 세대 더 위로 올라가면 정말 대단한 번역가를 만날 수 있다.

바로 '번역'하면 떠오르는 이름 '이윤기' 선생님이다.

물론 이윤기 선생님의 번역 스타일을 좋아하지 않는 분들도 있고, 또 번역에 대한 논란도 많이 있다. 하지만 복싱에서 무하마드 알리, 마이크 타이슨, 매니 파퀴아오 같은 선수들을 위대한 선수라고 칭하는 이유는 그들이 록키 마르시아노나 메이웨더 같은 '무패복서'였기 때문이 아니다.

패배도 있었지만 정말 대단한 선수들과 제대로 싸웠기 때문에 위대한 선수라는 칭호를 붙이는 것이다. 그저 그런 선수들이 아닌 기라성 같은 선수들과의 대결을 통해 자신이 누구인지를 증명한 까닭에 복싱 팬들이 그렇게 열광한다고 생각한다.

이윤기 선생님의 역서 목록을 보면 보통 사람들은 겁이 나서 엄두도 못 낼 책들이 많다.

또 고등학교 중퇴의 학력으로 최고의 반열에 오른 분이기도 하다.
 (대학원은 한참 뒤에 진학한 거라고 한다. 선생님께서는 자신이 퇴학당한 게 아니고 학교를 퇴학시켰다고, 인생에서 가장 잘한 일로 학교 관둔 걸 꼽은 인터뷰도 보았다.)
 위대한 자유인이자 번역가였던 이윤기 선생님의 글을 발췌해서 옮겨본다.

"움베르토 에코가 쓴 〈장미의 이름〉은 내가 영어판을 중역한 책이지 이탈리아어를 직접 번역한 책이 아니다. 초판 출간 14년 뒤인 2000년, 무려 60쪽에 달하는 원고 봉투를 받았다. 철학을 전공한 한 학자의, 〈'장미의 이름' 읽기〉라는 제목이 달린 원고였다.
 그 학자는 철학개론 시간에 학생들에게 〈장미의 이름〉을 바르게 읽어주면서 이 소설이 지니고 있는 철학적 의미를 가르쳤던 모양인데, 바로 그때의 메모를 내게 보내준 것이다.
 오독하고 오역한 것이 매우 부끄러웠다.
 이 원고는 무려 3백여 군데의 부적절한 번역, 빠져 있는 부분 및 삭제해야 할 부분을 지적해주고 있었다.
 그의 지적은 정확하고도 친절했다.
 나는 철학 전공자가 아니어서 에코가 소개한 해박한 중세학 및 철학을 다 이해할 수 없었다. 어렴풋이 이해했다고 하더라도 그 책에 나오는 무수한 개념을 철학사에서 찾아내는 일이 나에게는 불가능에 가까웠다. 나는 그 학자의 지적을 검토하고, 260군데를 바르게 손보았다. 그러고는 그에게 전화를 걸어, 부끄러웠다고 고백하고, 그의 지적을 새 책에 반영해도 좋다는 양해를 얻었다. 정확한 지식과 예리한 눈을 겸비한 분이 감시해주고 있다는 것은 역자로서는 아픈 일이지만 우리 번역 문화에는 얼마나 다행한 일인가, 싶었다.
 이렇게 가야 하는구나 싶었다. 철학자 강유원 박사께 나는 아직까지 고마워한다."
 – 이윤기, '오독과 오역을 번역가의 숙명으로'에서 발췌

(*2016.09.01. 〈밥상〉 블로그 포스팅을 재구성)

" Life is a foreign language; all men mispronounce it. "
- Christopher Morley

인생은 외국어다. 모든 사람이 그것을 잘못 발음한다.
- 크리스토퍼 몰리

뭘 좀 알아야 : 배경지식

❋ 외국어 실력으로는 해결 안 되는 부분

번역은 미묘한 작업이다. 외국어를 그 뜻만 달랑 옮겨놓는 일이라면 무슨 큰 어려움이 있을까? 뜻을 파악하더라도 그 미묘한 어감까지 옮기기 위해 적당한 표현을 골라야 하는 어려움이 있다. 다큐멘터리나 전문 영역을 다룬 드라마라면 적확한 용어, 해당 전문 업계에서 통용되는 용어를 찾기 위해 검색에 검색을 거듭하는 경우도 많다.

"중국 영상물이 사극 위주인 건 맞지만 사극은 무협물과 역사물 위주로 이뤄집니다. 사극이 거의 무협은 아니에요. 특히 요즘은 오히려 무협보다 역사극(궁중 로맨스?)이 많고 무협+판타지 형식의 장르가 더 많아요. 그래서 무협 용어에 대한 배경지식도 필요하지만 중국어 고어체를 잘 아는 것도 중요합니다. 제가 아카데미에서 강의할 때 보면 수강생분들이 고어체를 많이 힘들어하더라고요." - 임선애

"배경지식 정말 중요하죠. 특히 다큐멘터리요. 제 첫 번째 번역 작품

이 기독교 다큐멘터리였어요. 그것도 무대본으로요. 리스닝 잘하니까 무대본도 문제없지 않겠냐고 지레짐작하실 수도 있는데, 음질과 화질이 안 좋아서 리스닝도 힘들고 내용 파악도 쉽지 않았던 데다가, 핵심적으로 기독교 용어가 따로 있잖아요. 성경에 나오는 인명이나 지명도 쉽게 접하는 게 아니고요. 그래서 상당히 고생한 기억이 납니다." - 김지혜

"작품을 깊게 이해하려면 당연히 배경지식이 필요하죠. 외국어와는 또 전혀 다른 문제잖아요? 예를 들어, 드라마나 영화의 시대 배경에 대한 이해가 없으면 그 깊이를 제대로 전달할 수가 없죠. 영상에 나오는 대사를 번역만 해서는 정확히 전달하고자 하는 깊은 뜻을 전하지 못할 때가 많아요. 그래서 평소에도 드라마나 영화를 많이 접해야 극작가들이 어떤 뉘앙스로 극을 끌어가는지를 파악하고 포인트를 잘 캐치할 수가 있어요." - 김명순

배경지식 = 전문지식 + 세상지식

영상번역가에게 배경지식이 필요하다고 해서 고도의 전문적인 지식까지 요구하지는 않는다. 정말 전문적인 지식이 필요한 경우에는 해당 영역의 전문가 감수를 받기 때문이다. 그리고 대부분의 영상물은 일반 대중을 대상으로 한다는 점도 고도의 전문지식을 요구하지 않는 이유가 될 것이다. 하지만 고도의 전문지식을 요구하지 않는다고 해

서 그냥 일반적인 지식으로 해결된다는 의미는 아니다. 의학물, 법정물, 과학물, 밀리터리물, 역사물, 첩보물 등은 전문지식이 필요한 대표적인 분야다.

그럼 시트콤이나 일반 드라마는 어떨까?

이 경우에도 배경지식이 필요하다. 어투나 존칭 관계, 호칭 등을 결정하는 데 있어 사회 일반에 대한 지식이 필요하기 때문이다. 예를 들어, 직장 상사를 호칭하는 문제, 장인과 사위 사이의 어투, 사업 파트너끼리의 대화 등 사회경험이 있으면 더 잘 이해할 수 있는 부분이 있다. 이런 건 세상지식이라고도 말할 수 있겠다. 오역이 있는 건 아닌데 뭔가 등장인물 간에 어긋나는 느낌이 들 때는 이 세상지식의 부족으로 호칭이나 존대관계 등이 어긋나 있는 경우가 많다. 우리나라는 유교 문화권 국가 중에서도 서열을 특히 중시하는 경직된 국가로 알려져 있다. 그런 문화 때문인지 우리나라 말은 호칭과 높임말이 정교하게 발달해있으므로 특히 신경을 써야 어색하지 않게 된다.

경험 = 직접경험 + 간접경험

지식은 경험을 통해 축적된다. 배경지식도 마찬가지다.

해당 분야를 전공했거나 해당 직역의 전문경력 등이 있으면 당연히 번역에 바로 써먹을 수 있는 지식을 보유하게 된다.

그러나 특정 분야를 주제로 하는 영상물만 번역하면서 활동하기는 쉽지 않다. 의학물, 법정물, 첩보물, 멜로드라마 등 여러 장르를 할 수밖에 없는데 이 모든 영역에서 전문적 경험을 직접 해보기는 불가능하다.

결국, 지식의 대부분은 직접경험보다는 간접경험을 통해 얻게 된다. 제일 대표적인 간접경험 수단은 '독서'다. 책은 저자가 정리한 지식을 가장 효율적으로 접할 수 있는 통로가 된다. 또 책을 읽는 행위는 능동적 행위이다.

롯데월드에서 자이로드롭을 타는 것보다 번지점프를 하는 게 더 어려운 이유는 자기가 뛰어내려야 하기 때문이다. 마찬가지로 음악이나 오디오북, 연설 등을 단순히 듣는 것은 그다지 어렵지 않지만, 그 의미를 '알아들으려고' 하면 능동적 행위가 되어 진도가 잘 나가지 않는 경우가 많다. 책을 읽는 것도 눈으로 문자를 단순히 보는 게 아니라 그 뜻을 헤아리려 하기 때문에 뇌는 엄청난 에너지를 소비한다. 에너지 소비는 유기체가 싫어하는 일이다. 따라서 에너지 소비를 감내할 만큼 즐거운 책이어야 뇌도 계속 문자를 해독해낼 것이다.

❋ 영화와 드라마, 다큐멘터리 감상하기

영상번역가에게 영화와 드라마를 감상하는 것 또한 독서의 일종이라고 볼 수 있다. 어쩌면 독서보다 더 직접 도움이 되는 간접경험 방법일 수도 있다. 다만 많은 양의 지식을 짧은 시간 내에 얻으려는 효율성 측면에서는 교양서적을 읽는 것보다 못하다. 소설책 읽는 것과 비슷한 효율성이 있을 것으로 본다. 물론 인간에 대한 깊은 성찰, 카타르시스 등 지식을 넘어서는 더 큰 효용을 얻을 수 있겠지만, 일단 지식 습득 측면에서는 교양서적이 더 우위에 있는 것 같다.

다큐멘터리는 교양서적과 비슷하게 생각하면 될 것 같다. 강력한 지식 습득 수단이다.

그러면 이렇게 지식을 습득해 놓으면 영상번역을 하는 데 직접적인 도움이 얼마나 될까?

❈ 지식의 연결성

사실 머릿속에 들어있는 지식, 이미 습득한 지식이 영상번역에 활용되는 경우도 많이 있지만, 상당 부분은 '검색'이라는 행위를 통해 즉흥적인 지식을 습득해서 번역에 활용하는 경우가 많다. 그래서 번역 과정에서 얻은 지식은 '휘발성'이 높다고 번역가들끼리 얘기하곤 한다.

두뇌로 따지면 작업장 역할을 하는 '작업 기억(working memory)' 수준에서 이뤄지는 일인 것이다. 장기 기억으로까지 이어지려면 복습 등 별도의 행위를 해야 하는데, 번역할 일이 밀리기 때문에 이미 납품한 번역을 다시 보는 일은 잘 없다.

그럼 직간접 경험으로 쌓은 지식이 실제 번역에는 큰 소용이 없는 자기만족적 행위에 불과한 것일까? 그렇진 않다.

인터넷에 떠도는 지식은 오류가 많다. 오류 있는 지식을 걸러내고 양질의 지식을 찾아내는 준거로서 기존의 지식은 훌륭한 역할을 수행한다. 용어의 사용이나 문장의 구성, 논지의 일관성, 근거의 논리 등을 잘 살펴서 '진리'를 찾아내려면 모순과 어색함 등을 찾아낼 수 있는 능력이 있어야 한다. 이미 체화된 배경지식은 새로운 지식으로 연결하는 허브이자 허위를 가려내는 리트머스 시험지이다.

" Scientia est Potentia. "

- Francis Bacon

아는 것이 힘이다.

- 프란시스 베이컨

디테일에서
신을 만나다

※ 태어날까, 만들어질까

'천재(天才)'라는 말은 말 그대로 하늘이 내린 재주라는 말로 탁월한 재능은 타고나는 것임을 전제하고 있다. 사람에게 있어 재능이란 씨앗과도 같은 것이어서 선천적인 재능이 있다고 하더라도 후천적인 노력이 뒷받침되지 않으면 꽃을 피울 수가 없고, 반대로 씨앗이 없는 곳에 아무리 물을 주고 정성을 쏟아봐야 헛고생만 하기 마련이다.

역사를 반추해 보거나 TV와 같은 언론매체를 보다 보면 천재라고 봐도 무방한 사람들을 많이 알게 된다. 특히 음악이나 미술과 같은 예술 분야나 스포츠 분야에서 타고난 재능의 아름다움을 많이 보게 된다.

천재까지는 아니더라도 뛰어난 재능을 가진 사람들을 살다 보면 많이 만나게 되는데 별다른 노력 없이 타고난 재능에 편승한 것에 부러움 반, 질투 반의 마음이 생길 때도 있다.

영상번역을 얘기하면서 천부적 재능 같은 표현을 쓰는 일은 많지 않은 것 같다. 물론 이미도 번역가를 비롯한 대형 상업영화 번역가들을 상대로는 탁월한 언어 감각에 대한 상찬이 이어지기도 하지만, 이 책 앞부분에서 말했듯이 대형 상업영화 번역가들 숫자는 매우 한정적이다. 물론 이 책을 읽고 있는 독자 중 누군가는 언젠가 그 시장에 진입해서 영화 관객들의 극찬과 함께 더러는 '치열한(?)' 피드백도 받게 되리라 믿는다.

하지만 일단 영상번역 시장의 대부분을 차지하는 방송 쪽으로 좁혀서 생각해 보면 극장 시장과는 조금 얘기가 달라진다.

❀ 방송 시장의 수비적 번역

상업영화 번역 쪽이 플러스 포인트에 초점이 맞춰진다면, 방송 시장은 마이너스 포인트에 초점이 맞춰진다. 다시 말해서 상업영화 번역은 '재미있게, 관객에게 어필할 수 있게' 번역하는 것을 '대체로' 선호하는 반면, 방송 번역은 '무리 없이, 맞춤법 등의 규정에 맞게' 번역하기를 원하는 경우가 많다.

잘하기보다, 못하지 않아야 하는 것이다.

"케이블이나 IPTV 쪽은 글자 수부터 해서 제약이 정말 심해요. 맞춤법도 많이 신경 써야 하고요. 아무래도 심의 때문에 지나치게 야한 표현이나 비속어 표현도 삼가야 하니까 원작의 의도를 많이 못 살리는 경우도 많죠. 약간 밋밋해지는 느낌?" – 김지혜

"극장에 걸리는 영화 쪽은 조금 더 자유롭죠. 맞춤법이나 띄어쓰기도 방송용 영화보다는 덜 까다롭다고 할까요? 방송 쪽 글자 수나 표현,

맞춤법은 거의 동일합니다. 다만 줄임말의 허용 기준이나 TC 꼬리 길이(자막이 사라지는 시간) 같은 걸 따로 요구하는 경우가 있긴 하죠. 하지만 방송 쪽은 글자 수, 표현, 맞춤법 거의 비슷합니다." - 임선애

"일본어는 방송용어에 대한 룰이 엄격해요. 두꺼운 지침서 같은 것도 있어요. 3개의 용어사전을 찾아가며 번역을 해야 하죠. 한류 붐이 장기화되면서 한국어를 번역한 일본어 자막을 보는 인구도 많고 그 분들이 접한 횟수도 상당하다 보니 시청자들이 자막에 대한 애착도 강해서 서비스를 제공하는 업체의 이미지에도 영향을 미칠 수도 있는 것 같다는 생각에 언제나 긴장하며 일하고 있어요. 이런 엄격한 룰에 익숙해지면 작업 속도도 빨라지고 자연스럽게 맞춰서 번역도 되는데, 익숙해지기까지 시간이 좀 걸리죠." - 김명순

✽ 영상번역가의 덕목 : 디테일

영상번역가의 적성에 대해 기성 번역가들에게 물어보면 '열정'이나 '애정' 얘기를 많이 한다. 영상번역가로 자리 잡기까지 과정이 쉽지는 않기 때문에 중간에 탈락하는 경우도 많아서 영화와 드라마를 사랑하고, 영상번역 자체도 사랑해야 그 과정을 견디면서 작품을 하나씩 쌓아갈 수 있다는 의미일 것이다.

 물론 자리 잡고 나서도 번역을 좋아하지 않으면 오래도록 하긴 힘들긴 하다.

 하지만 좋아하는 걸 적성이라고 부르긴 힘들 것 같고, 현실적으로 가장 필요한 영상번역가의 1차적 덕목은 '디테일'에 집중할 수 있는 능

력이 아닐까 한다.

이 디테일은 2가지 의미가 있다.

첫째는 미묘한 단어 선택 능력을 통해 기막힌 번역을 하는 '언어감각'적인 측면이고, 둘째는 세세한 업체 지침을 이해하고 거기에 맞춰서 납품할 수 있는 '성실함'이다.

납품한 뒤 재제작 업체들로부터 받게 되는 리젝션이나 피드백을 보면 오역이나 용어 선택과 같이 '크고 중요한' 부분에 대한 지적은 많이 없다. 대부분은 띄어쓰기를 포함한 맞춤법, 글자 수, 타임코드 등이다.

물론 이렇게 반문할 수도 있다.

'저런 문제를 영상번역가가 그렇게까지 신경 써야 하나요? 번역의 영역인가요?'

번역가가 저런 문제를 신경 쓸 수는 있는데 '그렇게까지' 신경 써야 하는지는 사실 의문이 든다.

실제로 대형 출판사나 신문사의 경우 교정교열 영역에 상당한 전문성을 인정하고 있다. 영상번역 업계도 전문 감수 및 검수 시스템이 활성화되면 좋겠다. 물론 현재도 감수 작가의 전문성을 인정해서 영상번역가와 나란히 작품에 이름을 올리는 업체도 있고, 교정교열 전문가로 구성된 전문 감수(검수)팀을 운영하는 업체도 있다.

"저희 회사가 영상번역도 하지만 출판번역도 하거든요. 한번은 영세한 출판사하고 거래를 앞두고 있었는데, 거기서 '교정교열'도 저희 쪽에서 좀 해줬으면 하더라고요. 큰 출판사가 아니니까 여력이 없어서 그랬겠죠. 하지만 그렇게까지 하고 싶지는 않아서 그 계약은 접었어

요." - 영상번역가 출신 번역업체 대표

 하지만 일단 업계에서 살아남으려면, 안타깝지만 디테일에 그렇게까지 신경 써야 한다.
 '진정한 디테일' 속에서 번역하고 싶으면, 예를 들어 이 단어를 이렇게 번역해 볼까, 저렇게 번역해 볼까 하는 경우처럼 번역의 본질 속에서 고민하고 싶다면 일단 살아남기를……
 타협하고, 타협하고, 타협해서 살아남자.
 다만 잊지는 말자.
 번역가가 하는 일이 무엇인지는.
 그래서 머지않은 미래에 '진정한 디테일' 속에서 신을 만나자.

"God is in the details.„

- Mies van der Rohe

신은 디테일에 있다.

- 미스 반 데어 로에

번역이란 노동을 대하는 자세

❋ 번역의 절반은 육체노동

세상에는 엉덩이로 하는 일이 참 많다.

공부도 그렇고, 소설가들이 소설 쓰는 일도 그렇고, 사무실에서 업무 보는 일도 그렇고, 심지어 주식투자도 그렇다. 번역도 엉덩이로 한다.

장시간 의자에 앉아 있어야 하므로 허리에 부담을 주고, 모니터를 쳐다보느라 거북목이 되거나 시력이 나빠지는 경우도 많다. 물론 대부분 직장인이 그렇긴 하다. 번역가는 '자기 마음대로' 일과 시간에 운동이라도 할 수 있으니 상황이 더 나은지도 모르겠다.

그렇다고 번역이 육체노동인 것만도 아니다. 가만히 앉아서 영화와 드라마를 보고 있으면 남들 보기에 참 팔자 좋아 보이고, 쉽게 돈 버는 것 같이 보이지만, 머릿속은 쉴 새 없이 바쁘게 움직인다.

이렇게 번역의 절반은 육체노동이고, 나머지 절반은 정신노동이다 보니 번역을 잘, 그리고 오래 하기 위해서는 육체와 정신 모두를 관리할 필요가 있다.

✲ 작업환경

'선무당이 장구 탓한다'는 속담이 있다. 맞는 말이다. 그런데 능숙한 무당도 장구를 탓한다. 오히려 더 탓한다.

단적인 예로 바이올린이나 피아노 연주자를 생각해 보라. 선무당 같은 아마추어 연주자들이야 악기가 연주에 미치는 영향이 크지 않으니 웬만한 바이올린이나 피아노면 연주에 큰 지장이 없다. 하지만 이작 펄만과 같은 세계적인 바이올리니스트나 키신이나 랑랑 같은 천재 피아니스트는 악기 선택에 엄청 예민하다. 정경화가 사랑하는 스트라디바리(Stradivari), 장영주가 사랑하는 과르네리(Guarneri), 첼리스트 장한나가 사랑하는 과다니니(Guadagnini), 또 아마티(Amati) 같은 현악기의 가격은 정말 상상을 초월한다.

마찬가지로 번역가들도 영상번역가든 출판번역가든 작업 도구인 데스크탑이나 노트북 모니터, 키보드, 의자, 책상 등에 예민할 수밖에 없다. 왜냐하면, 일감이 많은 번역가는 아무래도 책상 앞에 모니터를 보고 키보드를 두들기며 앉아 있는 시간이 길기 때문이다. (일감이 많지 않으면 크게 신경 쓰지 않아도 된다.)

두 가지는 꼭 얘기하고 싶다. 하나는 '자기에게' 편한 작업 도구를 선택하라는 것이고, 다른 하나는 '블루라이트' 차단에 관심을 기울이라는 것이다. 수면 자세도 사람마다 편한 자세가 다 다르듯이 자기한테 맞는 컴퓨터와 키보드, 책상은 따로 있다.

또 요즘에는 조그만 스마트폰 화면을 쳐다볼 일이 많기 때문에 작업할 때의 모니터 시청까지 감안하면 번역가의 눈에 엄청난 부담으로 다가온다. 특히 극도로 선명해진 LCD 화면 덕택에 나오는 지나친 청

색광은 눈에 특히 무리를 준다고 하니 블루라이트 차단 어플이나 안경 등을 사용해서 시력을 미리 보호할 필요가 있다.

✽ 어떤 운동을 하시나요?

번역가가 운동선수는 아니지만, '직업을 위해서' 기초운동을 꾸준히 해야 오래도록 번역을 해도 부담이 적다. 그런데 번역가마다 운동을 하는 사람도 있고, 안 하는 사람도 있고, 또 특이한 운동을 하는 사람도 있다.

"저는 따로 운동하지는 않아요. 8년가량 영상번역가로 일하고 있지만, 체력적인 부담이 있거나 어디가 아프다거나 그런 건 없네요. 다행이죠. 물론 특별한 운동을 안 한다는 얘기고 가벼운 산책 같은 건 자주 하려고 노력해요." - 임선애

"헬스클럽 다닙니다. 웨이트 트레이닝도 하고 러닝도 하죠. 프로그램에 맞춰서요. 영상번역을 하다 보면 아무래도 실내에서 가만히 있게 되는 경우가 많으니까 따로 자기에게 맞는 운동을 하면 좋죠. 아침 9시에 일어나서 남들 출근하고 사람들 별로 없는 오전 시간에 운동을 합니다." - 김지혜

"저는 체육관에 나가서 복싱을 해요. 왜냐하면 복싱이 근력도 근력이지만 폐활량을 키우는 데 제격이거든요. 체력을 길러주는 최고의 운동이라는 말을 많이 하잖아요. 운동 중에서도 특히 힘든 운동으로도

알려져 있고요. 체력이 퀄리티를 높여주죠. 자막번호 1번부터 800번까지 똑같은 퀄리티를 유지하기 위해서 체력은 큰 역할을 해줍니다."
- 김명순

 이외에도 요가나 수영 등이 영상번역가들에게 사랑받는 운동이다. 아무래도 고정된 자세로 오래 앉아있다 보니 유연성을 길러주거나 관절에 부담이 적은 운동을 많이 찾게 된다. 일감을 잔뜩 쌓아놓고 번역을 하게 되면 운동할 시간도 없겠지만, 대체로는 일반 직장인들보다 시간적 여유가 많기 때문에 마음만 먹으면 매일 트레킹이나 가벼운 등산도 가능하다.

❀ 영상번역가들의 독서

남들이 주말에 일부러 시간을 내서 보는 영화와 드라마를 맨날 보면서 일하는 사람들에게 별도의 취미생활이 필요할까 싶은 생각이 들 수도 있다. 사실 영상번역가 중에는 별다른 취미가 없는 사람들도 많이 있다. 말 그대로 취미가 직업이 된 케이스이기 때문이다.
 영상번역가들에게 운동 같은 육체적 활동이 아닌 취미생활로는 독서가 제일 많이 꼽힌다.
 그 이유가 있다.
 영상번역가든 출판번역가든 번역가들은 대체로 글쓰기에 소질이 있고 좋아하는 사람들이다. 그러니까 수많은 직업 중에서 번역을 하는 게 아니겠는가. 아무튼, 애초부터 번역을 창작의 징검다리로 여기는 번역가들도 있고, 아니면 번역을 하다 보니까 자연스럽게 창작에도 관심을 가지는 경우도 많다.

 창작의 가장 대표적인 결과물이 '자기가 쓴 책'이다.

 영상번역가를 상징하는 이미도 번역가도, 출판번역계의 조용필이라는 김석희 번역가도 모두 번역뿐만 아니라 창작에도 일가견이 있다. 매년 가을마다 노벨문학상 수상에 대한 기대로 주목받는 일본의 소설가 무라카미 하루키도 영어 번역가이다.

 글밥 아카데미 같은 전문번역 아카데미 커리큘럼에도 '나만의 책 쓰기 과정'이나 '자유기고가 과정'처럼 창작과 관련한 강좌들이 있는데다 글과 연계된 활동이기 때문이다.

 창작의 길로 가기 위해서 독서를 하든, 번역을 위한 배경지식을 얻기 위해 독서를 하든, 그냥 순수한 재미로 독서를 하든 영상번역가들은 독서를 많이 한다.

❈ 여행을 가기까지

사람이 여행을 가려면, 정확히는 여행을 가서 신나게 즐기려면 3가지가 필요하다.

 돈, 시간, 건강.

 그런데 신께서 공정하셔서인지 아니면 짓궂으셔서인지 3가지를 한꺼번에 사람에게 주질 않는다. 돈이 좀 있으면 시간이 없고, 시간이 남아돌 땐 돈이 없고, 돈과 시간은 있는데 건강이 받쳐주지 않는 등 많은 사람들은 3가지의 불균형 속에서 살아가고 있다.

 영상번역가들이라고 예외가 아니다.

 데뷔하기 전까지는 시간이 많으니까 여행 가고 싶을 때 가면 된다.

하지만 번역료 받은 게 없으니 여행경비 마련이 쉽지 않다. 데뷔한 이후부터는 프로덕션이나 번역회사에서 언제 작품을 의뢰할지 모르니까 자리를 비우기가 쉽지 않다. 시간이 없다. 정확히는 자유롭게 사용할 시간이 없다. 영상번역으로 바쁘든 바쁘지 않든 경력 초기에는 프로덕션이나 번역회사의 일정 영향을 많이 받을 수밖에 없다. 자리가 어느 정도 잡혀서 담당자들과 커뮤니케이션도 잘 되고 실력도 인정받으면 잠시 나갔다 오더라도 크게 불안하지 않다. 그리고 실력만 있다면 어디든 또 새로운 거래처를 구하면 되니까. 이런 자신감을 근거 '있는' 자신감으로 만드는 것이 바로 실력이다.

❇ 반려동물

〈마이펫의 이중생활 (The Secret Life of Pets, 2016)〉이라는 애니메이션을 보면 주인이 출근한 뒤에 남겨진 반려동물들끼리 재미있게 잘 놀던데 실제로 그런지는 잘 모르겠다. 영상번역가들은 집에서 일하는 경우가 많으니까 반려동물에게는 상당히 훌륭한 주인이 될 확률이 높다.

 영상번역가들의 블로그가 됐건, 카카오톡 사진이 됐건 SNS를 보면 고양이나 강아지 사진이 참 많다. 특히 싱글로 독립해서 사는 영상번역가의 경우에는 반려동물이 가족이자 친구이며 의논 상대가 된다. 물론 말은 하지 못하니까 강아지나 고양이는 주인 말을 듣기만 하겠지만, 경청만큼 훌륭한 커뮤니케이션이 없으니 얼마든지 훌륭한 대화 상대가 될 수 있다.

 너무 사람에 치이는 직업도 문제지만, 너무 인간관계와 무관한 직업도 문제다. 번역가라는 직업은 인간관계가 너무 없다. 마음만 먹으면, 1년 내내 직업상 아무도 안 만날 수도 있다. 일부러 사람을 만나러 다니지 않는 한 사람 만날 일이 거의 없는 직업이다. 부러울 수도 있겠으나 그 고독함이란.

물론 반려동물이 그 존재 자체로 귀한 것이지 영상번역가의 고독함을 달래주려고 태어난 건 아니겠지만, 어쨌든 번역가에게는 커피만큼이나 소중한 동반자이다.

✿ 개 같은 인생을 꿈꾸며

반려동물, 특히 개나 고양이의 본성에 충실한 삶을 보니 갑자기 견유학파(犬儒學派)가 떠오른다. 고대 그리스 철학의 한 갈래인 '견유학파'를 뜻하는 Cynics라는 말에서 냉소적이라는 의미의 '시니컬(cynical)'이라는 말이 나왔다고 한다. 냉소적이라는 말은 차갑고 냉정한 느낌을 주지만 한편으로는 세간의 평판에 초연하다는 느낌도 준다. 알렉산더 대왕이 "뭐 필요한 거 있으면 얘기를 해 보라"고 하자 "햇빛을 가리지 말고 비켜달라"고 했다던 철학자 디오게네스(Diogenēs)가 이 견유학파의 대표 격인 사람인데, 결국 '개처럼 사는 삶'을 꿈꿨던 철학자였다.

개는 참 단순하다. 개껌이 뭐가 그렇게 좋은지, 하나 건네주면 정말 신나한다. 사람은 '사회성이 고도로 발달한 동물'이라 체면도 차려야 하고, 남에게 인정도 받아야 하지만 개는 그런 게 없다. 물론 늑대 후손들이니까 자기들끼리 조금은 서로 눈치 보는 게 있을 수도 있겠다. 하지만 인간의 위선에 비할 바가 아니다.

> "It took me four years to paint like Raphael,
> but a lifetime to paint like a child."
>
> - Pablo Picasso

> 라파엘로처럼 그리는 데는 4년이 걸렸지만,
> 아이처럼 그리는 데는 평생이 걸렸다.
>
> - 파블로 피카소

3장

[데뷔하는 방법 좀 알려주세요]

구슬이 서 말이라도 꿰어야 보배라고 했다.
세상을 살면서 보게 되는 정말 안타까운 상황 중 하나는
보배가 되어야 할 구슬이 꿰어지지 못해서 묻혀버리는 일이다.
영상번역 업계에도 많은 지망생이 공부만 잔뜩 하다가 끝내
데뷔하지 못하고 자의 반 타의 반으로 다른 진로를 찾는다.
올림픽에서 기량을 펼치고 싶으면, 일단 올림픽 출전 티켓을
거머쥐어야 한다. 영상번역가들은 어떤 경로로 티켓을
거머쥐었을까? 어떤 인연으로 그들은 영상번역을 만났을까?
그들에게 첫 작품이란 어떤 의미일까?

내가 찾아간 영상번역
vs. 나를 찾아온 영상번역

❋ 장미와 나

세상에는 장미가 참 많다. 에버랜드에도 서울대공원에도, 또 아파트 앞 울타리에도 초여름이 되면 장미가 한껏 피어난다. 그렇게 우리는 장미를 만나고 장미를 스쳐 지나간다.

하지만 생텍쥐페리(Saint Exupery)의 《어린왕자(Le Petit Prince)》에 나오는 소년에게는 특별한 장미가 있다. 바로 자신이 살던 소행성 B612에 남겨두고 온 장미이다.

번역을 만나는 일도 장미를 만나는 일과 비슷하다. 세상에 직업의 종류가 어디 한둘일까. 그런데도 어떤 사람들은 번역가가 되어 번역을 한다.

번역에도 종류가 많다. 크게는 책을 출판하기 위한 출판번역, 법률, 의약, 화학 등 특수한 분야에 활용되기 위한 기술번역, 영화나 미드의 자막제작이나 더빙에 사용되는 영상번역 등으로 나뉜다.

영상번역가들은 수많은 장미 중에서 왜 번역이라는 장미를, 또 하필이면 영상번역이라는 장미를 선택한 것일까? 그리고 과연 번역을 선택한 것일까, 아니면 번역에 선택을 당한 것일까?

사실 정답은 없다. 아니 정답이 너무 많다. 번역가들마다 다 저마다의 사연이 있다. 그래도 영상번역가들의 리얼한 이야기를 효과적으로 전달하기 위해 '나를 찾아온 영상번역', '내가 찾아간 영상번역'으로 사례를 나누어 본다.

❋ 나를 찾아온 영상번역

먼저 영상번역이 제 발로 찾아온 경우이다.

"저는 일본에 원래는 영화 공부하러 갔었어요. 미대의 영상학과 입시 공부를 하다가 일본어에 관심을 많이 두게 된 거죠. 그래서 일본어 교사가 되어야겠다는 생각을 하고 일본어 교사 양성과정을 이수했어요. 그런데 일본에서 한국 사람한테 일본어를 배우지는 않잖아요? 그래서 일본에서 한국어를 가르친 거예요. 그런데 얼마 지나고 나서 한류가 터지더라고요. 갑자기 일본 연예계에서 한국어를 할 줄 아는 사람, 더 정확히는 양쪽 언어를 다 할 줄 아는 사람에 대한 수요가 확 늘어났어요. 첨엔 연예계 통역부터 시작했는데, OST 번역이다 소책자 번역이다 해서 번역도 하게 되고, 결국 일본에 방영되는 한국영화의 자막 번역도 하게 된 거죠.

그러니까 번역이 우연히 저를 찾아온 거 같아요. 여기서 제가 조언해 드리고 싶은 것은 꿈을 가지고 그것을 이루기 위해 혼자서 고민만 하기보다, 뭐라도 하고 있어야 한다는 거예요. 아무 관계없는 뭐라도 쉬지 않고 열심히 하다가 보면 새로운 자신을 발견할 수 있는 '우연'이 찾아와 준다는 거예요." - 김명순 사실 이런 경우가 많다. 다른 일을 하는 도중에 우연히 기회가 닿아서 번역을 하게 되는 경우이다. 혹시 지금 책을 읽고 있는 독자가 기혼자라면 배우자의 얼굴을 한번 쳐다보기 바란다. 첫사랑인가?

❈ 내가 찾아간 영상번역

물론 첫사랑일 수도 있겠다.

"저는 어릴 적 꿈이 영상번역가였어요. 학생 때 중국 드라마에 푹 빠져 지냈거든요. 멜로, 액션, 느와르, 무협 다 좋았어요. 그래서 저는 대학 전공도 중국어를 했고, 통번역 대학원에서도 중국어를 공부했어요. 다른 직장 다닌 적 없이 곧바로 중국어 영상번역가가 됐네요. 행운이죠." - 임선애

흔한 케이스는 아니다. 첫사랑과 결혼하기가 어디 쉬운가? 그래도 주변을 보면 첫사랑과 결혼한 사람들이 종종 보이듯이 어릴 적 장래희망을 고스란히 실현한, 말 그대로 자아실현의 전형을 보여주는 번역가들도 꽤 있다.

❈ 우연과 필연의 중간에서 만난 번역

하지만 우연과 필연의 중간쯤에서 번역을 만나는 경우가 제일 많을 것 같다. 번역가들을 대상으로 전수 조사를 해 보진 않았지만, 직업을 구하는 일이 대체로 그렇다는 걸 우리는 잘 알고 있다. 적당한 우연과

탐색이라고 하는 적당한 필연이 겹치는 지점에 '업'이 존재한다.

물론 음악, 미술, 스포츠, 수학, 순수문학(특히 시) 계통의 경우에는 재능의 비중이 상당히 크기 때문에 필연처럼 그 길을 일찌감치 택해서 가는 경우가 많다.

번역도 물론 '언어 감각'이라고 하는 재능적 요소가 큰 부분을 차지하지만, 순수문학 등을 번역하는 경우가 아니라면 배경지식이나 훈련 등의 요소가 오히려 더 큰 비중을 차지하는 경우가 많기 때문에 '뒤늦게' 번역에 뛰어들어 상당한 성취를 이루는 케이스도 많이 보게 된다. 특히 영어 쪽이 그렇다. 일본어나 중국어 번역은 해당 언어 전공자들 비중이 '상대적으로' 크다. 중고등학교 때부터 해당 언어나 그 나라 문화에 관심을 보인 경우가 많다고 볼 수 있다. 물론 뒤늦게 일본어나 중국어를 배워서 번역의 세계로 뛰어드는 경우도 있긴 하다. 그 비중이 작다는 의미이다.

영어는 좀 다르게 봐야 한다. 왜냐하면, 영어를 잘한다고 해서 그 사람이 영어를 좋아할 거라고 예상하기가 중국어나 일본어에 비해서는 쉽지 않다. 영어를 좋아하든 싫어하든 대학입시 때문에라도, 또 취업 때문에라도 영어를 해야 하는 것이 대한민국의 현실이다. 영어 잘하는 사람이 많을 수밖에 없는 구조다.

그래서 영어번역에 있어서는 다른 직장 다니다가 번역의 세계로 들어오는 경우가 상당히 많다. 또 경제적 보상은 천차만별이지만, 어쨌든 다른 직업에 비해서는 번역이 상당히 고상한 직업군에 속하는 데다 자유로운 시간 관리가 가능하기 때문에 영어를 웬만큼 하는 직장인이라면 번역을 한 번쯤은 꿈꾸게 된다.

"저는 한국에서 고등학교를 마치고 대학은 미국에서 다녔어요. 버클리 음대에서 'Professional Music(프로페셔널 뮤직)'을 전공했죠. 사람들은 버클리 음대까지 졸업했으니 당연히 음악 하는 일을 하겠구나 생각하지만, 꼭 그런 건 아니에요.

 탤런티드(talented)한 사람과 기프티드(gifted)한 사람이 다르다는 것을 학교 다니면서 많이 느꼈거든요. 노력으로 기프트를 따라잡는 것도 한계가 있어요. 게다가 기프티드한 사람이 노력마저도 더 하는 경우가 많아요.

 그래서 음악을 접고 한국에 와서 통번역을 다시 전공했어요. 영어는 제가 늘 좋아했거든요. 그리고 대학원에 진학해서 석사는 테솔을 했고요. 처음에는 음악 관련 회사에 다니긴 했어요. 그러다가 특급호텔에 취업해서 일했고, 특별한 계획 없이 관뒀어요. 직장생활을 워낙 빡빡하게 했고 회사생활로 받았던 스트레스도 많아서 일단 좀 쉬고 싶다는 생각으로 그만뒀다가, 마냥 놀기만 할 수는 없으니 공부를 좀 더 해볼까, 이런저런 생각을 하다가 우연히 영상번역 아카데미를 알게 됐어요. 자유롭게 제 일 하고 싶다거나 프리랜서로 산다는 생각은 그때는 전혀 못 했고요." - 김지혜

 언어 감각이라는 재능이 있다는 것, 외국어를 좋아했다는 것 등은 필연적인 요소이다. 하지만 '여기저기' 검색하고 탐색해보다 번역을 만나게 되는 우연이라는 요소가 겹쳐 있다.

 물론 직장인들이 '나 외국어 좀 하는데' 하고 번역에 도전했다가 다시 직장으로 돌아가는 경우도 많이 본다. 번역이 외국어 좀 한다고 해

서 할 수 있는 일이 아니기 때문이다.

 세상에 외국어 좀 하는 사람은 널리고 널렸다. 외국어 실력은 번역의 필요조건이지 충분조건이 아니다. 하지만 한 가지 분명한 것은 그래도 외국어가 어느 정도 되면 번역에 한 번 도전해볼 기회는 얻을 수 있다는 사실이다. 번역을 너무 쉽게 생각할 것도 너무 어렵게 생각할 것도 아니다.

 영상번역 업계에 발을 들이게 되는 전형적인 세 가지 유형을 살펴보았다. 번역가들의 말을 들어보니 자신이 번역을 찾아갔건, 번역이 자신을 찾아왔건 그건 중요하지 않은 것 같다.
 오히려 중요한 건 번역과의 만남을 어떻게 받아들이는가 하는 것이다.

" "He was only a fox like a hundred thousand other foxes. "
But I have made him my friend,
and now he is unique in all the world."

"그 여우는 수많은 다른 여우들처럼 그냥 한 마리
여우에 지나지 않았어. 하지만 내가 그를 내 친구로 만들었고,
이제 그 여우는 온 세상에서 하나밖에 없는 여우가 된 거야."

- 생텍쥐페리(Saint Exupery)의 《어린왕자(The Little Prince)》중에서

데뷔 : 인연이 필요한 걸까, 인맥이 필요한 걸까

❋ 데뷔라는 말

'입봉'이라는 말이 있다. 영화나 드라마 감독이 처음 영상물을 맡는 경우나 방송이나 영화의 시나리오 작가가 첫 작품을 납품했을 때 쓰는 표현이다.

입봉(入峰)이라는 한자어, 그러니까 봉우리에 들어섰다는 표현이라고 말하는 사람들도 있긴 하지만, 그보다는 잇봉다치(一本だち: 혼자 힘으로 해 나감)라는 일본어에서 유래했다는 게 정설처럼 받아들여지고 있다. 수습을 거쳐 감독 없이 혼자 알아서 하는 수준에 이른 게 이샤를 잇봉(一本)이라고 했다는데, 방송 계통에서 조연출이 연출자가 되는 경우도 이와 비슷한 과정으로 여겨 잇봉(一本)이라는 표현을 사용한다는 견해가 유력하다. 그래서 연출이나 시나리오뿐만 아니라 카메라의 경우도 발음은 변경되었지만, 아무튼 입봉이라는 표현을 쓰고 있다는 방송업계 관계자의 전언이다.

비슷한 상황에서 순수문학의 경우에는 등단이라는 표현을 주로 쓰고, 일반 작가들의 경우에는 데뷔라는 표현을 많이 쓴다. 마찬가지로 영상번역 작가들도 '데뷔(début)'라는 프랑스어로 처음을 기념한다. (*출판번역도 '데뷔'라고 주로 표현한다.)

그러니까 영상번역 작가에게 '데뷔'란 첫 작품을 맡는 것이다.

사실 기술번역 계통에서는 '데뷔'라는 말을 잘 쓰지 않는다. '데뷔'라는 말을 쓰려면 그래도 '작품'이라고 불릴 만한 영상물을 번역해야 한다.

그래서 짤막한 영상물이라도 드라마나 영화, 다큐멘터리 등은 데뷔작이라고 하지만, 홍보영상 등은 데뷔작이라는 표현을 '잘' 쓰지 않는다. (물론 법령으로 명확히 정해 놓은 것도 아니고, 사람마다 데뷔의 기준에 대한 의견은 다를 수 있다.) 출판번역에서 같은 출판물이라도 '단행본(book / volume)'은 데뷔작이라고 하지만 '잡지(magazine)'의 경우는 데뷔작이라는 표현을 잘 쓰지 않는 것과 비슷한 맥락이다. 물론 총서의 경우처럼 단행본 시리즈냐, 학술총서냐 등에 따라 애매한 경우도 있다. 다시 말하지만 뚜렷하게 정해진 건 아니다.

❋ 데뷔 경로

고3 수험생들에게 대학입학이 꿈이라면, 영상번역가 지망생들에게는 데뷔가 꿈이다.

그래서 내가 운영하는 영상번역 전문 블로그인 〈밥상〉의 검색 유입어도 '데뷔'는 늘 상위권에 포진하고 있다.

그럼 데뷔는 어떻게 하는 것일까? 방송국이나 영화사를 찾아가야 하는 걸까? 번역회사를 찾아가야 할까? 친척 중에 방송이나 영화 계통에 일하는 사람이 있는지 찾아봐야 할까?

 쉽게 비유하면 데뷔의 방법은 이성 친구를 사귀는 방법과 비슷하다.

 이성 친구를 어떻게 사귀냐고? 다 알면서.

❊ 맨땅에 헤딩하기

먼저 가장 정직한 방법이 있다. 들이대는 것이다.

"저는 인터넷으로 영상번역가 구인광고를 보고 이력서를 넣었어요. 그랬더니 메일로 테스트를 하겠다면서 테스트 파일을 보내시더라고요. 그래서 테스트를 봤고, 다행히 만족해서 일을 시작했습니다. 누구 소개나 그런 것 없이 스스로 일을 구한 거죠." - 임선애

 다른 말로 '맨땅에 헤딩'이라고도 한다. 연애로 치면 짝사랑하던 사람에게 직접 좋아한다고 고백하는 일이다. 맨땅에 헤딩하려면 무엇이 필요할까?

 용기다. 사실 처음 지원한 업체로부터 오케이 사인을 받는 일은 잘 없다. 영상번역 경력이 없거나 부족하다고 테스트 기회조차 주지 않는 경우가 더 많다. 하지만 계속 구인 사이트를 찾아서 이력서를 넣다 보면 인연이 닿는 업체가 생긴다. (물론 인연이 좋은 인연일 수도 있고, 악연일 수도 있다.)

 짝사랑은 대체로 마음고생이 심하다. 자신은 그다지 생각해보지도 않았는데 누군가 자신에게 사랑한다고 고백을 하니 부담스러울 수 있다. 열 번 찍어 안 넘어가는 나무 없다는 말만 믿고 한 사람, 한 업체만

고집해선 곤란하다. 안 넘어가는 나무도 많다.

그러니까 '저인망' 어선이 고기를 잡듯 일단 여러 군데 지원해 본 다음 그중 나은 업체를 고르는 게 낫다.

그리고 연애나 결혼과는 달리 프로덕션이나 영상번역 회사와 배타적인 계약을 맺는 경우는 많이 없다. 보통 두세 군데 업체들과 거래를 한다는 점도 참고할 것.

❋ 제 발로 의뢰가 들어오는 경우

그럼 짝사랑하는 상대방에게 고백하는 것 말고 다른 연애방식은 없을까?

흔한 일은 아니지만, 더러는 누군가가 자신에게 사랑을 고백하기도 한다. "오래전부터 사랑해 왔다고." (마왕 故 신해철의 만든 그룹 N.E.X.T.의 '인형의 기사 part2'의 가사 중 일부)

"제가 일본에서 한국어 교사로 일했다고 말씀드렸잖아요? 그런데 제가 가르치던 학생이 레코드사 프로듀서여서 그분으로부터 한국어하고 일본어를 통역할 사람이 필요하다고 연락이 왔어요. 한류 붐이 생기니까 콘서트 현장에서 통역해 줄 사람이 필요해졌던 거죠.

왜냐하면, 공연 준비할 때 한국인 스태프와 일본 매니지먼트 회사와 커뮤니케이션을 해야 하잖아요. 그래서 연예계 통역부터 시작한 거예요. 그러다가 처음부터 꽤 알려진 일본 레코드 회사 일을 시작했고, 거기서 OST 번역도 하고, 소책자 번역도 하고 그러면서 번역을 시작한 거죠. 특히 고인이 된 박용하 씨하고는 3년 동안 같이 투어도 하면서 일을 했죠.

 그 후에 영화자막 욕심이 나더라고요. 그래서 배용준 씨의 〈겨울연가〉로 유명한 IMX라는 일본 매니지먼트 회사로 들어갔어요. 그렇게 영화자막 번역을 시작하면서 본격적으로 영상번역계로 진입한 거죠." - 김명순

 살다 보면 이런 일도 있다. 누가 '통역'이나 '번역'해볼 생각 없냐고 먼저 물어보는 경우도, 물론 많진 않지만, 전혀 없는 것도 아니다. 그래서 사람은 평판 관리를 잘해야 한다. 회사 내 부서 이동이나 아니면 아예 이직하는 경우도 비슷하다. 자신이 인사부서나 상급자에게 말하거나 구직 사이트를 통해 갈 만한 회사를 물색하기도 하지만, 주변의 아는 사람이 '우리 부서로 올래?', '우리 회사 자리 났는데 지원 안 해볼래?' 이렇게 다가올 수도 있다.

❋ 아카데미는 소개팅처럼

그럼 연애를 시작하는 데 있어 내가 다가가거나, 누가 다가오길 기다리는 방법만 있을까?

 그건 아니다. 오히려 이 방법을 통해 연애를 시작하는 경우가 더 많다. 바로 소개팅이다.

"저는 아카데미 소개를 통해서 데뷔했어요. 당시 회사 관두고 뭘 할까 하다가 우연히 S 방송사 아카데미의 영상번역과정을 보게 됐고, 거기서 교육을 받았죠. 과정 수료할 무렵에 당시 강사로 계시던 선생님

께서 업체를 소개해주셔서 데뷔하게 됐어요. 그 업체하고는 아직도 같이 일하고 있고요." - 김지혜

   영상번역 아카데미는 〈KBS, MBC, SBS〉 같은 "방송" 아카데미와 〈글밥아카데미〉와 같은 "전문 번역" 아카데미 등으로 나뉜다.
  방송사 아카데미는 아나운서, PD, 방송작가, 영상번역작가 등의 커리큘럼을 운영하는데, 방송 아카데미의 경우에는 영상번역과정을 계속 운영하는 곳도 있고 아닌 곳도 있으니 개설 여부를 잘 확인해 봐야 한다. 언뜻 생각하면 방송 아카데미니까 지상파 방송용 영화 일감을 많이 연결해 줄 것 같지만, 사실 공중파 방송에서는 예전과 달리 방송되는 외화가 매우 적어졌기 때문에 공중파 방송과 연계된 이점을 예전만큼 누리기는 어렵다. 물론 성적이 우수한 사람은 강사들이 데뷔나 경력관리 등을 이끌어 주기도 한다. (참고로 방송국과 비슷한 이름을 갖고 있지만, 방송국과는 전혀 관계없는 곳도 있으니 이름만 보고 혹하면 안 되고, 커리큘럼이나 강의 이력 등을 자세히 살피는 것이 좋다.)
  한편, 전문번역 아카데미는 언어별(영어, 중국어, 일본어 등)로 출판 및 영상번역 등 번역가 양성에 특화해 운영하는 곳을 말한다. 내가 오랜 인연을 맺고 있는 글밥아카데미(www.glbab.com)의 경우, 강사들의 업계 인맥이 두텁고 타 번역 교육기관에 비해 수강생들의 데뷔와 경력관리를 적극적으로 돕고 있기 때문에, 이곳을 통해 입문한 번역가들이 매우 많다. 또한, 출판번역 과정도 개설되어 있어서 본인의 적성을 파악하는 데도 도움이 된다.

물론 아카데미를 수강하는 목적이 데뷔나 경력관리에만 있는 건 아니다. (그래서인지 수강생들의 진로에는 전혀 또는 별로 신경을 안 쓰는 아카데미들도 있다. 아카데미에서 번역의 기술과 영상번역 프로그램 사용법을 가르쳐주었으니 이후부터는 '알아서' 하라는 것인데, 사실 논리적으로만 따지면 그런 운영방식이 딱히 틀렸다고 지적하긴 힘들겠지만, 그래도 수개월 동안 비용을 들여서 강의를 들었는데 신경을 좀 써 주면 좋지 않겠나 싶은 생각이 드는 건 어쩔 수 없다. 물론 신경을 써 주고 싶어도 챙겨줄 능력이 안 되는 경우는 할 수 없겠지만.) 아카데미의 본질은 엄연히 교육기관이기 때문에 실력 있는 강사가 체계적인 강의계획에 따라 잘 가르치는 것이 중요할 것이다. 강사로서의 실력은 실제 영상번역에 관한 테크닉이나 지식 부분도 당연히 중요하지만, 이에 못지않게 강의의 전달력 등도 상당히 중요하다.

❊ 아카데미, 꼭 다녀야 하나

대치동, 목동, 중계동 등의 지역을 가보면 입시 학원이 참 많다. 사실 공부는 혼자 해도 된다. 그래도 돈 들여가며 엄마들이 애들 학원 보내는 데는 다 이유가 있다. 솔직히 혼자서는 공부를 좀 게을리하게 되는 부분도 있고, 입시 방향과는 안 맞는 엉뚱한 공부를 할 위험성도 있기 때문이다. 대입에 정시모집만 있는 것이 아니라 수시모집도 있기 때문에 정보도 많이 필요하다.

똑같다. 영상번역도 의지만 있으면 혼자 충분히 공부할 수 있다. 《영상번역가로 변신한 정역씨》라는 책(*참고로 내가 썼다)을 보면 영상번역 기본 메커니즘은 충분히 알 수 있고, 인터넷 찾아보면 ATS

프로그램도 다운받을 수 있고, 사용법도 자세하게 설명해 놓은 블로그들이 많이 있다. ATS 프로그램을 할 줄 알면, 다른 프로그램은 약간씩 다른 부분만 익히면 된다.

 영상번역 본질적인 부분은 영화 많이 보고, 미드 많이 보면 감이 온다. 넷플릭스 같은 곳은 외국어 자막과 한글 자막 모두 서비스하니까 대조해 보면서 잘한 부분은 어떻게 잘했는지, 못한 부분은 어떻게 못했는지 확인해보고 노트에 정리하면 영상번역 본질적인 공부도 스스로 할 수 있다.

 혼자 하지 말고 스터디를 짜서 작품 하나 파고 들어가는 것도 좋은 방법이다.

 그런데 직장생활이 바쁘거나, 육아를 해야 하거나, 학생인데 다른 일과도 병행해야 하거나 하면 틈을 내서 '스스로' 공부하기가 쉽지 않다. 그리고 나중에 가서는 '노력하는 것도 재능이야'라면서 자괴감에 빠지고 그런다. 잘 알 것이다.

 스터디도 서너 주째까지는 열심히 하다가 '제가 일이 좀 있어서……. 죄송해요'라고 하며 흐지부지되는 경우도 많고, 실제로 이상하게 공부 좀 하려고 하면 일이 생긴다.

 대신 아카데미를 다니면 업체들이 원하는 번역이 어떤 건지 좀 더 직접적으로 알 수 있고(왜냐하면, 아카데미 측은 업체들이 영상번역가에게 회신한 피드백이나 리젝션 자료가 있기 때문이다), 인터넷으로 10시간 찾아야 해결할 수 있는 궁금증도 10초면 해결할 수 있으며, 무엇보다 업체에 연결해줄 확률도 높다.

 결론은 이렇다. 의지와 시간이 충분한 사람은 혼자 공부해도 충분하다. 그렇게 데뷔하고 경력 쌓고 성공한 번역가들도 많이 있다. 그런데 의지가 남다르지 않거나, 시간 확보가 여의치 않다면 아카데미도 충분히 고려해 볼 필요가 있다.

소개팅으로 만났다고 해서 그 사랑이 사랑이 아닌 건 아니니까.

" When I was born I was so surprised
I didn't talk for a year and a half.
- Gracie Allen "

내가 태어났을 때,
난 너무 놀라서 일 년 반 동안 말을 하지 못했다.
- 그레이시 앨런

첫사랑,
첫 작품

❋ 응답하라

첫사랑이 중요할까?

질문을 조금 더 구체적으로 해 보자. 첫사랑이 두 번째 사랑이나 세 번째 사랑보다 중요해야 할 특별한 이유가 있을까?

감정을 배제하고 이성으로만 생각하면 첫사랑이 다른 사랑보다 중요할 이유는 없다. 물론 진화론의 일부 견해에서는 생식적으로 유리한 시기와 첫사랑의 시기가 비슷하다는 점을 근거로 첫사랑을 더 기억하는 이유, 특히 여성보다 남성이 첫사랑을 더 잘 기억하는 이유를 설명하기도 한다. 일부 견해다.

첫사랑을 다른 사랑보다 좀 더 잘 기억하는 이유가 무엇이든 간에 영화 〈건축학개론〉에서 수지가 '국민 첫사랑'으로 떠오르고, tvN의 〈응답하라〉 시리즈가 공전의 히트를 기록하며, 가수 최백호는 "첫사랑 그 소녀는 어디에서 나처럼 늙어갈까"라며 〈낭만에 대하여〉 노래하는 것을 보니 세대를 뛰어넘어 첫사랑은 사람들에게 잊히지 않는 소중한 기억인 것 같다.

❋ 영상번역가가 느끼는 첫 작품의 이미지

영상번역가에게는 첫 작품이 첫사랑이다.
 그런데 이상한 점이 있다. 잘 들어보라.

"첫 작품이요? 글쎄요. 아, 종교 관련 다큐멘터리였어요. 무대본인 데다가 음질이 좋지 않아서 작업하는데 힘들었던 기억이 나요. 제목까지는 기억이 잘⋯⋯."- 김지혜

 다른 번역가 얘기도 들어보자.

"처음 한 작품은 메이크업 쇼프로그램이었어요. 프로필에 왜 빠져 있냐고요? 다른 작품들도 많고, 처음 시작한 작품이라는 거지, 작품 자체가 저한테 큰 의미를 가지는 주제나 내용은 아니었어요."- 임선애

 마지막으로 다른 번역가 얘기 하나만 더 들어보자.

"영상번역 첫 작품은 뮤직뱅크 검수 일이었어요. 음반번역을 여러 편 경험을 한 후여서 정말 너무 즐겁게 일했고 음악을 좋아하다 보니 더더욱 재미를 느꼈었습니다. 그 덕분에 지금은 작사도 하고 있고요. 의미를 찾는다면 아무래도 해를 거듭하고 실력이 향상되어서 영화작품을 저희 회사에서 담당했을 때가 아니었나 싶어요."- 김명순

 물론 이 세 명의 영상번역가가 영상번역 전체를 대표하는 건 아니

다. 하지만 다른 많은 영상번역가들의 사례를 듣다 보니 의외로 첫 작품에 큰 의미(의미가 없다는 건 아니지만 첫사랑만큼은 아니었다)를 두지 않는 경우가 많았다. 특히 외화나 영화제 번역이 아닌 방송(드라마, 다큐) 작품을 번역하는 경우 이런 경향이 컸다.

예를 들어, 가장 지명도 높은 외화번역가인 이미도 번역가가 1993년에 영화 '블루'로 데뷔했다고 정확히 기억하고 있는 것과 대비된다.

이 부분은 영상번역 업계의 전반적인 환경과 함께 이해할 필요가 있다.

❀ 영상번역의 분야

영상번역은 간단히 말하면 영상물에 사용되는 번역을 말한다. 영상물이 사용되는 용도로 구분해 보면 크게 회사나 제품의 홍보영상 등의 기술분야 영상, 극장에서 상영되는 영화, 방송용 영상물 등으로 나뉜다.

기술(비즈니스)분야 영상은 문서번역 영역에서 비즈니스 번역이라고도 불리는 기술번역과 마찬가지라고 생각하면 된다.

그리고 영상번역에서 주로 논의되는 '작품'이라고 하는 영상물은 극장과 방송, 이 두 곳에서 주로 사용되고 있다. DVD(digital video disc)의 경우에는 극장에 걸리는 영화도 아니고, 또 방송사에서 방영하는 영화도 아니다. 그러나 번역 프로세스가 대체로 방송 쪽과 연계되어 있기 때문에 방송 계통의 영상번역 시장에서 주로 다룬다.

또 극장에서 상영되는 영화는 다시 두 가지로 크게 나뉜다. 하나는 상업영화이고 다른 하나는 독립영화이다. 상업영화는 이윤추구에 주된 목적이 있고, 독립영화는 제작자나 감독의 주제의식을 표현하는 데 주된 목적이 있다. 물론 딱 구분할 수 있는 건 아니다. 두 가지 성격을 모두 가지고 있을 수도 있다. '주된' 목적이 무어냐에 따라 구분하는 방식이다.

 방송은 지상파(공중파), 케이블, 위성TV, IPTV, OTT 등을 말한다.

❋ 영상번역 물량의 대부분은 방송 계통

영상번역에 관심이 있는 사람이라면 영화 쪽 번역은 극소수의 사람들이 하고 있다는 말을 들어본 적이 있을 것이다. 이때 말하는 영화는 상업영화, 특히 블록버스터를 말한다. 5~20명 사이의 번역가들이 활동하고 있는데, 상업영화, 특히 블록버스터는 들인 돈이 크기 때문에 리스크를 최소화하기 위해 늘 같이 작업하는 번역가들을 선호한다. 그래서 진입장벽이 상당히 높다.

 상업영화가 주로 멀티플렉스 영화관에서 상영관을 잔뜩 잡아놓고 상영된다면, 독립영화는 주로 영화제에서 상영된다. 부산국제영화제(BIFF)나 전주국제영화제(JIFF), 부천국제판타스틱영화제 등이 대표적인 영화제들이다.

 영화제의 경우 영상번역가와 자막가(스파팅, 타임코딩 등의 자막작업)를 공개 모집하는 경우가 많이 있었는데, 영화제 또한 독립 영화의 작품성을 잘 살려서 번역하고 안정적인 자막을 공급해 줄 수 있는 영화제에 특화된 번역가나 번역회사와의 거래 비중을 늘리려는 추세이다.

 영상번역 물량의 대부분은 극장 상영관이 아닌 방송 계통에서 나온다. 조금만 생각해 보면 너무나 당연한 얘기다. 한 달에 영화관 몇 번 가나? 많아야 1~2번? 하지만 한 달에 TV는 얼마나 보나? 당연히 TV를 많이 볼 것이고, 자연스럽게 케이블이나 위성TV에서 방영되는 외화나 미드도 많이 보게 된다. 최근에는 IPTV나 넷플릭스, 왓챠플레이 등의 OTT 업체가 제공하는 영상을 PC나 스마트폰을 통해 보는 경우도 부쩍 많아졌다. 이처럼 극장과는 번역물량 면에서 비교할 수가 없다. 방송 계통이 월등하다. 반대로 영상번역가 소득 면에서는 극장 쪽이 낫다. 소득 부분은 나중에 얘기하기로 하자.

아무튼, 지금까지의 얘기를 통해서 방송 쪽으로 대부분 영상번역가들이 데뷔하고 첫 작품을 맡게 된다는 사실을 알 수 있을 것이다. 그럼 방송 계통의 영상번역 구조가 어떤 식으로 영상번역가의 첫 작품에 영향을 미치는 것일까?

❋ 방송 영상번역 업계의 이중 구조

영상번역에 있어서 업계는 경력자와 비경력자를 구분하려는 경향이 '상당히' 강하다. 그래서 PD들이 경력이 짧은 영상번역가에게 인지도 있는 작품을 잘 의뢰하지도 않고, 특히 미드 한 시즌을 턱 하니 맡기는 경우는 정말 드물다.

왜냐하면, 방송 업계는 시간에 상당히 예민하기 때문이다. '쪽대본'이라는 말을 들어보았을 것이다. 지금은 중국의 사전심의 제도 때문에 프로그램을 사전제작함으로써 '쪽대본'이니 '밤샘촬영'이니 같은 열악한 제작환경이 많이 바뀌었다. 그래도 어쨌든 방송 업계는 이윤과 이윤을 뒷받침하는 신속한 납품을 강조하는 분야이다.

따라서 경력이 검증되지 않은 영상번역가에게 시리즈 전체를 맡겼다가 방송이 펑크라도 나면 정말 큰일이 나기 때문에 가능하면 영상번역 경력자와 거래해서 리스크를 최대한 줄이려고 한다. 또 비경력자는 경력자보다 납품한 번역에 대한 '감수나 검수' 소요도 아무래도 많을 확률이 높으니까 이 또한 비경력자를 회피하는 이유가 된다.

✽ 공동번역 수요 증가

그런데 반대로 영상번역 경력이 일천한 사람을 원하는 경우도 있다. 물론 가장 큰 이유는 번역료 때문이다. 하지만 번역료 이외의 문제에서도 비경력자가 필요한 경우가 있다. 대량의 번역을 한꺼번에 해야 하는 경우이다. 지상파나 케이블TV의 경우에는 순차적으로 방송이 되니까 한 사람의 번역가가 기간에 맞춰서 번역(완료된 작품부터 납품)하면 되지만, 전 시즌을 한꺼번에 업로드하는 인터넷 스트리밍 업체 등의 경우에는 시간적 여유가 없다.

 예를 들어, 전체 시즌이 5시즌 또는 7시즌이 넘어가면 총 에피소드가 100편이 넘는 경우도 많은데, 하루에 1편씩 번역해도 3달 이상 걸린다. 정상적인 일정이면 4달 이상 걸리는데, 시간에 예민한(하루라도 빨리 올려야 수익에 유리해지는) IPTV나 OTT 업체 쪽에서는 그냥 경력 있는 번역가 1명에게 맡기기가 힘들다. 물론 맡길 수도 있겠지만, 대체로 이렇게 대량의 에피소드를 짧은 시간에 번역해야 하는 경우는 공동번역이라고 해서 여러 명의 번역가가 작품번역에 참여하는 경우가 많다.

 이런 현상이 바람직하다는 의미는 아니다. 왜냐하면, 어투도 번역가마다 차이 날 수 있고, 등장인물 이름이나 인물끼리의 존대관계도 일치 못한 경우가 발생할 가능성이 높기 때문이다. 물론 감수 작업을 하지만 한계가 있다.

❀ 풋사랑도 아름다워

아무튼 사정이 이렇다 보니 많은 영상번역가들의 데뷔작은 인지도 없는 드라마나 다큐멘터리이거나 아니면 유명한 작품인데 일부 에피소드가 되는 경우가 많다. 방울뱀이 나오는 다큐멘터리, 야하다 못해 외설적이기까지 한 드라마, 유명 드라마의 뜬금없는 에피소드 넘버, 이런 프로그램은 도대체 누가 보는 걸까 싶은 작품들이 신인 영상번역가들의 데뷔작이 되곤 한다.

그래서 첫사랑이 아닌 풋사랑처럼 가물가물한 기억 저편으로 데뷔작을 밀어 넣는 경우가 많이 생긴다.

우리나라에서 가장 인기 있는 스포츠는 프로야구다. 관중 수나 운영 경비, TV 중계, 광고 등에 있어 다른 종목을 압도한다. 수많은 아마야구선수들이 프로야구선수를 꿈꾸며 열심히 운동을 한다. 하지만 프로구단에 지명을 받는 선수는 극소수 중의 극소수이다. 대부분의 선수는 1군은커녕 2군 무대에도 서지 못한다. 관중들한테 야구 못한다고 욕도 많이 들어먹긴 하지만, 실제로 1군 선수는 정말 재능도 대단하고 노력도 많이 한 선수들이다.

그 대단한 선수들도 1군 무대 데뷔 첫 타석에 홈런을 치는 선수는 10년에 한두 명 나올까 말까이고, 안타 치는 선수들도 많이 없다. 많은 선수들이 삼진이나 플라이로 물러난다. 투수들도 마찬가지다. 주로 경기가 많이 기울어져서 패전조가 필요할 때 시험 삼아 신인 투수를 올린다.

내가 하고 싶은 얘기는 인생이 다 그런 거니까 그러려니 하라는 얘기가 아니다.

진짜 하고 싶은 말은 첫 타석에 안타를 치느냐 삼진을 당하느냐보다 더 중요한 건 자기 스윙을 했느냐이고, 선발투수로 데뷔하든, 패전조로 데뷔하든 자기 공을 던졌느냐가 더 중요하다는 것이다.

감독들은 신인이지만 자기 스윙을 했던 타자, 자기 공을 던졌던 투수를 기억해 두었다가 다음 경기에 누군가가 필요한 상황이 되면 그 선수에게 기회를 준다.

야구는 인생을 닮았다. 영상번역은 야구를 닮았다.

눈여겨볼 국제영화제 목록

1. 부산국제영화제 (Pusan International Film Festival)

- 개최시기 : 10월
- 개최장소 : 부산 남포동 및 해운대 일대
- 성 격 : 일부 경쟁부문을 도입한 비경쟁 국제영화제
- 특 징 : 1996년 한국 최초의 국제 영화제를 표방한 영화제로 시작되어서 지금은 아시아 최대 규모의 국제 영화제로 발돋움. 아시아의 새로운 영화들을 중점적으로 소개한다.
- 공식홈페이지: http://www.piff.org/

2. 부천국제판타스틱영화제 (Puchon International Fantastic Film Festival)

- 개최시기 : 7월
- 개최장소 : 부천시민회관 대공연장 등 부천 일대
- 주 제 : 사랑, 환상, 모험
- 방 향 : 관객 중심의 영화제, 재미있는 영화제, 가까이 있는 영화제
- 성 격 : 부분 경쟁을 도입한 비경쟁 국제영화제
- 특 징 : 1997년 한국 최초의 판타스틱 영화제를 표방한 영화제로, 비경쟁 영

화제인 부산과는 달리 국내 최초로 경쟁 부문을 도입하였고, 장르 역시 호러, 코미디, 판타지 등으로 특화해서 지금은 부산 영화제와 함께 한국의 가장 대표적인 영화제로 손꼽힌다.

- 공식홈페이지: http://www.pifan.com/

3. 전주국제영화제 (Jeonju International Film Festival)

- 개최시기 : 4월~5월
- 개최장소 : 전주 일대
- 방 향 : 대안/독립영화 중심의 영화제, 관객과 함께 성장하는 영화제
- 성 격 : 부분 경쟁을 도입한 비경쟁 국제영화제
- 특 징 : 2000년 처음 개최된 전주국제영화제는 주류영화들과는 다른 새로운 대안적 영화와 디지털 영화를 소개하는 부분경쟁을 도입한 비경쟁 영화제. 자유롭고 독립적이며 진취적인 영화들을 많이 소개한다.
- 공식홈페이지: http://www.jiff.or.kr/

4. 광주국제영화제 (Gwangju International Film Festival)

- 개최시기 : 6월
- 개최장소 : 광주 일대
- 성 격 : 비경쟁 국제영화제 (2002년부터 부분경쟁 도입)
- 특 징 : 국내에 소개되지는 않았으나 가능성 있는 신예 감독들을 발굴해 그들의 작품세계를 소개하는 것을 목표로 삼고 있다. 독창적이고 실험적인 작품이 많음.
- 공식홈페이지: http://www.giff.org/

5. 제천국제음악영화제 (Jecheon International Music & Film Festival)

- 개최시기 : 8월
- 개최장소 : 청풍호반무대 등 제천 일대
- 캐치프레이즈 : '물만난 영화 바람난 음악'
- 성 격 : 부분경쟁 국제영화제
- 공식홈페이지: www.jimff.org/

6. 서울충무로국제영화제 (CHUNGMURO INTERNATIONAL FILM FESTIVAL IN SEOUL)

- 개최시기 : 9월
- 개최장소 : 서울 충무로 일대
- 키워드 : 발견, 복원, 창조 (DISCOVERY, RESTORATION, CREATION)
- 성 격 : 부분 경쟁 포함 비경쟁국제영화제
- 특 징 : 고전영화를 바탕으로 전 세계의 최신작, 화제작을 소개한다.
- 공식홈페이지: http://www.chiffs.kr/

7. DMZ국제다큐멘터리영화제 (DMZ Korean International Documentary Festival)

- 개최시기 : 9월
- 개최장소 : 파주출판도시 씨너스 이채, 임진각 평화누리 일대
- 성 격 : '평화, 생명, 소통의 DMZ'를 주제로, 세계 유일의 공간 DMZ에서 열리는 국제다큐멘터리 영화제, 부분 경쟁
- 공식홈페이지: http://dmzdocs.com/

8. 서울 여성 영화제 (Womens Film Festival in Seoul : WFFIS)

- 개최시기 : 6월
- 개최장소 : 서울
- 특 징 : 페미니즘 영화를 다루는 국제 영화제로 1999년 처음 시작된 현재 아시아 권에서는 가장 인정받는 여성영화제라고 함. 1990년대 이후 전 세계에서 제작된 여성감독 영화 중에서 우수한 작품성을 지닌 영화를 선정하여 미주 · 유럽 · 아시아 등 각 지역 영화전문가들로 구성된 선정위원회가 작품을 고르고, 출품한 감독들도 일부 초청하여 세계 여성영화에 대해 논의함. 세계 영화제에서 비평적, 대중적으로 호평을 받았지만, 아직 국내에 공개되지 않은 작품을 선보기도 함.
- 공식홈페이지: http://www.wffis.or.kr/

9. 서울국제청소년영화제 (Seoul International Youth Film Festival)

- 개최시기 : 9월~10월
- 개최장소 : 서울
- 성 격 : 성장영화 중심. 세계 청소년이 만든 영상물을 통해 의사소통과 동 세대 문화 공감의 장을 마련하기 위해 개최하는 연례영화제
- 공식홈페이지: http://www.siyff.com/

"　It ain't over till it's over.　"

- Yogi Berra

끝날 때까지 끝난 게 아니다.

- 요기 베라

기억에 남는
작품은 따로 있어요

❋ 포차에서 닭발을 만나다

OO포차라는 유명 요리연구가의 프랜차이즈 업체에서 술을 마실 때가 종종 있다. 가격도 비싸지 않고, 무엇보다 안주가 워낙 다양하게 있어서, 또 안주가 맛도 괜찮아서 1차든, 2차든 상관없이 방문하기 좋은 술집이다. (종로점에 주로 간다.)

손님의 대부분은 인근 오피스타운의 직장인들이다. 그런데 성별 비율은 여성손님이 압도적으로 많다. 또 대부분 비닐장갑을 끼고 열심히 주먹밥을 만들고 있다. 매운 국물 닭발과 같이 곁들여서 먹는다는데, 나는 매운 음식까지는 참고 먹겠는데, 다리도 아닌 '발'을 먹는다는 건 썩 내키지 않아 다른 '편안한' 음식을 주문한다.

예전에 KBS스페셜 다큐멘터리 〈주방의 철학자, 한식을 논하다〉를 본 적이 있다. 거기에 출연한 세계적인 요리전문가는 '닭발'을 먹어보곤 그 가능성에 놀라던데, 난 그렇게 미식 스타일은 아닌 것 같다.

닭발, 계란말이, 낙지볶음 등 안주를 선택하는 것처럼 영상번역가들에게도 의뢰가 들어온 작품을 할지 말지 선택해야 하는, '선택의 순간'

이 있다.

 영상번역가들에게 작품 선택이란 어떤 의미일까? 물론 작품을 골라서 받는 번역가들도 있긴 하지만(예: 난 공포물은 안 해요, 난 리얼리티쇼는 안 해요 등), 대부분은 프로덕션이나 번역회사에서 의뢰하는 작품은 거절하지 않고 하려 하는 것 같다. 특히 경력이 많지 않을수록 언제 일감이 끊길지 모른다는 불안감 때문에 자신이 좀 싫어하는 장르라도 의뢰가 들어온 게 어디야 하면서 하게 되는 경우가 많다.

 자기하고 잘 맞지 않는 장르가 들어왔을 때, 거절하는 게 나을까, 어떡하든 최선을 다해 하는 게 나을까?

❈ 서로 다른 생각

번역가마다 생각은 다 달랐다.

"전 현대물보다 사극을 좋아하고 현대물은 많이 보지 않아요. 사극 중에선 무협을 좋아하고요. 다만 중국 드라마가 사극이 많다 보니 사극이 많이 들어오긴 하지만 무협보단 역사극이 더 많이 들어와요. 그래도 작품을 가려서 받을 순 없으니까 좋으면 좋은 대로 싫으면 싫은 대로 최선을 다해 번역하죠. 하다 보면 의외로 재밌는 작품도 많았고요." - 임선애

"현실적으로 번역가가 의뢰 들어온 작품을 가려서 받는 게 힘들지 않을까요? 물론 대단한 위치에 있는 번역가나 번역에 큰 경제적 의미를 두지 않는 상황이면 모를까……." - 김지혜

"저는 번역가 자신이 좋아하는 작품을 해야 한다고 봐요. 작품이잖아요. 싫어하는 장르나 싫어하는 작품을 억지로 해서는 좋은 번역, 좋은 작품이 나올까요?" - 김명순

영상번역 경력 20년가량의 베테랑 번역가 두 사람에게도 의견을 구해 보았다. 두 사람 중 한 분은 "조사할 게 많은 다큐멘터리는 싫어하고, 영화나 미드만 하려는 초보자답지 않은 사람은 성공하기 힘들다고 봐요. 기회가 주어진다는 점에 감사하고, 한 작품, 한 작품 성실하게 임할 때 기회가 오는 거죠"라고 말했고, 비슷한 경력의 다른 한 분은 "영상번역 작가로서 자신이 추구하는 철학과 가치를 지켜야지, 작품을 주면 감사히 받으라는 소위 업체의 논리에 휘둘리는 건 옳지 않다고 봐요. 좋아하는 것만 할 순 없겠지만, 싫어하는 일까지 억지로 할 필요가 있나요? 경제적 대가를 많이 안 바라는 대신 번역작가는 자기 작품을 할 수 있어야 하는 거죠. 현실이 그렇다고 해서 그 현실이 옳다는 의미는 아니에요"라는 의견을 피력했다.

현실과 당위의 문제가 물과 기름처럼 뒤섞인 느낌이다. 또 현실 자체를 당위로 받아들이는 경우도 있었다.

영상번역도 장르나 영역별로 전문화되는 것이 바람직하다고 본다. 그래야 질 좋은 번역이 나오고 경제적인 측면에서도 차별화되어야 유리하기 때문이다. 하지만 이런 영상번역 전문화의 열쇠는 '시청자'들이 쥐고 있다.

질 높은 번역을 시청자들이 원하면 방송사나 자막제작 관련 업체들도 질 높은 번역을 돈을 더 주고서라도 찾겠지만, 그렇지 않다면 지금

처럼 영상번역가들이 작품의 성격이나 장르를 불문하고 의뢰받는 대로 '쳐내는' 일이 계속될 수도 있다.

 다행인 것은 VOD(video on demand: 주문형 비디오)라고 하는 능동형 서비스가 점점 확대됨에 따라 시청자들의 질 높은 번역에 대한 수요가 높아지고 있다는 사실이다. 케이블TV를 시청할 때는 그냥 넘어갔을 자막도 VOD에서는 시청자가 다시 확인해보기 때문에 번역에 있어 오류나 미진한 부분이 발견되기 쉽다.

 IPTV나 OTT가 대표적인 VOD 서비스 채널이다. 전 세계 OTT의 선두주자라고 할 수 있는 넷플릭스의 경우에는 한글자막을 외국어(영어)자막과 곧바로 비교해볼 수 있어 오역 없는 번역과 섬세한 용어 선택 등 전문화된 번역 수요가 점차 늘고 있는 추세이다.

❈ 가장 훌륭한 작품은 아직 번역되지 않았다

영상번역가들에게 있어 첫 작품이 아스란 노을 같은 기억이라면, 가장 기억에 남는 작품은 쏟아지는 유성우처럼 하나만 콕 집어 말하기 어려운 기억이다.

"의천이나 신조는 어릴 때부터 좋아했던 작품을 번역했던 거라 기억에 많이 남고, 공자춘추는 내용이 어려워서 고생했던 거 때문에 기억에 남아요. 그리고 어떤 분은 제금이 대중의 관심을 받았다고 하시는데 그건 잘 모르겠네요. 아마 아이돌 스타 분이 출연해서 더 도드라져 보인 건 아닌지……. 번역한 작품 중에 관심을 많이 받은 건 제 생각엔 〈옹정황제의 여인〉이에요." – 임선애

"기억에 남는 작품이요? 최근 작품 중에 라이언 필립(Ryan Phillippe)이 주연한 〈시크릿 앤 라이즈〉라는 TV 시리즈가 있는데, 작업하면서 푹 몰입했죠. 보통은 원래 방송하던 작품의 중간 시즌, 나중 시즌 이런 식으로 작업을 했었는데('크리미널 마인드'를 시즌3부터 작업한다든지 이런 식으로요), 국내에 최초로 들어왔던 작품-첫 시즌-에 미국과 거의 시차 없이 영상 받아서 작업했던 작품이라 기억에 남았죠. 국내 첫 소개 작품인 것도, 그렇게 작업했던 거로도, 첫 작품이었거든요. 저도 처음 들어봤고 사전정보 없이 작업하면서 처음 봤던 작품이라 이야기에 더 빠졌고요. 〈시크릿 앤 라이즈〉는 제가 원래 좋아하는 수사물(크리미널 마인드 등)이라기보다는 '미스터리 스릴러'에 가깝다고 생각해요. 〈디비어스 메이드〉요? 전 막장 드라마 취향은 아니에요. 수사물 좋아합니다." - 김지혜

영상번역은 작업주기가 짧기 때문에 웬만한 경력자들의 포트폴리오를 보면 에피소드로 따졌을 때 몇백 편, 경우에 따라서는 천 편 이상인 경우도 많다. 수백 편 이상의 작품 속에서 갑자기 기억나는 작품을 말해보라는 질문을 받으면 대답하기가 쉽지 않다.
 하지만 정말 '이건 내 인생작이야'하는 작품이 영상번역가의 마음속에 들어있는 경우도 있다.

"3년 전에 '예술의 전당' 한가람미술관에서 '스튜디오 지브리 레이아웃展' 음성 가이드 더빙녹음 연출을 맡았을 때가 제일 기억에 남아요. 음성 가이드도 영상번역처럼 원본을 번역하여 느낌을 살리는 더빙번

역을 해서 녹음을 하는 거죠. 국내 모 방송국 전속 성우출신 성우님들께서 녹음해 주셨죠. 관람객이 25만 명이었거든요. 호응이 좋아서 저도 너무 기뻤죠. 그리고 무엇보다 '미야자키 하야오'라는 이름과 연결된다는 것이 제겐 큰 의미거든요." - 김명순

 일본어에 문외한인 일반 사람들도 '미야자키 하야오'의 작품에 대해선 많이 알고 있고, 또 마니아층도 두터운데, 일본어 번역을 하는 작가 입장에선 얼마나 기뻤을지 짐작할 수 있다. 도봉산에서 토토로를 실제로 만난 느낌?
 영상번역계에 들어선 지 1년, 2년이 지나도 크게 자신에게 와 닿는 작품을 의뢰받지 못했을 수도 있다. 하지만 '오래' 하다 보면 '언젠가는' 만나지 않을까?
 우리가 신경 써야 하는 것은 인생작과의 만남을 정말 인생작으로 승화시킬 수 있는 실력일 것이다.

" the most magnificent poem hasn't been written yet "
the most beautiful song hasn't been sung yet
the most glorious day hasn't been lived yet

가장 훌륭한 시는 아직 쓰여지지 않았다
가장 아름다운 노래는 아직 불려지지 않았다
최고의 날들은 아직 살지 않은 날들이다.

-나짐 히크메트(Nazim Hikmet)
〈진정한 여행(A Ture Travel)〉 중에서

(*'쓰여지지'와 '쓰이지'는 말의 쓰임이 다르다.)

4장

[일감은 어떻게 구하나요?]

데뷔는 끝이 아니라 시작이다.
데뷔한 이후 많은 영상번역가들은 치열한 수주경쟁으로
뛰어들게 된다. 그런데 그 많은 일감이 다 어디로 간 걸까?
작업하는 과정에서 영상번역가를 힘들게 하는 건 무엇일까?
그리고 늘 최대관심사지만 말하지 못했던 돈 얘기.
다들 얼마씩 받고 일하고 있나?
그리고 몸값을 올리는 방법은 뭐가 없을까?
이번 네 번째 이야기에서는 고상한 영상번역가들의
번역료 얘기를 중심으로 업계의 현실을 가감 없이 살펴본다.

영상번역, 쉽게 생각하면 안 돼요

❋ 관행이라는 굴레

영국의 물리학자이자 수학자, 천문학자였던 아이작 뉴턴(Sir Isaac Newton)은 〈프린키피아(Principia)〉에서 운동의 공리(axiom)로서 역학의 3가지 법칙을 열거했다. 그 중 제1 법칙이 '관성의 법칙(the law of inertia)'이다.

외력이 없는 한 모든 물체는 자기의 상태를 그대로 유지하려 한다는 법칙이다.

사회도 마찬가지인 것 같다.

우리나라 민법 제1조를 보면 '법원'이라는 표제 하에 '민사에 관하여 법률에 규정이 없으면 관습법에 의하고 관습법이 없으면 조리에 의한다'고 규정하고 있다. 물론 여기서 말하는 관습법은 단순한 관행이나 관습이 존재하는 것만으로 성립하는 것은 아니고, 법적 확신이 있어야 하고, 사회질서에 반하지 않아야 한다.

어쨌건 별들의 세상인 자연계나 사람들의 세상인 사회나 관행이 구성원의 행동을 크게 제약하고 행동기준의 역할을 하는 건 사실이다.

영상번역 업계에도 관행이라는 것이 존재한다. 그리고 어떤 경우에는 그 관행이 굴레처럼 느껴지기도 한다.

❋ 번역만 달랑 하는 경우는 거의 없다

번역가는 번역하는 사람이니까 영상번역가들은 영상을 보고 번역만 하면 될 거라는 오해를 많이 받는다. 물론 상영관 쪽(상업영화든 영화제 등의 독립영화든 간에 영화 계통)은 번역가가 번역만 하면 된다.
 그럼 방송 쪽은 다른가?
 다르다.
 케이블TV나 IPTV 등 방송용 영상을 번역하는 경우 '대부분' 영상번역가들이 TC라고 불리는 타임코드 입력 작업을 하게 된다. 자막이 뜨고 사라지는 시간을 입력하는 일로 자막을 호흡단위로 나누는 스파팅(spotting)과 더불어 자막제작의 중요한 작업이다.
 문제는 이 TC 작업이 번역에 들이는 시간과 맞먹는다는 사실이다. 예를 들어, 방송 쪽 영상번역가가 8시간 작업을 했다면 4시간은 번역에, 4시간은 TC 작업에 투자했다고 보면 될 정도로 시간을 많이 잡아먹는다. TC라는 게 결국 화면 속 등장인물의 음성 대사와 싱크 맞추는 일과 유사할 텐데 뭐 그리 한참을 작업할까 싶겠지만, 프로덕션이 요구하는 정밀함은 일반 시청자들이 느끼는 것 이상이다.
 상영관 쪽은 스파팅이나 TC 작업을 번역가가 하지 않는다. 예를 들어, 영화제 같은 경우에도 자막가와 번역가를 분리해서 모집하는 경우가 많다.
 또 방송 쪽에서도 처음부터 TC 작업을 번역가들이 했던 건 아니고,

지금도 TC 작업을 하지 않고 번역만 하는 방송 쪽 영상번역가들도 있긴 하다. 하지만 지금 상황은 프로덕션들이 TC 작업까지 해주지 않는 번역가들과는 거래를 잘 하려 하지 않기 때문에 TC 작업까지 하는 게 '당연한' 일처럼 변질한 상태로 볼 수 있다. (TC 작업이 워낙 일반화되다 보니 TC 작업까지 해서 번역료를 더 받는다기보다는 TC 작업을 하지 않으면 번역료를 덜 받는 구조로 돼 있다.)

❈ 넷플릭스, TC 작업을 없애다

2016년 초에 인터넷 동영상 스트리밍 업체인 넷플릭스가 한국 시장에 진출했다. 인터넷 스트리밍 방식이기 때문에 '별도의 셋톱박스가 필요 없는(OTT: over the top)' 서비스다.

넷플릭스의 경우에는 넷플릭스 벤더(넷플릭스로부터 자막 등의 작업을 의뢰받은 업체)들이 TC 작업을 완료한 상태로 번역가들에게 번역을 의뢰하기 때문에 획기적으로 받아들여진다.

"넷플릭스 작품에 TC가 잡혀서 오긴 하지만 TC가 제대로 잡혀 있지 않아서 거의 무시하고 다시 잡는 수준이었어요. 있으나 마나한 TC라고 할까요. 전 TC를 잡으면서 일하는 게 습관이 돼서 편하긴 한데 정확하게 TC가 잡혀 있다면……. 글쎄요, 작업 시간이 조금 줄긴 하겠네요. 하지만 제 맘에 들게 TC가 나눠서 오긴 힘들 것 같아요." - 임선애

"타임이 다 잡혀서 나온다고요? 획기적인데요. 그러면 번역에 훨씬 더 신경을 쓸 수 있겠죠." - 김지혜

"일본에서는 ATS 프로그램보다는 SST 프로그램을 주로 사용하거든요. 일본어는 세로자막과 가로자막이 들어가요. ATS든 SST든 타임 잡는 게 일인데 타임을 잡지 않아도 되면 상당히 도움이 되긴하지만, 타임이란 것은 어떻게 번역을 해나갈지 계획과도 같아서요. 작가가 직접 타임을 잡는 것이 번역의 퀄리티는 높게 나오는 것 같아요" - 김명순

뉴턴의 역학 제1 법칙에서 '외력이 없는 한' 모든 물체는 자기의 상태를 그대로 유지하려 한다고 했다. 넷플릭스는 한국 방송 계통의 영상번역계에 커다란 외력으로 작용하고 있다.
 TC를 입력하는 문제에 대해 다르게 생각하는 의견도 있다.

"저는 TC 입력하는 게 그렇게 어렵거나 힘든 일이라고 생각하지 않아요. 시간도 오래 걸리지 않고요. 연세가 좀 있으신 분들은 힘들어하는데, 저는 금방금방 하거든요." - 영상번역가(29세)

 그런데 이런 의견은 TC에 관한 논의와는 약간 별개의 내용으로 볼 수 있다. 왜냐하면, 영상번역가가 TC를 입력하는 것에 대해 부정적인 의견을 가진 많은 영상번역가들이 TC 입력을 잘하지 못해서 그런 게 아니기 때문이다. TC 입력을 아주 능숙하게 하더라도 TC를 입력하지 않아도 되는 작품의뢰와 TC를 입력해야 하는 작품 의뢰 둘 중 하나를 선택해야 한다면 어느 것을 선택할까? '번역료를 차라리 좀 덜 받더라도' TC가 입력돼서 오는 작품을 선택할 것이고 실제로도 그런 경향이

강하다.

그리고 번역 경력이 오래될수록 이런 문제에 대한 인식이 오히려 강하다. 왜냐하면, 처음 영상번역을 시작할 때는 의뢰만 들어오면 만사 오케이 같은 느낌이 들기 때문이다. 번역료를 받지 않고 공짜로라도 일을 하겠다는 사람들도 있는데, TC 잡는 것을 불만스럽게 생각할 겨를도 없다. 하지만 경력이 늘고, 일감을 안정적으로 받게 되면 TC 입력에 들이는 시간이 상당한 기회비용(그 시간에 다른 일을 한다면)으로 느껴지는 경우가 많다.

"TC를 처음엔 저희도 안 잡았죠. 지금은 TC까지 잡아주는데도 불구하고, TC 잡는 비용을 번역료에 반영하지 못한 상황이에요. 업계 현황이 그렇거든요." - 영상번역가 출신 번역업체 대표

"타임코드를 쉽게 입력할 수 있게 해 주는 프로그램은 영상번역가를 위한 프로그램이 아니에요. 영상번역가들이 쉽게 입력할 수 있게 프로그램을 만들어 놓고선 일을 떠넘긴 거죠." - 영화제 전문 영상번역가

"저는 아직도 TC 작업은 하지 않고 있어요. 물론 TC 작업까지 하면 조금 더 번역료를 받을 수 있겠죠. 정확하게는 TC 작업까지 하면 번역료가 덜 깎이겠죠. 20년 가까이 영상번역을 하면서 보니 방송사들은 방송사들끼리, 프로덕션은 프로덕션들끼리, 영상번역가들은 영상번역가들끼리 제 살 깎아 먹기 경쟁을 하고 있지 않나 하는 느낌이 들

때가 많아요." - 영상번역가(경력 20년)

❈ 이미도, 후배들에게 번역 실명제를 남기다

[그의 작업은 특히 '번역 실명제' 차원에서 작지 않은 의의를 갖는다. "혹시 있을지도 모를 실수를 책임지겠다는 의도에서 이름을 밝힌 것이다. 긴장감이 생겨 번역을 더 신중히 하게 된다"라고 이 씨는 말했다.

지난 70년대 외화번역 1세대의 기수로 꼽히는 고 김순호 씨 이후로, 이름을 걸고 영화번역을 한 사람은 거의 없었다. 영화번역을 전업으로 삼기에는 80년대 충무로의 여건이 너무 열악했기 때문이다. 비용 절감을 위해 외국어 전공 학생에게 아르바이트를 맡기는 경우가 다반사였고, 심지어 재하청하는 사례까지 있었다. 그러다 보니 대사를 생략하거나 임의로 집어넣는 일도 있었고, 뜻이 통하지 않는 엉뚱한 직역이 버젓이 등장하기도 했다. 그러던 차에 이씨가 나타났다.] - 시사 저널 기사(1997.0 8.14.)

이 기사에서 '이 씨'는 이미도 번역가(1993년 데뷔, 인터뷰 당시 37세)를 말한다. 기사를 보면 알겠지만, 외화번역에 있어 '번역 실명제'를 정착시킨 사람은 이미도 번역가이다. 이미도 번역가의 말처럼 번역 실명제는 단순히 자기의 이름을 알린다는 일이라기보다 '번역에 대한 책임'을 진다는 말이다. 또 번역가가 번역에 대해 책임을 지는 것만큼 번역료는 올라가게 된다.

"번역 실명제를 처음 정착시키고 번역가들의 처우를 개선하는 데 조금이나마 기여하지 않았나 싶다." - 번역가 이미도 / 서울신문 인터뷰 (2016.06.01.)

 번역 실명제와 번역가들의 처우가 무슨 관계가 있을까 하고 의아해하는 독자들이 있을 것이다. 쉽게 이해하기 위해 대형마트의 PB상품을 떠올려 보자.
 비싼가?
 물론 PB상품 중에도 '고급형' 상품이 있긴 하다. 하지만 같은 품질이라면 대체로 PB상품이 저렴하다. 또 대형마트 입장에서는 개별 브랜드 업체와 협상하기보다는 PB상품으로 편입시키는 것이 가격협상이나 관리 면에서 유리하다.
 반대로 제조업체 입장에서는 고유의 '브랜드(파워)'가 있어야 가격협상에서 유리하다.
 예를 들어, 대형마트와 제조사 사이는 마트가 '갑', 제조사가 '을'인 경우가 대부분이지만 브랜드파워가 월등한 '신라면'이나 '삼다수'의 경우에는 제조사나 위탁판매업자인 농심이나 광동제약이 '갑'의 위치에 선다. 마트뿐만 아니라 백화점도 마찬가지다. '샤넬'이나 '루이비통'은 가장 좋은 매장 위치를 배정받을 뿐 아니라 인테리어 비용 등도 백화점과 협상 대상이 된다.
 이미도 번역가는 신라면이자 삼다수, 샤넬이자 루이비통이었던 것이다.

❋ 넷플릭스와 번역 실명제

넷플릭스가 2016년 10월부터 번역 실명제를 시작했다. 대다수 영상번역가들은 환영하는 입장이다. 넷플릭스 입장에서도 '번역 실명제'를 하게 되면 번역가들 스스로 '자신의 이름'이 들어가는 작품의 번역에 공을 들일 수밖에 없으므로 번역 품질이 향상되는 효과와 부실한 번역을 제공하는 번역가를 식별할 수 있는 데이터를 얻게 된다.

넷플릭스와 영상번역가들 사이에 있는 벤더들(프로덕션)이나 번역회사의 경우에는 희비가 갈릴 수 있다. 넷플릭스가 번역 품질에 신경을 많이 쓸수록 우수한 번역가 풀을 가진 업체는 환영하겠지만, 우수한 번역가를 충분히 확보하지 못한 업체는 우수번역가 확보나 감수 등에 대한 부담을 더 크게 느낄 수 있다.

❋ 어 퓨 굿 맨

영상번역가들이 영화나 드라마를 보면서 돈을 버는 건 맞지만, '쉽게' 돈을 번다고 생각하면 큰 오산이다. 하지만 자유롭게 시간을 사용할 수 있고, 학력이나 학벌에 대한 차별이 없으며, 사람한테 시달릴 일 없고, 평온한 가운데서 돈 벌 수 있는 직업도 사실 많지 않다.

또 방송 및 문화예술계 종사자치고는 경제적인 보상도 나쁘지 않다. 버는 사람은 벌고, 못 버는 사람은 못 번다는 건 어디나 마찬가지다.

빛이 있으면 그림자가 있는 법이다.

탐 크루즈, 잭 니콜슨, 데미 무어가 주연한 〈어 퓨 굿 맨(A Few Good Men, 1992)〉이라는 영화가 있다. 쿠바에 있는 미국 관타나모 기지에서 발생한 한 해병대원의 사망사건을 다룬 명작이다. 제목은 미 해병대의 모병 슬로건인 "We're Looking For A Few Good Men"에서 따왔다고 한다.

"누구나 해병이 될 수 있다면, 난 결코 해병을 선택하지 않았을 것이다"라는 우리나라 해병대 모병 슬로건과도 유사하다. 소수 정예의 자부심이 잔뜩 묻어난다.
 미 해군 모병 슬로건도 해병 못지않게 멋지다.

" It's Not Just a Job, It's An Adventure! "

영상번역가의 세계도 단순한 직업이라기보다 하나의 모험이다.

일감을 따는 법
: 영업비밀을 왜 물으세요

❋ 이력서 보낼 곳을 찾는 것도 능력

영상번역가마다 말이 다른 부분이 있다. 바로 이력서를 보내는 문제인데, 어떤 번역가들은 업체에 이력서를 셀 수 없이 많이 돌렸다고 하고, 어떤 번역가들은 아무리 인터넷을 뒤져도 보낼 만한 곳이 없다고 한다.

"어떤 업체와 일을 하고 있으면서도 거래처를 다변화해야 하니까 이력서를 3~4군데 보내봤죠. 어떤 분들은 수십 군데도 넣어봤다고 하는데, 도대체 어디서 그런 업체구인란을 찾는지 신기해요. 저는 잘 못 찾겠더라고요. 물론 고정 거래처들이 있으니까 잘 안 찾는 부분도 있을 거예요." - 김지혜

"저는 확실한 거래처들이 있어서 데뷔할 때 이력서 보내 본 것 말고는 이력서 보내고 하지는 않거든요. 영어 쪽은 잘 모르겠지만, 중국어 시장은 아직은 영어에 비하면 큰 게 아니라서 업체들 숫자도 영어처

럼 많지는 않아요." - 임선애

4년 차, 10년 차 영상번역가들인데도 이력서를 많이 보내보진 않았다고 한다. 실력과 운이 잘 매치된 케이스다.
좀 더 경험이 많은 번역가 얘기를 들어보았다.

"업체를 인터넷으로 많이 검색하는데, 이게 보이는 사람한테는 잘 보이고, 안 보이는 사람한테는 잘 안 보여요. 이력서 보낼 곳 찾는 것도 능력이에요. 꼭 우리나라 내에서만 찾을 게 아니라 해외 사이트에서도 많이 구하니까 그쪽도 알아보면 기회의 문이 훨씬 넓어지죠. 저는 지금도 뭔가 슬럼프에 빠졌을 때 2-30통씩 이력서를 메일로 배포해요. 영업을 끊임없이 하고 있어요. 번역 관련 업무를 하는 업체를 찾아 다이렉트로 프로필을 보내면서 '트라이'를 하죠. 이럴 때 자신을 어필하는 방법이 포인트가 되겠죠. 레슨에서 이 부분도 교육하고 있어요."
- 김명순

❋ **구직구인 사이트 (국내, 해외) 와 인터넷 카페 커뮤니티 활용**
네이버나 다음, 구글과 같은 포털 사이트 검색란에 '영상번역 구인' 등을 검색하는 것보다는 구직구인 전문 사이트에 들어가서 검색하는 것이 더 효율적이다. 검색에서 나오지 않는 업체들도 구직구인 전문 사이트에는 발견되는 경우가 많다.
일반적으로 잘 알려진 '잡코리아'나 '사람인' 등의 사이트를 이용하면 된다.

조건에 맞는 채용공고가 떴을 때 알려주는 메일링 서비스도 고려해 볼 만하다. 영상번역가들이 "난 이력서 100번도 넘게 넣어봤다"라고 말할 때는 한 번에 100번을 넣었다는 의미가 아니라 장기간에 걸쳐 100번을 넣었다는 의미로 받아들여야 한다. 그러니까 당장 영상번역 구인과 관련한 검색을 했을 때 업체가 잘 보이지 않는다고 실망할 건 없다.

인터넷 카페에 가입해서 구인구직 정보를 얻는 것도 유용한 방법이다.

대표적인 번역카페로는 다음(daum)의 '번역사랑'이 있고, 그 외에도 '번역하는 사람들'이나 현직 영상번역가를 대상으로 하는 '두 줄의 승부사'가 있다. 네이버 카페 중에는 'e번역카페'와 '글로 먹고살기' 등에 번역 관련 구인 공고가 자주 올라온다.

해외 사이트 중에 프리랜서 번역 전문사이트는 '프로즈(proz.com)' 등이 있다.

해외 직구도 하는 세상이니 구인구직도 굳이 국내에서만 찾을 필요는 없고, 특히 번역은 대면하지 않고 메일로도 얼마든지 커뮤니케이션할 수 있으니까 해외 업체로 눈을 돌리면 더 많은 기회를 얻게 된다.

하지만 해외 사이트든 국내 사이트든 본인이 잘 판단해야지 업체의 광고내용이나 해당 사이트의 추천만 믿고 덜컥 일을 맡아서 하다가 낭패를 보는 일이 생길 수 있다. '프리랜서'는 자기의 계산과 판단으로 일하는 사람이다. 회사와 같은 조직의 울타리가 없으므로 계약 내용 등을 더욱 꼼꼼히 살펴야 한다. 그런데 계약 내용을 꼼꼼히 따져도 업체 자체가 부실하고 부정직하면 아무 소용이 없어서 문제가 된다.

❋ 돈 떼이는 건 아닐까

번역 관련 카페를 보면 '피해사례'에 관한 카테고리를 별도로 마련해 놓은 경우도 있다. 영상번역 전체 시장 규모를 봤을 때 돈을 떼이는 경우가 많지는 않다. 하지만 워낙 거래되는 작품량도 많고, 영세한 업체도 많기 때문에 받아야 할 번역료를 받지 못하는 경우도 종종 생긴다.

"제가 번역료를 못 받은 적은 없는데, 제 친구는 영화업체 대표자가 도망가서 번역료를 떼인 경우가 있어요. 주겠다, 주겠다 하면서 미루다가 결국 잠수를 탄 거죠." - 김지혜

 자막 재제작업체(프로덕션)나 영상번역회사의 경우 대형업체보다는 소규모로 운영되는 경우도 많고, 업계 특성상 외부노출도 많지 않아서 업체에 대한 정보를 얻기가 쉽지 않다.
 해외 업체의 경우에는 더 정보가 없다. 따라서 해외 업체의 경우에는 첫 거래 시 선금(반액 가량)을 요청하는 것도 고려해볼 필요가 있다. (실제로 반액을 받은 후 작업을 개시하는 사례도 찾을 수 있었다.) 사실 첫 거래인 경우는 괜히 일 다 해주고 돈을 못 받으면 어떡하나 하는 불안감이 있다. 방송 계통 영상번역의 경우 작품당 가격이 소액이므로 번역료의 반액 정도를 첫 계약금 조로 받는다고 해서 업체가 크게 부담이 될 것도 아니다.

하지만 국내 업체와의 거래에서는 선지급되는 사례를 찾아보기 힘들었다. 왜냐하면, 귀찮게 거래 조건 따지는 영상번역가 말고도 번역할 사람이 많기 때문이다. 번역을 납품받은 후에 번역품질을 이유로 정해놓았던 번역료를 지급하지 않거나, 갑자기 연락을 끊어버리거나, '나중에' 주겠다고 지급을 차일피일 미루는 사례 등도 종종 발견되니 잘 모르는 업체와 많은 작업량을 후불로 작업할 때는 최소한 업계의 통상적인 정산 단위인 '월 단위'로는 정산을 요구하도록 해야 할 것이다. (월 단위 정산이라고 해서 다음 달에 바로 지급한다는 의미는 아니고, 월별 정해진 지급일에 이전 달이나 그 이전 달의 번역료를 지급하는 것을 말한다. 즉, 한 달 단위 지급을 의미한다.)

❋ 거래처 정보는 일종의 영업비밀

영상번역가들끼리 업체 정보를 공유하고자 하는 노력은 많이 있다. 하지만 정보 공유가 활발히 일어난다고 보기는 힘든 것 같다. (물론 '친한' 번역가들끼리는 같은 번역가로서가 아니라 개인적인 친분 때문에 정보 공유가 활발하다.) 영상번역가들끼리 정보 공유가 활발하지 않은 이유는 기본적으로 자기가 얼마의 번역료를 받는지가 일종의 개인정보에 해당하기 때문이고, 어렵게 찾은 거래처를 공개하기 꺼리는 인간적인 요소도 있다. 영상번역가에게 거래업체는 일종의 영업비밀일 수도 있다. 선의로 공개해주면 좋겠지만, 정보를 공개하지 않는 것을 비난할 이유는 없다.

 또 프로덕션이나 번역업체에 따라서 영상번역가에게 지급하는 번역료를 외부에 공개하기를 꺼리는 경우도 많다. 일반 제조업체로 따지면 생산원가 일부이니 기업 비밀일 수도 있겠다. 반대로 자신 있게 공개하는 업체들도 있다. 물론 공개한 번역료가 높아서 밀려오는 이력서를 감당하기 힘들어하는 경우도 보았고, 공개한 번역료가 평균적인 금액을 많이 밑돌아서 구설에 휘말리는 경우도 보았다.

❋ 복숭아를 붙잡아 놓으려면

번역가는 대부분 프리랜서다. 기업이나 관공서 등의 직원(사내 통번역사, 영문에디터 등)으로 활동하는 경우는 많지 않다.

 프리랜서는 1인 기업가라고도 볼 수 있으므로 번역가들도 '경쟁'에 노출되는 건 당연하다. 문제는 이 '경쟁'이 완전경쟁이 아닌 불완전경쟁인 경우가 많다는 점이다. 정보의 유통이 활발하지 않다 보니 번역의 수요자 측(프로덕션, 번역업체)은 과점 유사한 형태를 보이고, 번역의 공급자 측(영상번역가나 지망생)은 완전경쟁에 가까울 만큼 숫자가 많다. 가격이 왜곡될 가능성이 큰 구조다. 또 프로덕션이나 번역업체 입장에서도 중고차 시장의 레몬(품질 나쁜 중고차)처럼 자신들은 (물론 테스트를 거치긴 하지만) 영상번역가의 실력을 정확히 알 수 없다 보니 가격을 최대한 낮춰서 거래하려 한다.

 이렇게 정보 비대칭으로 인해 가격이 낮아졌을 때 발생하는 가장 큰 문제는 복숭아(품질 좋은 중고차)가 중고차 시장에서 떠나버린다는 사실이다. 영상번역계 이야기로 치환해보면 낮은 번역료를 참지 못하고 양질의 영상번역가가 업계를 떠날 가능성이 크다는 얘기다.

 정보 비대칭을 해소하려는 노력(정보 공유, 투명한 정보 공개 등)이 왜 중요한지 알겠는가?

〈밥상〉 블로그(blog.naver.com/bab-sang)를 운영하고, 영상번역과 관련한 책을 출간하는 것도 정보 비대칭을 조금이나마 해소하려고 하는 노력이다.

참고로 조지 애컬로프(George A. Akerlof)는 중고차 시장의 정보 비대칭성의 문제를 다룬 '레몬시장(The Market for Lemons)' 논문으로 2001년 노벨 경제학상을 받았다.

> "Tell me your deep dark secret and I will tell you mine. Is that your deep dark secret? Oh well, never mind."
>
> – Bill Mallonee

> "당신이 내게 당신의 깊고 어두운 비밀을 말해주면 나의 비밀도 당신에게 말해 주겠다. 이게 당신의 깊고 어두운 비밀인가? 오, 그렇군. 신경 쓰지 마라."
>
> – 빌 맬로니

업계의 단가 현황은 천차만별

❁ 민감한 돈 얘기

돈 얘기는 항상 민감하다. 하지만 그만큼 사람들의 관심사이기도 하다. 위대한 문학가나 예술가들도 돈 문제에 자유롭지 못한 경우가 많았다. 발자크, 도스토엡스키, 레이먼드 카버 등은 돈 자체가 창작을 위한 동인의 일부였다.

영상번역 전문블로그인 〈밥상〉의 유입검색어에도 돈과 관련된 내용이 많다. 번역가 연봉, 영상번역가 수입, 영상번역 단가 등이 모두 돈에 관한 검색어이다.

하지만 우리나라 문화에서는 돈 얘기를 '직접적'으로 하는 것을 금기시하는 경우가 많다. 아무래도 유교, 특히 성리학의 그림자를 지워내지 못한 이유가 크다.

조선 후기 박지원이 쓴 '허생전'은 한문 소설이긴 하나 엄연히 실학을 주제로 한 소설임에도 소설 속으로 들어가 보면, 허생이 변 씨를 보고 "당신은 나를 장사치로 보는가?" 하고 일갈하는 장면이 나온다. 사농공상(士農工商)의 봉건적 신분의식을 버리지 못한 것이다. 실제로는 상도

덕을 버리고 매점매석이라는 수단을 통해 폭리를 취해 놓고선 말이다.

❋ 영상번역 업계의 단가 현황

단가를 정하는 방식은 여러 가지다.
 작품 한 편당 얼마 하는 식으로 정하는 경우도 있고, 10분당 또는 1분당, 혹은 5분당 정하는 경우도 있다.
 일단 번역가들의 얘기를 들어 보자.

"영어 영상번역, 그중에서 영한 자막번역인 경우에는 주위를 보니까 5분당 2만 원 정도 받는 것 같아요. 10분당으로 하면 4만 원 정도겠죠? 보통 드라마가 40분에서 60분 사이니까 한 편당 16만 원에서 24만 원 정도 돼요. 한 달에 한 시즌은 하거든요. 일주일에 3~4편 한다고 보면, 15편 내외요. 월수입으로 따지면 작업량에 따라 다르긴 한데, 250만 원에서 350만 원 사이, 많이 하면 400만 원까지도 하고요."
- 김지혜

"중국어 영상번역은 영어만큼 단가가 높진 않은 것 같아요. 대신 작업시간은 말씀을 들어보니까 영어보다는 좀 덜 걸리는 경향이 있네요. 물론 사람마다 다르겠지만요. (10~12시간요? 근데 영어 쪽은 왜 그렇게 작업시간이 많이 걸리는 거죠?) 보통 어느 정도 경력이 되면, 하루에 한 편씩 번역하는 건 큰 무리가 없거든요. 7~8시간이면 한 편 번역해요. 제 주변의 번역사들도 속도는 비슷한 것 같아요. 일주일에 5~6편은 하죠. 월수입은 저 같은 경우는 영상번역 외에 강의도 하고 다른 번역도 하니까 어느 정도는 되는데, 보통 영상번역만 하는 다른 번역가들을 보면 월 300만 원 수준이 안되는 경우를 많이 보게 되네요." - 임선애

"일한번역하고 한일번역하고 차이가 좀 있어요. 한일번역은 일한 번역보다는 상황이 좀 더 낫긴 한데, 그래도 단가가 높진 않아요. 저하고 같이 일하는 작가들을 보면 보통 150~250만 원 사이에요. 물론 경력과 스피드에 따라 더 올라가기도 하죠." - 김명순

 번역가 세 사람의 말은 그냥 '참고'로 알아두면 될 것 같다. 경력이나 실력, 또 어떤 업체와 계약을 맺고 있느냐에 따라 번역료는 천차만별이다.
 번역료를 좌우하는 가장 큰 요소는 어떤 영역에 들어가 있느냐 하는 것이다. 영어 영상번역을 중심으로 설명해 보겠다.
 영상번역의 영역은 크게 상업영화, 영화제(독립영화 위주), 방송작품(미드나 다큐멘터리 위주) 등 세 부분으로 나눌 수 있다.

❈ 상업영화 번역료 현황

이 중 상업영화를 살펴보면 이미도 번역가의 경우는 편당 600만 원 (데뷔작인 〈블루〉는 60만 원이었다고 함)내외를 받았다고 업계에서 얘기하지만, 현재 특급 번역가들은 편당 200~400만 원 선이라고 한다. 편당 250만 원에 한 편 번역 기간을 1주일 정도로 봤을 때, 월 2편 정도만 번역해도 상당한 수입을 올릴 수 있다. 하지만 요즘엔 상업영화도 150~200만 원이면 대단한 사람 구할 수 있다는 말이 나오는 데

다 기존의 잘 나가는 번역가들의 번역료도 정체된 상태라고 한다.

 그렇다고 해도 일반 직장인이 월 500만 원을 온갖 스트레스를 받아가며 벌 때, 한 달의 절반인 2주 정도만 일하면서, 그것도 자기가 좋아하는 번역을 하면서 비슷한 돈을 버는 것이니 복 받은 사람들이다. 게다가 스파팅이나 타임코딩 작업 없이 번호를 붙여놓은(넘버링) 자막만 번역하면 되는 데다 실제 작업시간 등을 고려하면 영상번역가뿐만 아니라 다른 직종과 비교해 봐도 선망의 대상이 된다.

 문제는 이 시장에 진입하기가 상당히 어렵다는 사실이다. 몇몇 번역가들의 과점체계다. 또 우리나라에서 한국영화의 비중이 갈수록 늘고 있고, 할리우드 대작들이나 유명배우 작품들도 한국시장에서 맥을 못 추는 경우가 자주 생기다 보니 과거와 달리 해외 대형 상업영화가 많이 수입되지 않고 있다. (영화제작에 투자도 하고, 배급도 하는) 직배사가 1년에 우리나라에 들여오는 미국 작품이 100~150여 편 가량이라고 한다. 5~6명의 번역가가 1달에 2편씩 하면 되는 양이다.

 직배사 말고 국내 영화사도 외화를 수입한다. 국내 영화사들은 필름 마켓이나 해외 영화제의 작품을 많이 들여오는데, 예를 들면, 아메리칸 필름 마켓(AFM), 베를린 영화제 기간에 벌어지는 유럽 필름 마켓(EFM), 칸 필름 마켓, 밀라노 필름 마켓(MIFED) 등이 주요 공급원이다. 물론 부산국제영화제의 아시아 필름 마켓(AFM)도 있다. 이윤추구를 중요시하는 직배사의 대형 상업영화와는 달리 작품성 위주의 저예산 영화가 많아서 번역료는 국내 영화제와 비슷하다고 알려져 있다.

❀ 영화제 번역료 현황

영화제도 수입 면에서 괜찮다. 편당 50~80만 원, 전문성 등에 따라서 90만 원 이상인 경우도 있다. 10분당 단가로 따졌을 때 약 5~10만 원 가량인 데다, 번역가가 아닌 자막가가 스파팅이나 타임을 입히는 자막작업 등을 따로 하므로 상업영화만큼은 아니지만 그래도 상당히 괜찮은 조건이라고 볼 수 있다.

 영화제 시장에 진입하는 방법은 국제영화제 번역가 모집공고를 보고 테스트를 거친 후 합격하거나, 영화제 번역가 풀에 들어가거나, 영화제 전문 번역회사에서 프리랜서 번역가로 일하는 방법 등이 있다. (좋은 건 남들도 다 알기 때문에 영화제 전문 번역회사에 들어가는 게 쉽지는 않다. 자리가 잘 안 난다.)

❀ 방송 시장의 번역료 현황

영상번역 시장의 절대다수는 케이블, 위성방송, IPTV, OTT 등과 같은 방송 시장이다. 방송 시장에서도 미드나 다큐뿐만 아니라 외화가 방영된다. 하지만 단가는 작품 종류별로 큰 차이가 없다. 다만 다큐멘터리는 약간 전문성을 인정받아 조금 더(20% 내외) 받는 정도이다.

 방송 영상번역 시장은 이 책에서 앞서 말한 것처럼 신인과 경력자라는 이중 구조로 되어 있다. 번역료 또한 차등화된 구조이다.

 먼저 신인급 영상번역가의 경우에는 10분당 2~3만 원 정도가 보통이다. 업체에 따라서 1만5천 원을 제시하는 경우도 있고, 반대로 4만 원 이상을 얘기하는 경우도 있다.

이런 단가라면 일주일에 50분 물을 2~3편씩 번역을 하더라도 월수입이 100~200만 원 정도밖에 되지 않는다. 이런 이유로 많은 영상번역가들이 1~2년을 버티지 못하고 업계를 떠나는 경우가 많다. 영어가 어느 정도 되기 때문에 상대적으로 다른 직장을 구할 가능성도 크기 때문이다.

 그럼 경력자는 어떨까?

 방송번역 경력자의 경우에는 4~6만 원 선, 그러니까 신인 번역가의 2배가량을 받는다. 하루 6~7시간 정도 일하면 월 300만 원 정도는 벌 수 있으니 업무 강도 등을 비교해봤을 때 일반 직장보다 나쁘지 않다. 그런데 이 정도 과정까지 오르기가 만만치 않다. 몇 년이 지나도 일감이 없어 힘들어하는 번역가들도 많다.

❋ 경력자와 비경력자를 나누는 기준

경력자와 비경력자를 어떻게 구분하는 것일까?

 딱 부러지게 정해진 기준이 있는 것은 아니다. 다만 각종 영상번역가 구인공고나 업계 관계자들의 의견 등을 종합하면 3년 내외를 경력자 기준으로 보고 있는 것 같다. 물론 2년 또는 5년 이상의 경력자를 모집하는 경우도 있다.

 영상번역을 시작한 이후의 기간이 오래되었더라도 번역한 작품의 절대량이 부족하면 경력자라고 보기 힘들다. 반대로 경력이 2~3년에 미치지 못하더라도 번역한 작품의 편수(에피소드)가 100편이 넘으면 '그런대로' 업체들로부터 경력자라고 인정될 개연성이 크다.

❋ 중간이 없는 문제

이렇게 경력자와 비경력자와 나누어진 구조는 영상번역료 단가 하락의 원인 중 하나로 작용한다. 왜냐하면, 실력 있는 신인 번역가에게 '경력이 많지 않다'라는 이유로 저렴한 번역료를 지급하는 명분으로 작용하기 때문이다.

 기성 영상번역가들이 말하는 실력에는 순수한 번역 실력 말고, 번역 속도에 대한 부분이 큰 비중을 차지한다. 왜냐하면, 타임코드 등에 번역만큼이나 많은 시간이 소비되기 때문이다. 하지만 번역 속도 부분은 해당 번역가들이 '알아서' 할 문제이지 번역 속도가 느리다고 해서 번역료를 적게 받을 합리적인 이유는 없다.

 물론 번역 자체에도 '경험'이라는 요소가 상당 부분 차지하기 때문에 번역 결과물에 있어 품질이 차이가 나면 번역료를 적게 받는 것이 맞다. 또 대부분 업계에서 '숙련도'에 따라 지급하는 보수가 다른 것도 맞다.
 하지만 경력에 따라 완만하게 번역료가 상승하는 것이 아니라 마치 층을 나누듯이 경력을 구분 지어 번역료를 다중화가 아닌 이중화시키는 것은 실력 있는 신인 번역가에게 불리하고 그 불리함만큼 번역업체나 프로덕션에 초과이익이 돌아가게 된다는 사실을 인지할 필요가 있다.
 해결책?
 결국, 다시 말하지만 '시청자들의 몫'이다. 업체들은 '시청자들이 원하는 번역'을 찾기 마련이니까. 시청자들이 번역에 큰 관심을 두지 않으면, 영상번역가들도 무관심 속에 시들어갈 수밖에 없다.

 그런 의미에서 (막무가내가 아닌 논리적이면서) 까칠한 시청자들이 얼마나 반가운지.

❋ 고상한 사람들의 돈 얘기

속으로 비웃을지도 모르겠다.

 문화예술 영역에 종사하는 번역'작가'들이 뭐 그렇게 돈에 관심이 많은지 하고 말이다. 하지만 돈은 소중하다.

 번역가도 엄연한 생활인이다.

 또 다들 취향이 고급이라 커피도 예가체프니 케냐 더블에이니 하면서 비싼 커피를 찾는 경우도 많다. (아무래도 커피를 자주 마시니까 커피 맛을 서서히 구분할 줄 알게 된다.)

 커피를 마시다 보면 치즈 케이크나 브라우니도 하나 먹어줘야 하고, 업체에서 이상한 컴플레인을 받으면 사케 바나 이자카야에 가서 새우튀김으로 마음을 달래야 할 때도 있다. 번역료를 받으면 동료 번역가들과 중식 레스토랑에 가서 고량주에다 새콤한 유린기나 매콤한 깐풍기를 곁들일 수도 있다.

 일 년에 한두 번은 고생한 자신을 위해 가까운 곳에라도 좀 나가줘야 한다. 번역을 많이 했으면 좀 멀리 갈 수도 있다.

 다 돈이다.

 번역가들은 대체로 보면 정직하고 착하다. 하지만 번역가들이 상대해야 하는 사람들은 그렇다고 장담할 수 없다. 그 사람들이 나빠서 그런 게 아니고 돈의 논리, '원가절감'이라는 게 그렇다. 특히 방송계는 자본주의의 극단이라고도 불리는 곳이다.

그래서 정신을 똑바로 차리고 번역료에도 번역가들이 관심을 가질 필요가 있다. 그렇지 않으면 번역가의 가장 큰 혜택인 '자유'를 뺏길지도 모르니까.

	영상번역	출판번역
번역대상	영상물 (영화, 드라마, 다큐멘터리 등)	출판물 (소설, 인문서, 자연과학서 등)
작가 분포 연령대 및 경력 하이라이트 시기	주로 30대가 많고 40~50대에 경력 절정기에 이름	주로 40대가 많고 50~60대에 경력 절정기에 이름
성별 분포	여 : 남 = 8 : 2	여 : 남 = 7 : 3
학벌/전공 및 사회경력	전혀 필요 없음 / 작품만 봄	필요 없으나 "데뷔" 시에는 영향을 다소 미침 (*전문서적 제외)
비슷한 직업	방송작가	소설가, 작가
소득 수준	월 200~400만원이 일반적이고, 일부 고소득 번역가들 있음	월 200~400만원이 일반적이고, 일부 고소득 번역가들 있음
하루 작업 시간	6시간~8시간	6시간~8시간
작업 주기	3~20일 사이로 통상 2주 단위로 일정조율	2달~1년 사이로 통상 3개월 단위로 일정조율
정년	정년 없음	정년 없음

* 이상은 개인적인 견해이며, 번역가 개인의 사정과 여러 상황에 따라 다를 수 있습니다.

" Money is coined liberty. "

- Fyodor Dostoevsky

돈은 주조된 자유다.
- 표도르 도스토옙스키

몸값 올리는 법 좀 알려줘요

❋ 벨 에포크(Belle Epoque)

우리나라 속담에 '우는 아이 젖 준다'라는 말이 있다. 영어로는 뭐라고 할까?

'The squeaky wheel gets the grease'라고 한다. 수레바퀴도 끽끽거려야 기름칠을 받을 수 있듯이 뭔가 어필을 해야 원하는 것을 얻을 수 있다는 오랜 경험칙을 나타낸다.

물론 가만히 있는데 알아서 챙겨주는 경우도 있다.

"저 같은 경우는 주력 거래처가 대학원 선배님이 운영하시는 회사라서요. 특별히 요구하지 않아도 신경을 많이 써 주시죠. 그렇다고 해서 기존의 업체와 거래를 전혀 안 하는 건 아니고요. 그때그때 일정에 따라서 조율을 하거든요. 저 같은 경우는 몸값 올리기에 따로 신경을 쓰진 않아요. 신뢰 관계가 있는 거니까요." - 임선애

번역계는 사실 혈연, 지연, 학연 등의 영향이 다른 업종에 비해 상당히 낮다. 거의 없는 수준이다. 그래서 이런 케이스는 상당히 드문 경우

에 속한다. 그냥 이런 경우도 있나 보다 하고 생각하면 될 것 같다.

'벨 에포크'라는 말이 있다. 프랑스어로 '좋은 시대', '아름다운 시대'라는 말로 1789년의 프랑스 대혁명과 1830년의 7월 혁명, 1848년의 2월 혁명이라는 폭력과 격동의 상흔이 치유되고 문화적 융성기를 맞이한 19세기 말부터 1차 세계대전 직전까지의 시기를 말한다.

인상주의 화가들의 그림과 딱 닮은 시기이다.

좋은 업체와 연이 닿으면 큰 고생 안 하고 벨 에포크를 맞이할 수도 있다. 그리고 잘 찾아보면 번역가의 입장을 잘 생각해주면서(번역료가 높다는 의미이다) 영업력(물량이 많다는 의미)도 갖춘 업체들이 있다.

✺ 무능과 탐욕 사이

여기서 말한 2가지 요소가 다 필요하다.

번역가를 생각은 많이 해주는 것 같은데 실제로는 일감이 거의 없다든지, 일감은 많은데 단가가 '지나치게' 낮은 업체라면 잘 생각해봐야 한다.

무능한 업체와 거래하면 일정이 불규칙하게 붕붕 뜰 가능성이 크고, 탐욕스런 업체와 거래하면 몸과 마음이 상한다. 솔직히 단가가 조금 낮을 수는 있다. 어차피 상대적인 문제이고 해당 업체의 가격경쟁력이라고도 볼 수 있다. 박리다매 자체가 나쁜 건 아니다. 박리다매를 하든, 후리소매를 하든 정당한 이윤이면 상관없다.

문제는 영상번역가의 궁박, 경솔, 무경험을 이용해서 현저하게 불공정한 번역료를 지급하고 이를 통해 얻는 폭리이다.

그럼 무능과 탐욕 사이에서 어떻게 좋은 업체와 인연을 맺어 몸값을 올릴 수 있을까?

❋ 자신을 어필할 수 있는 5줄

영상번역가 구인공고를 인터넷에서 보면 전자메일로 이력서를 첨부해서 보내게 되는 경우가 가장 일반적이다. 그런데 이 이력서와 메일에 신경을 좀 써야 한다.

"제가 아카데미에서 강의도 하고 있잖아요? 강의할 때 전 업체에 다이렉트로 메일 쓰는 법, 이력서 쓰는 법, 작품 리스트업 하는 방법 등도 따로 가르칩니다. 아무리 이력서, 경력서를 잘 써놔도 그것을 첨부하는 메일에는 '자신을 어필할 수 있는 5줄'이 가장 중요하거든요." - 김명순

공감하는 부분이다. 기업체 입사 지원할 때 자기소개서도 요즘엔 누구나 다 잘 쓴다고 생각하고 거의 천편일률적일 것이라 예상하지만, 그래도 그중 눈에 들어오는 자기소개서가 있다. 프리랜서는 '자기 자신'이라는 상품을 파는 사람이다. 이력서는 상품의 리플릿이고, 작품 포트폴리오는 상품 카탈로그에 비유할 수 있다. 수많은 이력서 중에서 업체 담당자의 뇌리에 박히는 이력서 문구와 업체가 관심 가질 만한 작품 포트를 내세워야 한다.

업체 대표 및 관계자들의 얘기를 들어보면, 번역가 중에 아주 소규모 회사나 관공서와 계약한 내용까지 포트폴리오에 넣는 경우가 있는

데 그거라도 넣을 수밖에 없을 정도로 작품 숫자가 모자란 게 아니라면 인지도 있고 난이도 있는 작품 위주로 포트폴리오를 구성하는 것이 낫다고 한다. 또 이력서나 포트폴리오가 너무 길 필요도 없다고 한다. 어차피 몇 개 작품을 보면 지원자의 경력이 대충 그려지고 구체적인 실력은 별도의 '테스트'를 통해 확인한다는 게 업계 사람들의 대체적인 얘기였다.

❋ 당당함은 번역가의 힘

번역가와 업체는 메일로 의견을 나누는 일이 많다.

 업체 담당자와 메일을 주고받을 때도 '정중'하면 됐지, '비굴'하거나 '사정'할 필요는 없다. 오히려 실력이 없어 보일 수도 있다. '건방'져서는 안 되겠지만 '당당함'을 잃어버려도 곤란하다. 그럼 무엇이 번역가를 당당하게 만들까?

 당연히 자신의 실력에 대한 믿음, 곧 자신감이다.

 사실 번역가의 성격이 좋을 필요까지는 없다. 물론 성격이 모나서 업체와 마찰이 많으면 곤란하겠지만, 그렇다고 유쾌하고 친절한 성격까지 번역가에게 바라는 건 아니다.

 오히려 '약간' 까칠하거나 내성적이어도 번역 잘하는 번역가가 업체 입장에서는 더 낫다.

 (너무 까칠하면 안 된다.)

❋ 인간적인 유대감

업체와 번역가는 비즈니스 관계고 사실 일만 잘해주고, 번역료만 제대로 들어오면 그만인 경우가 많지만, 번역가 중에는 업체와 사적으로도 친하게 지내는 사람들도 있다. 복 받은 성격이랄까.

"개인적으로 친하게 지내는 업체들도 있죠. 사무실에 놀러 가서 얘기도 하고, 경조사도 참석하고요. 왜 놀라시죠? 하하. 얼굴 봐서 나쁠 건 없잖아요. 저 같은 경우는 명절 같은 때는 간단한 선물, 예를 들어 과자 같은 거라도 보내려고 해요. 꼭 업체하고 잘 지내야겠다 이런 생각이 아니라 그냥 말 그대로 인간적인 관계인 거죠." - 김지혜

업체 담당자가 항상 말단 직원으로 있는 게 아니다. 시간이 지나면 그 담당자도 이직을 하거나 승진을 하게 된다. 그러면서 자기가 힘 있을 때 번역료나 작품 등을 '챙겨' 준다. 또 여러 정보도 얻을 수 있고, 경우에 따라서는 다른 업체에 소개해주기도 한다.

❋ 몸값 협상 또는 옮기기

업체와 인간적인 관계가 있어서 업체가 알아서 번역료를 올려주는 상황이면 좋겠지만, 대부분의 경우 번역가와 업체가 단순한 비즈니스 관계에 머무를 때가 많다.

그럼 업체와 번역료 협상을 해서 올려달라고 해야 할 텐데, 실제로 몸값 상승은 업체와의 협상보다는 다른 업체로 옮기면서 상승하는 경우가 더 빈번한 것으로 나타난다.

왜냐하면, 한 업체가 여러 번역료 밴드를 가지고 있기보다는 업체의 수주전략에 따라 원가절감형 가격우위 전략을 쓰는 업체는 낮은 번역료로 제작비를 낮추려고 하고, 반대로 차별화를 전략으로 삼은 업체는 번역료를 더 지급하더라도 실력 있는 번역가를 쓰려고 하기 때문이다. 즉, 어느 한 업체와 거래하면서 차차 번역료를 올려주는 걸 기대하기보다는 번역료를 더 많이 주는 업체를 찾아 옮겨 다니는 것이 낫다.

비교적 높은 번역료로 안정적인 일감을 받는 영상번역가들을 보니, 더 높은 번역료를 주는 업체와 거래를 하더라도 기존 업체와 완전히 거래를 끊지는 않고, 가끔 1~2건씩 일을 하면서 관계를 유지하는 경우가 많았다.

거래하는 업체가 여러 군데여야 '협상력'이 생긴다.

❀ 영상번역계에도 에이전시 문화가 정착돼야

우리가 보통 헤드헌팅 업체라고 부르는 회사를 영어로는 서치 펌(search firm)이라고 한다.

이런 서치 펌을 통해서 이직하면 개인이 이직협상을 할 때보다는 커미션(수수료)을 감안하더라도 더 많은 연봉을 받을 확률이 높고, '협상'이라는 복잡한 일에 신경을 쓰지 않아도 돼서 정신건강에도 좋다.
다만, 서치 펌이 개입해서 이직 중개를 하려면 일정 수준 이상 연봉을 받는 사람이어야 한다. 왜냐하면, 커미션이 연봉의 일정 퍼센티지인 경우가 많기 때문에 연봉이 너무 적으면 서치 펌의 활동 실비도 나오지 않을 수 있기 때문이다.

 서치 펌은 이직자의 연봉이 높아야 자신이 가져가는 금액도 높아지므로 최선을 다해 높은 연봉을 받게끔 한다.

 이와 같은 원리가 스포츠나 연예계에도 적용된다. 스포츠나 연예 활동은 일시적이고 일회적인 이직이 아니므로 아예 일정 기간 에이전트 계약을 맺고 에이전시가 스포츠 스타나 연예인들의 연봉, 출연료 등의 협상을 대행하고 있다.

 운동선수는 운동에만, 연예인은 작품 활동에만 신경 쓰면 되는 구조이다.

 번역계도 에이전시가 있어서 번역가는 번역에 집중하고, 나머지 계약이나 번역료 협상 등은 에이전시가 대행하고 있다. 그런데 이런 에이전시는 주로 출판번역 영역에서 많이 보이고, 기술(비즈니스 등)번역이나 영상번역은 에이전시의 활동이 많지 않다. (명칭은 에이전시지만 실제로는 에이전시라기보다는 번역회사인 경우가 더 많다.)

 그 이유는 일단 작품 편당 번역료가 소액이기 때문에 건건이 에이전시가 개입해서 계약을 중개할 여지가 줄어들게 된다. 따라서 미드의 경우, 번역가 한 명이 한 시즌 정도는 맡아야 에이전시가 활동할 공간이 생긴다.

 그래서 기술번역이나 영상번역은 '번역업체(회사)'가 '번역업체 이름'으로 프로덕션과 계약하고 번역도 납품하는 경우가 대부분이다. 이 과정에서 감수, 검수 등의 작업을 번역업체가 진행하기 때문에 단순한 소개나 중개 업무가 아니게 된다.

❈ 입장 차이

에이전시와 번역업체와의 차이는 번역료를 바라보는 시각에서도 차이가 난다. 에이전시 입장에서는 번역가의 이익이 곧 에이전시의 이익이 되므로 번역료를 높이려는 강력한 유인이 있다. 물론 에이전시라고 해서 모두 다 번역가를 위하는 건 아니고, 수수료를 많이 가져가는 에이전시라면 불공정한 폭리 혐의에서 자유롭기 힘들다.

반면에 번역업체의 경우에는 번역료가 '원가'가 되므로 원가절감의 유인을 갖게 된다.

건설현장에 빗대어 얘기하면 하청받은 자막번역 등을 재하청하는 비용이 되는 것이다. 물론 번역업체 경영자의 철학에 따라 원가절감보다는 차별화에 신경을 쓰면서 번역료를 높게 책정하는 경우도 있다. 하지만 이 경우도 지속해서 다른 번역업체와의 경쟁에 노출되면 번역료라는 원가가 부담될 수밖에 없다.

적정한 수수료에 협상력 있는(우수 영상번역가 풀을 보유한) 에이전시가 영상번역 업계에도 나타나길 희망한다.

❈ 소규모 영상번역가 그룹

그렇다고 훌륭한 에이전시가 나타나기만을 무작정 기다릴 수만은 없다.

따라서 뭔가 대안을 마련해야 하는데, 그 대안으로 3~5명의 번역가 그룹을 제안한다.

현재도 번역가 그룹으로 활동하는 번역가들이 있는 것으로 알고 있다. 3~5명이면 각자 활동도 하면서, 공동번역에도 융통성 있게 대처할 수 있다. 서로 잘 알고 마음도 맞는 사람들이니까 작업상의 애로도 감소한다. 또, 한 번씩 모여서 밥 먹고 술 마시기에도 좋다.

그룹 이름도 정하고 블로그도 만들어서 홍보활동을 하다 보면 개별적으로 활동할 때보다는 훨씬 주목도도 높아지고 접근 가능한 작품의 폭도 넓어지게 된다.

또 단체이므로 번역료 협상에도 유리하다. '나'를 위해 돈 더 달라고 말하는 건 우리나라 문화에선 그렇게 긍정적으로 받아들여지지 않지만, '우리'를 위해서 돈을 더 달라고 요구하는 건 상대적으로 쉬운 일이다.

❀ 회신 없는 메일과 방황하는 인간

번역 자체도 만만치 않은데, 번역료까지 신경을 쓰는 게 힘든 일일 수도 있다. 구인 사이트에서 업체 찾는 것도, 찾은 업체가 어떤지 평판 알아보는 것도, 이력서 정성껏 쓰는 것도, 테스트에 응하는 것도 다 번거롭고 귀찮은 일들이다.

특히 신경 써서 구인업체에 메일을 보냈는데 아무런 회신조차 없다면, 그러려니 하면서도 마음에 상처를 입게 된다.

결혼 프러포즈를 거부당한 심정까지는 아니더라도, 사귀자는 말을 했는데 거절당한 심정하고 조금 비슷할 수도 있겠다.

하지만, 그래도 괜찮다. 얼마든지 툭툭 털어버릴 수 있다.

" Es irrt der Mensch, solange er strebt. "
- Faust by Johann Wolfgang von Goethe

인간은 노력하는 한 방황하기 마련이다.
- 요한 볼프강 폰 괴테, '파우스트'

5장

[번역 노하우 좀 알려주세요]

번역은 수능이나 토익 시험에서 독해지문 풀 듯 해석만
달랑 해서 해결되지 않는다. 조사 한 글자에도 핵심정보가
들어갈 수 있고, 별생각 없이 번역했는데 오역 시비에
휘말릴 수도있다. 번역은 섬세한 작업이고, 특히 영상번역은
글자 수라는 무시무시한 제약이 있기 때문에 원어의 핵심
정보를 빼내어 맛깔스럽게 단어를 요리해야 한다.
이번 이야기는 요리사의 레시피 이야기라고 하겠다.
실제 번역하면서 자주 부딪히는 핵심 위주로 재료를 손질해보겠다.

대본과 영상 받기

❋ 제일 먼저 할 일

프로덕션으로 불리는 재제작업체나 영상번역회사와 번역을 하기로 구두든 서면(메일 포함)이든 계약을 하게 되면 업체에서 대본과 영상파일을 메일로 보내주거나 공유 웹하드를 통해 다운받게 하거나 업체가 자체적으로 개발한 웹 프로그램을 사용하게 하는 경우도 있다. 물론 대본 없이 번역하는 무대본 번역도 있긴 하지만, 특별한 경우가 아니면 거의 대본을 함께 보내준다.

 대본 파일과 영상 파일을 받은 후에 가장 먼저 할 일은 대본과 영상에 이상이 없는지 빠르게 확인해보는 일이다. 대체로 이상이 없다. 그런데 이상이 있는 경우도 왕왕 생긴다. 엉뚱한 대본을 받는 경우도 있고, 중간에 이상하게 바뀌어 있는 경우도 있다. 영상의 경우도 처음에는 이상이 없는데 끝부분이나 중간 부분에 이상이 있는 경우도 있다. 빨리 확인해서 이상이 있으면 업체들에 이상이 있다고 말해줘야 한다.

 여기서 중요한 건 '빨리' 말해줘야 한다는 것이다. 왜냐하면, 그래야 업체도 '빨리' 제대로 된 대본과 영상을 구할 수 있다. 업체라고 해서 모든 파일을 완전하게 최종 방송 채널로부터 받는 건 아니다.

국가고시나 토익시험 등과 마찬가지라고 생각하면 된다. 시험 감독관이 "문제지 파본 없는지 잘 살펴보세요"라고 말하지만 '무슨 문제가 있겠어'라는 안이한 생각으로 아무런 확인을 안 한다든지, 문제지에 이상이 있는지 확인할 시간에 한두 문제 더 푸는 게 낫다고 생각하는 경우가 있다.

물론 '전략적으로' 즉 시간 절약을 위한 전략적 선택으로 확인을 안 했는데 파본이 나와서 시간을 더 허비한 경우라면, 결과는 나쁘지만 말 그대로 '선택'한 부분이니까 어쩔 수 없다. 하지만 그냥 아무런 일도 하지 않으면서 단지 '귀찮아서' 확인을 안 했다가 문제가 생기는 건 정말 문제다.

사실 수십, 수백 번의 시험을 우리가 쳐봤지만, 파본을 받은 적이 몇 번이나 있었나?

이런 식으로 생각을 하면 안 된다는 거다.

데뷔 때부터, 아니 데뷔하기 전 단계부터 영상과 대본을 체크하는 과정을 하나의 루틴으로 만들어 습관화시켜야 한다. 일주일 안에 번역을 납품하기로 해놓고선 마감을 하루나 이틀 남겨놓고 갑자기 번역가가 영상이 이상하다고 연락하면 피디의 기분이 어떨까?

❈ 외양간 마련하기

파일을 백업할 저장공간도 마련해놓아야 한다. 소 잃고 외양간 고쳐봐야 소용없듯이, 파일이 날아간 뒤에 후회해도 소용없다. 영상번역가들에 따라 사용하는 파일 저장공간은 다양하다.

웹하드나 외장하드에 저장하는 것이 일반적이나 개인용 비공개 인터넷 카페를 만들어 놓은 뒤 차곡차곡 자신의 작품을 쌓아놓는 번역가들도 있다.

 백업도 대본이나 영상파일 오류를 체크하듯이 일종의 버릇처럼 체화되어 있어야 한다. 너무 당연한 얘기 같지만, 머리로 생각하는 것과 몸이 그렇게 따라주는 것은 별개의 문제이다. 많은 번역가들의 번역 후일담에 '파일 날려 먹은 이야기'가 나오는 데는 다 이유가 있다.

" Being a good person is like being a goal keeper
no matter how many goals you save some people will
remember only the one that you missed. "
- Iker Casillas

훌륭한 사람이 되는 건 골키퍼가 되는 것과 비슷하다.
당신이 얼마나 많은 골을 막아냈든 간에 사람들은 당신이
놓쳤던 골만 기억할 것이다.
- 이케르 카시야스

자막의 외관 Ⅰ
: 스파팅(spotting)과 타임코드(TC)

❋ 스파팅이란

자막을 순서에 맞게 위치시키는 것이 바로 스파팅이다. 등장인물의 기다란 대사를 갈치라고 생각해보자. 갈치를 그대로 구워서 손님상에 내면 손님이 먹기 힘들어서 짜증을 낼 것이다. 그러니까 갈치 요리를 하기 전에 손님상에 나갈 것을 미리 감안하여 토막을 내야 한다. 어떻게? 먹기 좋게.

마찬가지로 자막을 보기 좋게 토막 내는 과정을 스파팅이라 봐도 무방하다. 예를 들어 설명해보겠다.

영화 〈캐리비안의 해적(Pirates Of The Caribbean)〉에서 조니 뎁이 분한 잭 스패로우 선장의 어록으로 '알려진(실제로 영화에서 이런 대사가 있었는지는 잘 모르겠다)' 것 중에 이런 내용이 있다고 한다.

The problem is not the problem. The problem is your attitude about the problem. Do you understand?

기다란 갈치 같지 않은가? 이것을 먹기 좋게 토막 내보자. 어디를 잘라야 할까?

보통은 문장 단위로 사람들이 얘기하니까 문장 단위로 잘라보자.

The problem is not the problem.
The problem is your attitude about the problem.
Do you understand?

이렇게 스파팅을 했다면 제일 위의 문장부터 순서대로 자막으로 나타날 것이다. 그런데 '만약' 스패로우 선장이 대사를 할 때 "The problem is not the problem." 부분을 먼저 말하고, 좀 쉬었다가 "The problem is" 부분을 말한 다음, 다시 약간 간격을 두고 나머지 부분인 "your attitude about the problem. Do you understand?"을 이어 말했다면(이렇게 가정한다면) 어떻게 스파팅을 해야 할까?

❈ 스파팅은 호흡 단위가 원칙

문장은 의미를 담는 그릇이다. 따라서 가능하면 문장을 기준으로 나누면 좋지만, 실제 등장인물의 발성과 맞지 않는다면 부득이하게 발성의 호흡에 따라 나누어주어야 한다. 그래야 시청자들이 편안하게 느낀다. 또 편안하게 느껴야 시청자들이 작품에 몰입할 수 있다.

The problem is not the problem.
The problem is
your attitude about the problem.

Do you understand?

한글자막으로 번역한 모습을 보도록 하자.
먼저 문장 단위로 스파팅 했을 때이다.

문제 자체가 문제는 아니야
문제는 문제를 대하는 자네의 태도야
이해하겠나?

(가정의) 호흡 단위로 스타팅된 자막을 번역한 경우라면 이렇게 된다.

문제 자체가 문제는 아니야
문제는
문제를 대하는 자네의 태도야
이해하겠나?

사실 스파팅을 하는 데 있어 어떤 100퍼센트 완벽한 지침이 있는 건 아니다. 그때그때 알맞게 스파팅을 하면 된다. 기준은 시청자들이 얼마나 자막을 '신경 안 쓰고' 작품에 몰입하게 할 수 있느냐 여부이다.

※ 영어 어순대로 번역하는 게 나을까

요즘에는 영어를 잘하는 사람들이 많아서 다 알아듣는 건 아니더라도 대강 어떤 단어를 등장인물이 발음하는지 아는 경우도 많다. 예전에는 영어 리스닝을 잘하는 사람이 별로 없으니까 우리말 어순에 맞추어서 영어를 번역해도 크게 무리가 없었지만, 지금은 가능하면 등장인물의 대사에 맞춰서 번역하는 걸 선호하는 업체들도 많이 있다.

대등한 관계의 절로 이어진 영어 중문인 경우는 특별한 경우가 아닌 한 영어의 순서 그대로 번역하면 되는데, (접속사의 통사적 성격이 등위접속사이든 종속접속사이든) 우리나라 말로 번역할 때 종속적 의미의 절이 뒤에 오는 경우가 특히 문제가 된다.

예를 들면 다음과 같은 경우이다.

I didn't really want to
lay a lung transplant on you

when you were terrified about Norman.

히치콕의 영화 〈싸이코(Psycho, 1960)〉의 프리퀄 격인 드라마 〈베이츠 모텔(Bates Motel)〉에 나오는 대사다.

스파팅이 위의 영문과 같이 호흡과 의미 단위로 돼 있다고 하자. 그런데 번역을 하면 다음과 같은 문제가 생긴다. 소위 말하는 한영통합자막(한국어와 영어가 동시에 나오는 자막)이라고 하면 다음처럼 자막이 뜰 것이다.

I didn't really want to
엄마가 노먼 때문에

lay a lung transplant on you
신경이 곤두서 있는데

when you were terrified about Norman.
폐 이식수술 (같은) 얘기까지는
정말 하고 싶지 않았어요

*(같은) : 정관사가 아닌 부정관사가 쓰인 점을 고려해서 번역한다면 '같은'이라는 표현을 넣어 주어도 좋겠지만, 기본 메시지가 빨리 눈에 들어오도록 번역하는 영상번역의 실무상으로는 생략하는 경우가 합당하다고 판단할 수도 있다. 영상번역가의 재량이라 하겠다.

 일단 시각적으로도 균형이 약간이긴 하지만 맞지 않는다는 생각이 들 것이다. 물론 음지가 아닌 일반 방송 채널에서 한영통합자막으로 보는 일은 드물어서 영문과 시각적인 균형까지 맞출 일은 별로 없다. 하지만 등장인물의 음성 길이와 자막이 떠 있는 시간(듀레이션이라고 한다) 사이의 균형도 미세하나마 맞지 않겠구나 하고 예상할 수 있다.
 그리고 transplant라든지 Norman 같은 단어에 강세가 들어가기 때문에 리스닝이 조금 되는 시청자라면 약간 어색함을 느끼게 된다. 그 단어가 소리 나는 화면에 다른 의미의 자막이 뜬 상태이기 때문이다.

 그럼 영어 순서에 따라 번역을 해보도록 하자.

I didn't really want to
lay a lung transplant on you
폐 이식수술 (같은) 얘기까지는
정말 하고 싶지 않았어요

when you were terrified about Norman.
엄마가 노먼 때문에
신경이 곤두선 상태잖아요

이상한가? 그럴 수도 있다. 한 문장을 두 문장으로 나눴기 때문에 문장의 긴장감이 풀어져 버린 부작용도 있다.
한국어 어순에 맞추는 것과 영어 어순에 맞추는 것, 어떤 번역이 더 낫다는 기준은 없다. 오롯이 영상번역가의 몫이다.

선택하라.
그런데 시청자가 그 선택의 결과에 관하여 뭐라고 한다면?
어쩔 수 없다.

❄ 타임코드(TC)와 듀레이션

영상번역가들이 흔히 쓰는 말로 "티씨를 잡는다"라는 표현도 쓰고, "시간을 입력한다"는 표현을 쓰기도 한다. 여기서 말하는 타임(시간)은 무엇을 의미할까?

바로 '자막이 뜨는 시점과 끝나는 시점'을 말한다.

듀레이션과는 차이가 있다. 듀레이션은 자막이 '떠 있는' 시간을 나타내기 때문에 양적 개념이라면 타임코드는 특정 시점을 의미한다는 점에서 다르다.

쉽게 말해서 어떤 자막이 영상이 시작된 이후 08분 07초에 나타나서 09분 01초에 사라졌다면 듀레이션은 4초가 되고, 타임코드는 자막이 나타나는 지점인 인점(In-point)은 08분 07초, 자막이 사라지는 지점인 아웃점(Out-point)은 09분 01초가 된다.

'초' 단위로 타임코드를 입력하면 일이 수월하겠지만, 화면상에서 1초의 시간은 생각보다 꽤 길다. 그래서 프레임 단위까지 입력한다.

"프레임은 사진 한 장이라고 생각하면 돼. 영상이란 게 사진을 이어서 빨리 돌리는 거잖니. 1초에 24프레임 이상의 필름을 넣으면 사람 시각의 잔상효과 때문에 끊김 없이 자연스럽게 이어진 필름, 그러니까 영상을 볼 수 있어. 마치 실제로 움직이는 것 같지. 그래서 아주 옛날엔 영화필름을 활동사진이라고도 했어. 타임코드는 이 프레임을 시간 단위로 변경시켜 놓은 거야. 예를 들어, 2400프레임 하면 감이 안 오지?

이걸 00:01:40:00(1분 40초)으로 표시하면 이해하기 쉽게 되는 거지."

　- 《 영상번역가로 변신한 정역씨 》중에서

　프레임 단위로 간편하게 타임코드를 입력할 수 있는 컴퓨터 프로그램들이 있다. 영상번역가들이 가장 많이 쓰는 프로그램은 ATS이다.
　ATS 프로그램의 사용법에 관해서는 인터넷 검색을 활용하면 자세히 설명해놓은 많은 블로그 포스팅을 볼 수가 있다. 그 내용을 보고 2시간 정도 익히면 사용법은 충분히 알 수 있다. ATS 프로그램으로 타임코드 입력하는 일에 많은 시간이 소비되는 이유는 사용법이 어려워서가 아니고, 프레임 단위로 미세하게 타임코드를 맞춰야 하기 때문이다. 바늘귀에 실을 넣는 작업이라고 생각하면 된다. 아무리 빨리한다고 해도 한계가 있다. 문제는 감각이 무딘 경우에는 바늘귀에 실을 넣는 데 엄청 애를 먹듯이 ATS 프로그램도 감각이 무디면 상당히 고생하게 된다. 자막이 나타났다 사라지는 과정이 뭔가 불안정하게 느껴지는 자막들이 있다. 케이블이나 IPTV의 경우 번역 자체(오역이나 어감을 제대로 살리지 못하는 등)보다 오히려 자막 싱크가 맞지 않는 것을 문제 삼는 경우가 더 많은 실정이다.
　음지의 자막가들이 만드는 자막이야 싱크가 미세하게 어긋나도 아무도 뭐라고 하지 않지만, 유료로 제공되는 자막은 그렇지가 않다.
　자막이 나타나는 시점인 인-포인트는 업체별로 요구사항이 거의 동일하다. 말소리가 들리는 시점이다. 하지만 자막이 사라지는 시점인 아웃-포인트는 업체나 담당 피디마다, 또 작품의 성격마다 요구사항이 약간씩 다르다. 말소리가 끝남과 동시에 칼같이 자막이 사라져 주기를 바라는 경우도 있고, 바로 사라지지 말고 약간 시간적 간격을 두고 사라지기를 원하는 경우도 많다.

또 최소 듀레이션이라는 것도 있어서 아무리 짧은 대사라도(예: 맙소사) 자막이 너무 금방 사라지지 않도록 지침을 업체에서 주기도 한다.

모두 다 시청자들이 자막을 읽고 있는지도 모르게끔 자연스럽게 자막을 띄워서 좀 더 작품에 몰입할 수 있게 하기 위한 배려이다.

❈ 결국, 숙달의 문제

스파팅 작업을 하거나 타임코드를 입력하는 일에도 기술이 필요하다.

바로 속도다.

조금 전에 설명했다시피 바늘귀에 실을 끼우는 일에 특별한 기술이 필요한 건 아니다. 시간만 넉넉하면 수전증이나 기타 특별한 사정이 있는 사람 말고는 누구나 할 수 있는 일이다. 하지만 '빠르고 정확하게' 바늘귀에 실을 끼우는 일은 기술이 필요하다.

마찬가지로 스파팅 작업이나 타임코드 입력도 '빠르고 정확하게' 하기 위해선 기술이 필요하고 숙달의 과정을 거쳐야 한다.

영상번역은 작업주기가 짧다고 앞서 설명했다. 그만큼 속도가 중요하다.

업체에서 경력이 일정 기간 이상인 영상번역가를 선호하는 이유 중 하나에 속도가 들어간다. 작업속도는 마감 준수와도 관계있으며, 번역 품질과도 '간접적으로' 관련이 있다. 자막의 외관이라고 할 수 있는 스파팅이나 타임코드가 직접 번역에 영향을 미치는 것은 아니지만 스파팅이나 타임코드 속도가 느리면 그 느린 시간만큼 번역에 신경 쓸 시간을 뺏기게 된다.

 스파팅 작업은 시간이 그렇게 많이 걸리진 않지만, 타임코드 입력은 시간이 오래 걸린다. 또 단순 작업이라서 별도로 연습하는 것도 상당히 지루하다. 타임코드 입력을 별도로 시간을 내어 스스로 연습할 정도의 의지력을 지니고 있는 게 아니라면 결국 실전이나 스터디 등을 통해 반강제적으로 연습할 수밖에 없다.

 아니면 타임코드 입력을 회피하는 전략도 있다. 타임코드를 영상번역가가 입력할 필요가 없는 업체를 찾거나 번역료를 좀 적게 받더라도 타임코드 입력을 하지 않는 것이다. 다만 업계에서 상당히 자리 잡은 사람이 아님에도 이런 전략을 펼치면 굶어 죽기 십상이다.

❋ 전국노래자랑의 실로폰 소리

결국, 스파팅과 타임코드는 자막의 박자를 맞추는 일이다.

 박치는 늘 조바심 내고 서두르지만, 박자를 잘 맞추지 못하는 반면, 노래를 잘 부르는 사람은 여유 있게 불러도 박자가 엇나가지 않는다.

 전국노래자랑에 참가한 사람들 중 초반에 '땡' 소리 듣는 사람들은 대체로 박자를 잘 못 맞춘 사람들이다. 음치는 한 번쯤은 그냥 넘어가는데 박치는 '얄짤'없다.

 영상번역계가 급속히 변하고 있지만, 아직은 박자를 잘 맞춰야 한다.

 앞서가는 건 좋지만, 너무 앞서가는 것 또한 박자를 못 맞추는 일이다.

	영문대본 샘플 | 자료제공 : 글밥 아카데미
01:30.06– 01:30.10 David Wildt Head, Species Survival Center	We built a facility here that will allow us to maintain significant numbers of adult males and adult females. We also have a, a Lovers Lane set up here so the males can run down lov-Lovers Lane and identify the females that are in heat and are receptive to, uh, to breeding. Uh, so now these animals have a ideal place to live, uh, to reproduce, to be healthy and for us to do our, our scientific studies.
01:30.22– 01:30.28 Title Animation Segment 5. The Edge of Extinction	
01:30.31– 01:30.35 Steve Monfort Head of Conservation & Science	Well, the National Zoo really is, is composed of two, two great uh, facilities at different locations. But we're one zoo, one zoo operation.
	VO: Home base for the National Zoo's global science is the Conservation and Research Center in Front Royal, Virginia, a 3,200 acre facility just 70 miles from the National Zoological Park in Washington, DC.

영문대본 샘플	자료제공 : 글밥 아카데미	
01:31.12– 01:31.15 Don Moore Head of Animal Care, National Zoo	It's all very private and quiet, so the animals that really need that kind of space, that really need that kind of quiet, are out at the Conservation and Research Center and our scientists study their reproductively biology and their hormone cycling and their regular biology so that we can develop effective conservation management plans for those species in nature.
	This is a bottlenecked dolphin.
01:31.22– 01:31.26 Autumn Conservation Festival	VO: Every October, for one weekend only, the Conservation and Research Center or CRC for short, opens to the public. Scientists, staff and volunteers are on hand to talk about the animals and their habitats, and to explain captive breeding programs for endangered species.
	It's absolutely true that a species like the Przewalski's horse or the scimitar-horned oryx, golden lion tamarins, without the work that zoos have done, there's no question those species probably would be extinct today.

ATS 영상번역 프로그램

(*독자들의 요청에 따라 '영상번역가 정역씨'에 실린 내용을 발췌하여 옮깁니다.)

야유회를 갔다 와서인지 팀장의 심기가 확실히 편해 보였다. 빡빡하기만 했던 결재도 조금은 느슨해졌다. 문제는 한 과장이었다. 야유회 때문에 지수 씨하고 가까워졌다고 생각을 하는지 보고서를 검토할 때 쓸데없이 지수 씨 어깨에 손을 올리는 일이 잦아졌다.

 지수 씨는 처음엔 어깨를 빼며 난처한 표정을 지었으나, 한 과장이 계속 어깨 위에 손을 올리자 그냥 포기했는지 가만히 있었다.

 학습된 무기력이랄까.

 아무튼, 그렇게 일주일이 흘렀다.

 ······

"다 됐다."

 수성이 형이 ATS 프로그램을 내 노트북에 설치한 뒤 의자 등받이에 등을 기대며 말했다.

"그런데 ATS는 무슨 뜻이에요?"
"음... 솔직히 정확하게는 잘 모르겠는데, 아마 만든 회사 이름을 줄여서 만든 거로 알고 있어. I&T Subtitle Solution이 정식 프로그램 명칭이야. &가 And니까 A, 그다음 T, 그다음 S. ATS."
"확실해요?"
"정확하게 모른다고 미리 말했잖냐."
"형도 모르는 게 있네요."
"그럼, 각자의 영역이 있는 거지."
"이건 번역의 영역이 아닌가요?"
"출판 번역가가 편집 레이아웃 프로그램까지 알아야 할까?"
"그건 아니겠죠."
"마찬가지야. ATS는 엄밀히 말해서 번역의 영역이 아니야."
"그러면요?"
"자막제작의 영역이지. 영상번역가가 아니라 자막제작가로 활동하는 게 영상번역가의 현실이지."
"돈을 더 받나요? 출판번역으로 치면 편집까지 해 주는 거니까 더 받아야 할 것 같은데요."
"자막제작까지 해 주니까 더 받는다기보다는 자막제작까지 안 해주면 덜 받는다는 게 더 정확한 표현일 것 같아."
"갑자기 ATS 배우기 싫어지는데요."
"싫다고 ATS 작업 안 하는 번역가들도 있어."
"그러면 돈을 덜 받는다면서요?"
"응, 많이 덜 받아."

"ATS 배우기가 까다롭나요?"

"아니, 그렇진 않아. 잘 봐. 내가 예시를 하나 띄워줄게."

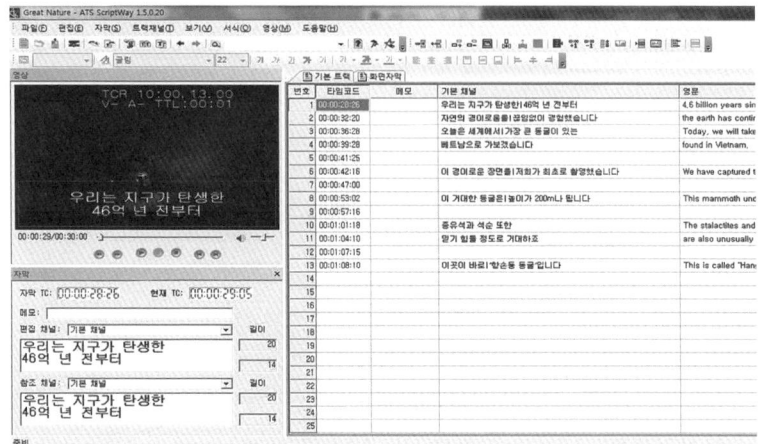

*자료제공: 글밥 아카데미

"오, 이거군요. 약간 엑셀 오피스 프로그램 같은데요?"

"응, 엑셀을 기반으로 해."

"일단 원하는 동영상 파일을 불러온 다음 파일을 구동시켜. 그러면 화면이 돌아가겠지?"

"네. 지금 작동하네요."

"그러면 오른쪽 작업하는 곳을 봐. 타임코드라는 게 보이지?"

"번호, 타임코드, 메모, 기본 채널, 영문 순이네요."

"응. 그럼 타임코드 아래에 숫자 보이지?"

"네. 8자리네요."

"시간, 분, 초, 프레임 순이야."

"프레임은 뭐죠?"

"프레임은 사진 한 장이라고 생각하면 돼. 영상이란 게 사진을 이어서 빨리 돌리는 거잖니. 1초에 24프레임 이상의 필름을 넣으면 사람 시각의 잔상효과 때문에 끊김 없이 자연스럽게 이어진 필름, 그러니까 영상을 볼 수 있어. 마치 실제로 움직이는 것 같지. 그래서 아주 옛날엔 영화필름을 활동사진이라고도 했어. 타임코드는 이 프레임을 시간 단위로 변경시켜 놓은 거야. 예를 들어, 2400프레임 하면 감이 안 오지? 이걸 00:01:40:00(1분 40초)으로 표시하면 이해하기 쉽게 되는 거지."

"그렇군요. 이제 확실히 뭔가 전문적인 분야로 들어가는 것 같아요."

날씨가 추워져서 뱅쇼를 주문했다. 따뜻한 와인 음료로 감기에 좋다고 한다. 와인 향과 약간의 계피 향이 코에 닿자마자 몸을 데워주는 듯했다.

"메모 칸은 자기 의견을 적는 거야. 프로덕션의 피디한테 보낼 의견도 적고, 감수자한테 보낼 의견도 적고, 반대로 감수자가 감수 후에 되돌려 줄 때도 메모 칸에다 의견을 적지."

"기본 채널은 자막인 것 같고, 영문은 영문 스크립트를 옮겨 놓은 건가 보죠?"

"응. 감수자가 감수하려면 영문 스크립트를 보는 게 아무래도 나으니까."

"네. 기본채널, 영문채널 이렇군요."

"채널을 더 추가해도 돼. 자기 마음이야. 그런데 기본채널하고 영문채널 이렇게 두 가지 채널을 쓰는 게 편해."

"기본 트랙 옆에 있는 '화면 자막'은 뭐죠?"

"화면 자막은 화면에 나오는 글자를 번역하는 거야."

"간판 같은 거요?"

"중요한 간판이라든지 편지에 쓰인 글이라든지……. 인물 소개도 있고. 다큐멘터리 보면 사람인터뷰 할 때 '스티븐 핑커 하버드대 심리학과 교수' 이런 식으로 설명이 나오잖아. 그런 것도 화면 자막으로 번역해줘야 해. '번역하는 자막 중 음성이 아닌 자막'이라고 하는 게 더 정확하겠다."

"드라마를 보면 경찰이 검시보고서 유심히 보고 있을 때가 있는데, 이 경우에 검시보고서의 내용도 번역해야 하는 거죠?"

"그렇지. 그런데 '필요한 것만' 화면 자막에 넣는 거야."

"필요한 건지는 어떻게 판단하죠?"

"그 부분을 알아야 이해가 수월한 것들이지. 실무적으로는 가장 중요한 기준이 화면에 오래 떠 있어서 시청자들의 시선을 잡느냐 하는 거지. 시청자들의 시선을 잡아끌 만큼 오래 떠 있다면 원제작자도 뭔가를 의도했을 거라고 보는 거고."

"그렇겠네요. 제한된 시간 안에 최대한 중요한 부분을 담으려 할 테니까요. 그럼 이걸 번역해서 채운 다음 저장해서 업체로 발송하면 되는 건가요? 이메일 같은 거로요?"

"응. 세부적인 사항은 내년 심화 과정 때 배우면 되고 지금은 이런 프로그램이 있다는 정도만 알면 될 것 같아. 그리고 여기에 더해서 타임코드 개념만 추가로 알면 다음에 구체적으로 실습할 때 프로그램이 더

편하게 받아들여질 거야."

"번호 옆에 '타임코드'라고 나와 있네요."

"일단 타임코드는 다음 시간에 할 테니까 지금은 내가 주는 영상물을 보고 대사를 한 번 번역해서 넣어봐. 일단 스파팅을 하고 스파팅 한 부분을 영문 채널에다 붙여넣기부터 시작하면 돼."

 1분짜리 광고 동영상과 스크립트가 컴퓨터에 저장됐다. 별도로 출력한 스크립트를 수성이 형이 나에게 줬다. 난 동영상을 보면서 연필로 스크립트에 사선을 그어 표시했다. 그러고 나서 영문 대본 파일을 열어 복사해서 영문채널로 옮겼다.

 그리고 문장 단위로 나뉜 대사를 호흡 단위로 다시 분리해서 빈칸을 채워 넣었다.

 결국, 말의 경계는 문장부호가 아니라 호흡이었던 것이다.(이하 생략)

" Comedy is ridiculously hard. And if the rhythm is not right, if the music or the line is not right, it's not funny. "

- Julianne Moore

코미디는 말도 안 되게 어렵다. 만약 리듬이 맞지 않거나 음악이나 대사가 맞지 않으면 하나도 재미없다.

- 줄리안 무어

자막의 외관 II
: 두 줄의 미학

❋ 두 줄의 승부사

영상번역가들을 멋있게 호칭하는 말 중에 '두 줄의 승부사'라는 표현이 있다. 영상의 자막이 길어야 두 줄이라는 데 착안한 말로서 영상번역가는 어떻게 하든 그 두 줄 안에서 승부를 내야 한다.

칼을 든 무사처럼 과감하게 중요하지 않은 말들을 잘라내야 하는 것이다.

잘라내기 아깝다고 멈칫거리면 온갖 말들이 자막에 들어가 시청자들이 미처 자막을 다 읽기도 전에 화면이 바뀌고 자막이 사라져 버린다.

승부사는 속마음이 실제로 어떻든 간에 승부라는 일 속에서는 냉혹한 면이 있어야 한다.

이 부분은 '직역과 의역'이라고 하는 테마에서 다루기로 하고, 지금은 '두 줄'이라고 하는 자막의 외관 측면에서 생각해볼 문제들을 정리하기로 하자.

❈ 한 장면 내에서의 대사 나누기

대사를 호흡 단위로 토막 내는 일인 스파팅에 관해서는 앞에서 살펴보았다.

 그런데 한 장면 내에서 호흡대로 나누어진 자막을 두 줄로 나누어서 번역할 때는 '외관'을 또다시 신경 쓸 필요가 있다.

 무슨 말인지 예를 들어 설명하도록 하겠다.

〈디비어스 메이드(Devious Maids)〉라는 미국 드라마에 나오는 대사이다.

And changing all your furniture made me so happy.

이 대사를 스파팅 해서 이렇게 두 줄로 만들었다고 가정해 보자.

And changing all your furniture made me
so happy.

이를 다시 우리나라 말로 번역(일단 직역, 어떤 맥락에서 나온 대사인지는 신경 쓰지 말자)을 하면 아래와 같이 바뀐다.

그리고 네 가구를 전부 바꾸는 건 나를
몹시 행복하게 만들어

번역을 신경 쓰지 말고 그냥 자막의 구조만 보더라도, 뭔가 자막이 '겉으로 보기에' 어색해 보이고 잘 읽히지 않는다.

왜냐하면, 위쪽 자막이 아래쪽 자막보다 '훨씬' 길기 때문에 불안정해 보이는 것이다. 레고의 장난감 블록을 쌓는 것을 생각해보면 된다. 이런 점을 고려해서 자막을 수정해보자.

And changing all your furniture
made me so happy.
그리고 네 가구를 전부 바꾸는 건
나를 몹시 행복하게 만들어

아래, 위 자막의 길이 차이가 심하지 않아서 겉으로 보기에도 균형이 흐트러지지 않았고, 내용 면에서도 '주부'와 '술부'로 나뉘면서 '내용이 아닌 외관상으로는' 이해하기 쉽게 되었다.

✼ 비대칭의 아름다움

여기서 하나 짚고 갈 문제가 있다. 윗줄 자막의 길이와 아랫줄 자막의 길이가 동일한 경우의 문제이다.

 그냥 막연하게 생각하면 완벽한 대칭을 이루었으니 자막의 가독성이 높아질 것 같지만, 실제로는 가독성이 좋지 않다. 머리 가르마하고 비슷하게 생각하면 된다. 물론 아이돌 스타의 영향으로 또는 한복 입을 때의 머리 모양을 위해 5:5 가르마를 하는 경우도 있다. 하지만 대체로 6:4 등으로 엇나가게 하는 이유는 그런 비율이 자연스럽기 때문이다.

 사람의 얼굴도 대칭이 너무 완벽하면 오히려 이상해 보인다. 눈에 띌 정도로 비대칭이 아니라면 약간의 비대칭이 있는 얼굴이 매력적으로 보이고 자막도 마찬가지이다.

 그럼 약간의 비대칭이라면 아랫줄 자막이 긴 게 나을까, 아니면 위쪽 자막이 긴 게 나을까?

 '대체적인' 의견으로는 아랫줄 자막이 '약간' 긴 게 안정적이고 가독성이 높다고 한다.

❋ 음식의 담음새

가끔 역설적으로 궁금할 때도 있다. 과연 음지의 자막가들도 자막의 대칭과 같은 외형적 요소에 신경을 쓸까? 아마 크게 신경 쓰지 않을 것 같다. 집에서 가족이나 친구들을 위해 밥을 차리는 것과 식당에서 손님들을 위해 음식을 내는 일은 차원이 다르다.

 특급호텔 레스토랑처럼 고급 음식점과 관련한 다큐멘터리를 보면 요리사들이 '담음새'에도 신경을 많이 쓴다는 걸 알 수 있다. 그래야 손님들이 더 맛있게 먹을 수 있기 때문이다. '보기 좋은 떡이 맛도 좋다'는 옛말이 자막을 만드는 일에도 적용된다.

❋ 승부사가 딜레마에 빠지는 경우

전문적으로 음식을 만드는 일도 그렇지만 세상일이란 게 간단치가 않다. 번역을 하다 보면 두 줄로 보기 좋게 만들기가 난감할 때가 종종 있다.

 같은 드라마에 나오는 대사다.

Are you having fun watching your book get made into a movie?

호흡에 따라 스파팅을 한다면 아마 아래와 같이 나뉠 것 같다.

Are you having fun
watching your book get made into a movie?

이것을 우리나라 말로 번역해 보자.

당신 책이 영화로 만들어지는 걸 보니 재밌나요?

한 줄에 너무 많은 글자가 들어가 있으니 자막을 둘로 나눠주어야 할 것 같긴 같은데, 어느 부분에서 끊어야 할까? 일단 절을 기준으로 나누어보자.

당신 책이 영화로 만들어지는 걸 보니
재밌나요?

관대한 시청자나 프로덕션 피디는 그냥 넘어가겠지만, 그렇지 않은 경우에는 자막이 예쁘지 않다고 한마디 할 수도 있다.
그럼 어떻게 해야 할까?

재밌나요? 당신 책이
영화로 만들어지는 걸 보니까?

당신 책이 영화화되니까
재밌나요?

책이 영화로 만들어지니까
재밌나요?

뭔가 어색하고 마음에 들지 않을 수도 있다. 하지만 뭔가를 포기해야만 한다. 어순을 포기할 수도 있고, 원래 대사의 표현을 포기할 수도 있다.
무엇을 포기하느냐를 정하는 일, 그 일이 번역가의 일이다.

" I don't know the key to success, "
but the key to failure is trying to please everyone.
- Bill cosby

난 성공의 열쇠는 잘 모르겠다.
하지만 실패의 열쇠는 모든 사람을 만족시키려는데 있다.
- 빌 코스비

직역과 의역의 선택

❋ 번역의 어려움

번역이 어려운 건 더하고 빼고 고쳐야 하기 때문이다. 있는 그대로의 번역이란 존재할 수 없다. 영어 번역의 예를 들면 '주어+술어(동사)+목적어'를 '(주어)+목적어+술어(동사)'로 어순을 바꾸는 데서부터 번역이 출발한다. 또 'morning'이라는 말도 '아침'이라는 말과 같지 않다. 새벽 4시도, 아침 9시도, 오전 11시도 morning이다. 이 morning을 아침이나 새벽, 오전 등으로 번역하는 데서부터 고민이 시작된다.

하지만 위의 내용 정도로는 '의역'이라고 표현하지 않는다. 번역가들이 보통 말하는 '의역'이 되려면 'bread'를 '빵'이 아닌 '떡'으로 번역하거나 원문에는 존재하지 않는 '접속사'를 더하는 등 원문의 구조나 표현을 현저하게 변경하는 '정도'는 되어야 한다.

즉, 직역과 의역은 어떤 것은 직역이고, 어떤 것은 의역이라고 명확히 구분 지을 수 있는 디지털 영역이 아니고, 직역에 가까운지 아니면 의역에 가까운지 하는 '정도'의 문제, 아날로그 영역이다.

❋ 역설적인 자유

영상번역은 '글자 수'라는 '엄청난' 제약 때문에 상대적으로 출판번역이나 기술번역보다 자유롭다.

자유는 재량이다. 원래의 대사로부터 완전히 자유로울 수는 없겠지만, 상당한 재량을 영상번역가는 발휘할 수 있다. 이 부분 때문에 영상번역가는 '작가'라는 말을 듣기도 한다. 원래의 대사라는 '중력'이 끝없이 끌어당기지만, 축약이라는 인위적 진공상태가 영상번역가를 날아오르게 한다. 하지만 너무 붕 떠서 지구 대기권 밖을 벗어나면 안 된다. 우주 미아가 될 정도로 날아올라선 안 되는 것이다.

미국 내셔널 지오그래픽(National Geographic)에서 제작 방영한 〈인류의 새로운 시작, 마스(Mars)〉에 나오는 대사를 보자. 다큐멘터리와 드라마를 섞은 시리즈인데, 아래의 대사는 인터뷰하는 장면이므로 일단 경어를 전제로 한다.

I'm ready to be one of the first human beings to go to Mars.

호흡에 따라 스파팅을 했다고 가정하자.

I'm ready to be one of the first human beings
to go to Mars.

우리나라 말로 번역을 하면 이렇게 될 것이다.

저는 화성으로 가는 최초의 인류 중 한 사람이 될 준비가 된 상태입니다

이 문장을 자막 두 줄에 나눠 담아야 하는데 글자 수가 33자(띄어쓰기 하는 칸은 글자 수로 따지면 한 글자의 1/2바이트 정도를 차지한다)가 넘어가니까 어딘가를 줄이긴 줄여야 한다.

 보통은 한 줄에 16글자(칸) 정도까지는 허용하는데 더 허용하는 경우도 있고, 극장상영용 영화 번역처럼 12글자(칸) 정도로 제한하는 경우도 있다. 극장 쪽이 자막의 가독성을 상당히 중요시한다. 과거에는 극장이 지금처럼 가파른 계단식이 아니어서 우측에 세로로 자막을 띄웠는데, 그 경우에는 지금의 가로 자막일 때보다 허용되는 글자 수가 더 적었다.

 아무튼, 예시 문장을 가독성을 고려해서 축약해보면 이 정도로 줄일 수 있을 것 같다.

인류 최초로

화성에 갈 준비가 되었습니다

 그런데 사실 이렇게 번역하면 원래 대사의 구조가 훼손된 측면이 있긴 하다. 하지만 대사의 속도와 자막에 들어가는 글자 수, 대사의 중요성 등 제반 사정을 고려해서 영상번역가가 어떤 번역을 할지 선택하는 수밖에 없다. 누가 대신해주지 않는다. 해줄 수도 없다.

 어감을 살리지 못했다, 표현이 달라졌다, 너무 밋밋하다는 등 온갖 비난이 있을 수 있다. 모두 번역가의 몫이고 자기의 번역에 책임을 져야 한다. 지적 사항 등을 피드백 받은 경우 다시 피드백 내용을 반영해서 번역해보고 피드백이 더 나으면 반성하면 되고, 다시 번역하더라도 기존의 번역을 유지할 것 같다는 생각이 들면 스스로 떳떳한 거다.

그 떳떳함을 업체들도 인정하면 그게 바로 실력 있다는 평가가 된다.

❋ 직역, 의역 그리고 초월번역

번역을 '제2의 창작'이라고 표현하기도 한다. 약간 논란이 있는 말이기도 한데, 직역주의에 대한 반감이 있는 번역가들이나 모국어의 표현을 중요하게 여기는 번역가들이 많이 쓰는 표현이다. 반대로 '역자는 원저자의 시녀'라는 겸손한 표현으로 '경미한' 어색함이 있더라도 가능하면 원문의 구조와 표현을 따르려는 시도도 많이 있다. 특히 순수문학 번역의 경우에는 메시지뿐만 아니라 '표현' 자체도 중요하기 때문에 원작자의 표현도 최대한 살리려는 경향이 강하다. 철학자, 소설가, 번역가인 미셸 투르니에를 번역가이기도 한 김화영 교수님이 만난 적이 있는데, 그때의 이야기를 김화영 교수님은 이렇게 말하고 있다.

"그렇지만 번역과 자기 글을 서로 혼동하면 안 될 것 같아요.
가령 내 최근 소설을 옮겨놓은 당신의 번역을-물론 아주 훌륭하죠-읽어보고 두 가지 놀라운 사실을 발견했어요.
첫째는 원서에 있는 몇몇 대목들이 번역서에 와서 없어져 버렸다는 점이에요."
"두 번째 놀라움은 뭐죠?"하고, 매우 불안해진 내가 물었다.
"두 번째 놀라움은 그와 반대로 원서에서는 찾을 수 없는 몇 페이지를 번역서에서 읽을 수 있었다는 점이었어요."

나는 당시 스무 살이었고 시건방진 바보였으므로 E.M.레마르크(*미셸 투르니에 또한 레마르크의 '서부전선 이상 없다'를 번역했거든요)의 문장을 별로 대단찮게 생각하고 있었다.
얼굴이 벌게져서 말을 한참이나 더듬다가 나는 방자하게도 이렇게 말했다.
"두 번째 것이 첫 번째 것보다 나으면 되는 것 아닌가요?"
그는 너그럽게도 그냥 미소만 지어 보였다.
나는 그때까지만 해도 번역자란 작가의 반쪽에 불과하다는 것을, 가장 겸손하게 수공업적인 반쪽에 불과하다는 것을 모르고 있었다.
– 미셸 투르니에 〈짧은 글 긴 침묵〉 역자 후기에서 발췌

또 반대로 같은 문학 번역가이지만 이디스 그로스먼은 의역을 옹호하고 있다.

"번역에 항상 따라다니는 절대적으로 이상향적인 이상은 충실성입니다. 그러나 충실성을 직역과 혼동해서는 안 됩니다. 직역은 어설프고 도움이 되지 않는 개념으로, 번역과 원본의 복잡한 관계를 심히 왜곡하고 지나치게 단순화합니다."
– 이디스 그로스먼 〈번역 예찬(w translation matters)〉(공진호 옮김)에서 발췌

영상번역은 글자 수 제약이 많고, 책처럼 독자가 독서의 속도를 조절할 수 있는 것이 아니라서 가독성이 매우 중요하다. 당연히 의역이 대

세이고 제2의 창작이라는 말이 전혀 이상하지 않은 영역이다. 많은 사람들의 뇌리에 남은 영화 속의 여러 명대사는 대부분 의역된 대사이다.

예를 들어, 〈슈렉〉에서 이미도 번역가가 "Far, Far Away Kingdom"을 "겁나 먼 왕국"이라고 번역한 것이나, 김은주 번역가가 〈무서운 영화2〉에서 "Grab the chest!"와 "Not chest, that chest(상자, 궤, 여성의 가슴)"를 중의적 표현으로 "저 통 잡아!", "젖통 말고 저 통"으로 번역한 것, 영화 〈카사블랑카〉에서 "Here's looking at you, kid."를 "그대 눈동자에 건배"로 번역한 것, 햄릿이 "사느냐 죽느냐 이것이 문제로다(to be, or not to be, that is the problem.)"라고 고민하는 것, 스칼렛이 〈바람과 함께 사라지다〉에서 "내일은 내일의 태양이 뜰 거야(Tomorrow is another day.)"라고 말하는 것 모두 의역이나 초월번역에 가깝다.

초월번역은 인터넷 용어인데 의역 중에서도 '과감한' 의역을 말한다고 생각하면 되겠다. 사람들에게 많이 회자하는 초월번역 중에서는 너무 과감해서 오역이라고 할 만한 것들도 있다. 오역이냐 아니냐의 문제는 '원작자의 의도(메시지)'를 훼손, 왜곡했느냐의 여부이다. 직역이냐 의역이냐 초월번역이냐의 문제는 '표현'의 문제이다.

초월번역이라 불리지만 실제로는 오역이라고 볼 만한 것들도 있다. 대표적인 사례로는 모 이동통신사의 광고영상에서 1925년 노벨상을 받은 극작가 버나드 쇼의 묘비명을 (아마 의도적으로) 오역한 사례를 들 수 있다.

버나드 쇼의 묘비명은 다음과 같다고 한다.

'I knew if I stayed around long enough, something like this would happen.'

'충분히 오랫동안 떠나지 않고 있으면, 이와 같은 일이 발생하리라 난 알고 있었다'가 원문에 충실한 번역에 가깝다. 쉽게 말해 지금은 안 죽고 살아있더라도 언젠가는 죽게 된다는 의미로 보인다.

하지만 '우물쭈물하다 내 이럴 줄 알았지'라는 번역의 메시지는 뭔가 결단을 내리지 못한 상황을 아쉬워하는 의미라서 원문의 표현뿐만 아니라 화자의 의도 또한 다르게 전달했다고 생각한다.

영상번역에서 문제가 되는 경우는 '오역'을 '의역'이라고 주장하는 경우가 종종 있다는 사실이다. 과거에는 지상파 방송에서 외화를 많이 방영했는데 대부분 자막번역보다 더빙번역이 많았던 관계로 영상번역가가 오역을 하더라도 확인할 방법이 없었다.

더빙보다 자막이 대세가 된 지금도 원작자의 의도나 메시지를 훼손하는 번역이 꽤 나오고 있는데, 업체들이 '정확한' 번역에는 큰 관심이 없고 '재미있는' 번역에 목말라하기 때문이다. 하지만 점점 상황이 변하고 있다.

❀ 직역(엄밀히 말하면 '충실성')의 비중이 느는 추세

예전과 달리 지금은 영어를 잘하는 시청자들도 많아서 '과도한' 의역을 삼가 달라고 얘기하는 업체들도 점점 많아지고 있다. 원작의 어감과 표현을 최대한 살린 번역을 시청자들이 갈수록 원하고 있기 때문이다. 이런 추세 때문에 자막에 들어가는 글자 수도 조금씩 늘어나고 있다.

처음에 말했지만, 영상번역가들은 제약 때문에 자유롭다고 했다. 글자 수라는 제약이 한두 글자이긴 하지만, 줄어들면 그만큼 재량의 여지도 같이 줄어든다. 예전 같으면 그냥 빼고 말았을 표현도 '한 번 더' 뺄지 생각해볼 필요가 있는 것이다.

VOD(Video On Demand) 서비스가 점점 늘고 있는 것 또한 직역의 비중이 늘어나는 추세에 한몫을 하고 있다. 왜냐하면, 주문형 비디오 서비스인 VOD는 능동형 서비스이다. 즉, 시청자들이 자기가 관심 있어 하고 보고 싶은 비디오를 주문(다운로드나 스트리밍)해서 본다. 당연히 '원작'을 수동형 서비스인 일반적인 케이블TV 시청자들보다 좀 더 제대로 알고 싶어 하고 느끼고 싶어 한다.

❋ 모든 번역이 번역가의 몫은 아니다

상업영화의 경우에는 충실성을 강조하는 사례가 점점 많아지고 있긴 하지만, 그래도 워낙 흥행이 중요하다 보니 '재미난 번역'에의 유혹을 떨치지 못하는 경우가 더 많다고 하겠다.

그런데 번역가는 대중에게 이름이 드러나는 직업이다 보니 의도와 달리 비난을 받는 경우도 많이 생긴다. 인터넷에 몇몇 유명 영상번역가의 이름을 쳐보면 특정 오픈사전에서 '한국의 발 번역가'라고 소개되는 경우도 있고, 오역 사례를 상세히 나열해놓은 경우도 많이 발견할 수 있다. 물론 오역이 있으면 번역가가 비난받을 수 있다. 충분히 이해하고 감수해야 할 부분이다. 그런데 문제는 '과도한' 인신공격으로 이어지거나 실제로는 번역가가 한 일이 아닌데도 '억울하게' 비난을 듣는 경우가 있다. 대표적으로는 예고편 번역과 제목 번역이다.

영화 예고편은 광고 목적이 큰 이유로 튀는 번역이 많다. 또 결정적으로 예고편 번역은 본편을 번역한 번역가가 아닌 다른 사람이 번역하는 경우가 많은데도 일반인들은 그런 메커니즘을 잘 모르기 때문에 일단 이름이 드러나는 번역가부터 공격하는 일이 잦다. 또 제목은 영화 투자배급사나 영화사에서 번역가가 번역한 제목을 '참고'해서 정하는 것이라 번역가의 몫도 아니다. 제목 또한 흥행 때문에 영화 관계자들이 튀게 번역하는 일이 많다. 그런데도 욕은 번역가의 몫이다. 여간 억울한 일이 아닐 수 없다.

워너 브라더스의 자회사인 DC 코믹스 작품을 토대로 만든 〈수어사이드 스쿼드(Suicide Squad, 2016)〉는 '페미니즘'이라는 거대한 사회 조류 속에서 영화 예고편에 나온 '오빠'라는 단어 때문에 홍역을 치렀다. 왜 굳이 할리퀸이라는 여자 주인공이 말하지도 않은 '오빠'라는 단어를 사용했냐는 논란이었다.

사실 영화나 드라마 번역은 배급사나 방송사, 번역가, 관객이나 시청자까지, 이 모든 사람이 짜고 치는 고스톱이다. 그런데 '번역'이 만들어지는 제작, 배급 시스템이나 사회 전반에 걸친 차별적 언어습관이 아니라 '번역가'에게만 초점이 맞춰져서, 번역가들끼리 하는 얘기로 번역가가 "다 덮어쓰는" 경우가 가끔 발생해서 안타깝다. 이렇게 얘기하면 가재는 게 편이라고 욕 들어 먹겠지만, 과부 설움은 홀아비가 잘 아니 이렇게라도 한마디 거들 수밖에.

- 〈월간 책 Chaeg〉 No. 19 / opinion

'전문번역가가 바라본 보이콧 사태: 할리퀸과 오빠생각 (기고: 최시영)'에서 발췌

❋ 정답은 없다, 하지만 원칙은 있다

번역에 정답이 없다는 말이 맞다면, 결국 의역과 직역에 관한 논쟁도 어떤 정답이 있는 것이 아니라 그때그때의 선택 문제에 불과하다.

하지만 번역가가 최종 선택하는 표현은 직역일 수도 있고, 의역일 수도 있지만, 원칙은 있다. 바로 충실성이 있고 나서 가독성이 있는 것이며, 직역이 있고 나서 의역이 있는 것이다.

가능하면 원작자의 표현과 문장 구조를 살리도록 해보고, 그게 여의치 않을 때, 즉 가독성을 위해 의역을 해야 한다. 다만 헷갈리지 말아야 할 것은 기계적인 대치어(예를 들어, 사전의 제일 처음 나오는 단어가 원뜻인 줄 착각하는 경우) 사용이나 품사의 기계적 대응은 오역이나 역자의 미숙함을 드러낸다는 사실이다.

" In the book of life, the answers aren't in the back. "
- Charlie Brown

인생의 책에는 정답이 뒤에 나와 있지 않거든.
- 찰리 브라운

장르별 번역 시 유의할 점

❋ 용어부터 다르다

영상물의 장르별로 쓰이는 말이 다르다.

 다큐멘터리는 다큐멘터리 주제에 따라 용어가 다르며, 드라마 또한 장르가 원래 의미의 드라마인지 판타지인지, Si-Fi인지 등에 따라 용어가 달라진다.

 또 같은 장르이더라도 연애물인지 수사물인지 법정물인지 정치물인지 밀리터리물인지 등에 따라 또 달라진다.

 번역된 작품의 용어를 통해 해당 번역가가 얼마나 작품을 제대로 이해하고 있는지, 전문성을 갖추고 있는지, 전문적 지식이 없다면 검색이나 자문 등을 통해 얼마나 세심하고 정확하게 번역하려 했는지 등을 가늠할 수 있다.

 장르별 유의사항을 중심으로 설명해본다.

❋ 다큐멘터리

 사실 다큐멘터리는 영상번역가들에게 환영받는 장르는 아니다. 물론 다큐멘터리를 좋아하는 영상번역가들도 있지만 대체로 일감으로서는 좋아하는 비율이 낮다. 그래서 일반 드라마보다 다큐멘터리 번역료가 약간 더 높다.

영상번역가들이 다큐멘터리를 좋아하지 않는 이유는 자료조사에 시간과 노력이 많이 들기 때문이다. 프리랜서에게 시간과 노력은 곧 돈이나 마찬가지이다. 또 하나 이유를 들자면, 드라마는 애초에 '재미'를 위해 만들어서 '아주 재미없기'가 힘들지만, 다큐멘터리는 '정보 전달' 요소가 강해서 아주 재미없는 경우도 자주 생기기 때문이다.

다큐멘터리는 분야도 다양하고 번역 용어도 광범위하다. 세상에 태어나서 처음 듣는 단어들도 있다. 예를 들어, 발레에 관한 다큐멘터리를 번역하다 보면 크로아제(croise)나 드방(devant), 에파세(efface) 등의 불어 용어를 알아야 한다. 또 천문학 관련 다큐멘터리를 번역하려면 절대 등급(Absolute Magnitude), 폭발운성(Bolide) 등의 개념도 이해해야 한다.

드라마는 이렇게까지 깊게 전문영역을 다루는 경우가 거의 없다. 의학 드라마나 법정 드라마도 전문영역을 살짝 다루는 것이지, 수술 방법을 전문적으로 자세히 설명하거나, 소송절차를 판례와 학설 대립을 따져가며 설명하지는 않기 때문이다.

그나마 〈동물의 왕국〉 같은 다큐멘터리는 양호하다.

파충류나 양서류 이야기는 시각적으로 좀 별로일 수도 있는데, 포유류나 조류 등의 이야기는 재미도 있고, 무엇보다 동물들은 아무 말도 하지 않는다. 내레이션도 다른 분야에 비해 한결 느긋하다.

❋ 의학물

의료기관이나 의료인의 직업적 특성을 배경으로 하는 메디컬 드라마(예: 로열 페인즈)도 전문용어가 많이 나온다. 사실 의학 용어는 전직이 의료계통이 아니라면 거의 구글과 네이버의 도움을 받아야 한다. 그러나 아무리 메디컬 드라마라도 의학 용어 비중이 아주 높지는 않다. 왜냐하면, 주된 내용은 수술이 아니고, 수술 과정이나 병원생활에서 벌어지는 사랑이나 우정, 인간관계 이야기이기 때문이다.

메디컬 드라마는 선입견과는 달리 오역 시비도 의외로 많이 없다. 오역은 '어중간하게 아는 상태'에서 많이 발생한다. 의학 용어는 '전혀' 모르는 상태인 경우가 많아서 영상번역가들이 '성실하게' 빼놓지 않고 검색하며, 혹시 모르니까 여러 번 확인도 한다.

물론 〈하우스〉처럼 의학 용어가 엄청나게 많이 나오면 검색에 많은 시간이 걸리니까 부담스럽긴 하지만, 그래도 의학물은 재미있고 인기 있는 작품들도 많고 유명 드라마도 많아서 영상번역가들이 볼 때 도전해볼 만한 장르라고 하겠다.

❋ 법정물

의학 드라마를 설명하면서 오역이 '어중간하게 아는 상태'에서 많이 발생한다는 얘길 했다. 법정물이 대표적이다. 왜냐하면, 의학 용어는 라틴어나 영어가 많아서 정확한 뜻을 검색해 보지만, 법률용어는 우리나라 말이니까 영상번역가 자신이 정확한 뜻을 알고 있다고 오해하기 쉽기 때문이다.

하지만 법률용어는 까다로워서 항소와 상고가 다르며, 각각과 각자가 다르고, 피고와 피고인도 다르고, 판결과 결정도 그 뜻이 다르다.

법정 드라마에서 가장 많이 나오는 용어는 'your Honour'이다. 뭐라고 번역해야 할까?

영상번역가들이 보통 '판사님'이라고 많이 번역하는데, 용례가 조금 다르다. 물론 딱 맞아 떨어지는 우리나라 말이 있는 건 아니다. 다만, 가장 가까운 말을 찾는 데 의의가 있다.

일단 'your Homour'라는 말이 통상 재판정에서 판사를 공식적으로 높여 부르는 말이라는 것을 알 수 있다. 또 가까운 자리에서 판사를 부를 때는 'your Homour'라는 말도 쓰지만 'judge'라는 말도 병행해서 쓴다.

그럼 우리나라 법정에선 어떨까?

우리나라의 경우 '판사'라는 말과 '재판장'이라는 말을 구분한다. 예를 들어, 3명의 판사가 재판하는 합의부의 경우 그중 1인(대개 선임자)이 '재판장'이 되어 소송지휘를 한다. 단독심인 경우에는 단독 판사가 재판장이 될 것이다. 또 실제 법정에 가보면 재판장을 향해 일반인들이 잘 모르고 '판사님'이라고 호칭하면 '재판장'이라고 부르라고 나무라는 경우도 종종 볼 수 있다. 따라서 'your Honour'라는 말과 완전히는 아니지만, 현재 가장 용례가 '비슷한(의미가 똑같다는 말은 아니다)' 우리나라 말은 '재판장'이라고 하겠다.

이처럼 간단해 보이는 용어조차도 실제로는 번역하기 까다로운 경우가 법정물에 많이 발생한다. 비슷한 사례로 'ADA(Assistant District Attorney)'를 들 수 있다.

일부에서는 '검사'라고 번역해야 한다고 주장하고, 또 다른 일부에서는 '검사보'라고 번역해야 한다고 주장한다. 우리나라의 '검사'와 비슷하긴 한데, 'assistant'라는 말이 붙은 데서 알 수 있듯이 우리나라 검사와는 '엄밀히 따지면' 다르다.

 우리나라 검사는 행정부의 공무원이지만 일반 공무원과는 달리 준사법기관인 검찰청에 소속되어 개개의 검사가 소추권을 행사하는 국가기관(단독제의 관청)으로, 총장·검사장 또는 지청장의 '보조'기관이 아니다. 반면에 미국의 'Assistant DA'나 'Assistant U. S. Attorney'는 법률상 독립한 소추기관이 아니고 법적 신분 또한 지방검사(장) 격인 DA(District Attorney)나 연방검사인 U. S. Attorney의 보좌기관에 불과하다. 하지만 실제로는 권한이 상당히 위임되어있어 하는 일만 보면 우리나라 검사와 상당히 유사하다.

 따라서 결론적으로 말하면, 엄밀한 전문용어를 사용해야 하는 전문서적이나 공식 문서 등에는 '검사보'라는 번역이 좀 더 타당하지만,〈데미지스〉나〈굿와이프〉처럼 일반인들을 대상으로 하는 미드라면 '검사'라는 표현이 더 자연스럽다고 생각한다. '검사보'라고 하면 언뜻 생각하기에 우리나라의 '특별검사의 검사보'처럼 지나치게 고위직으로 생각할 수도 있고, 반대로 '검사시보'처럼 실무 수습과정에 있는 사람인 것처럼 오인할 수도 있기 때문이다.

 너무 어렵나?

 하지만 제대로 섬세하게 번역하려면 자료조사를 제대로 섬세하게 해야만 한다.

 또 counselor라는 말도 your Honour만큼이나 법정 드라마에서 많이 나오는 말인데, 이의 번역도 상황에 따라 달라야 한다. 형사법정에서 피고'인'을 변호하는 변호인('변호사'라고 법정에서 호칭하지 않는다)을 뜻할 수도 있고, 피고'인'을 기소한 검사일 수도 있으며, 민사법정에서 피고를 대리하는 '(변호사 자격을 가진) 대리인'일 수도 있기 때문이다.

한 가지 더, 자주 나오는 오역 중에 'the People'이라는 단어가 있다. 이 말을 일반 시민이나 배심원들을 지칭하는 것으로 오인하는 경우를 종종 발견하는데, '검찰(측)'을 의미하는 것이니 유념할 필요가 있다.

❋ 역사물 / 시대물

역사물이란 고대 그리스로마 시대 이야기나, 중세 기사들 이야기, 근대 혁명기 이야기 등 과거 역사 속 사건을 배경이나 소재로 하여 이야기를 전개하는 영상물을 말한다.

문예비평 영역에서는 시대극과 (역)사극을 분리해서 논의하기도 하는데, 시대극은 시대의 재현과 소재의 나열에 방점이 있다면, 역사극은 인물과 사건의 역사적 의미 등에 중점을 둔다고 구분하는 학자들도 있다. 하지만 일반 시청자들이 구분할 때는 대개 18세기 제인 오스틴 작품을 소재로 만들었거나 19세기 빅토리아 여왕 시대 이후의 작품을 시대극이라고 칭하고, 그 이전의 르네상스 시대나 중세시대, 고대 로마 시대 이야기 등은 역사극으로 칭하는 경우가 많다. 학자들은 시대상을 재현한 코스튬 드라마(costume drama)를 시대극과 구분하지만, 일상생활에서 사람들이 영상물 장르를 말할 때는 코스튬 드라마를 시대극으로 일컫는 경우가 대부분이다.

역사물을 번역할 때 가장 신경 써야 할 사항은 어투다. 의뢰 사항에 일부러 현대물처럼 번역해달라는 내용이 없으면, 예스러운 어투를 사용하도록 해야 한다. 그래야 시청자들이 작품에 더 집중할 수 있기 때문이다. 어투 부분은 그래도 큰 어려움이 없다. 일상생활에서는 잘 쓰지 않지만, TV에서 사극을 많이 봤기 때문에 격식을 갖춘 '하오'체나 '하게'체 구사도 어렵지 않게 할 수 있는 부분이다.

영상번역가들이 헷갈리는 부분은 유럽, 특히 영국 드라마에 나오는 귀족들의 호칭과 경칭이다. 일단 귀족계급을 5가지로 나눈다는 정도는 알고 있어야 한다. 희한하게도 동양의 오등봉작제(5등작)와 비슷하게 매치가 돼서 번역가에게는 다행한 일이다.

1. 공작 : Duke
2. 후작 : Marquess
3. 백작 : Earl / Count
4. 자작 : Viscount
(*영어발음은 '바이카운트'에 가깝다. 비스콘티는 이탈리아 느낌이다.)
5. 남작 : Baron

위의 사람들 중에 공작을 호칭할 때는 'Your Grace'라고 부르고, 나머지 사람들은 'My Lord'나 'Your Lordship'이라고 부른다.

영국의 국민 드라마였던 〈다운튼 애비(Downton Abbey)〉는 로버트 크로울리라는 사람의 후계자를 정하는 문제를 소재로 이야기가 처음에 전개되는데, 로버트 크로울리의 공식 직함은 그랜섬 백작이다. 집사가 백작을 부를 때 'Your Lordship'이라는 표현을 많이 쓰는 것을 알 수 있다.

또 〈공작부인(The Duchess, 2008)〉이라는 영화에서 공작부인인 키이라 라이틀리(조지아나 역)가 랄프 파인즈(공작 역)를 부를 때 'Your Grace'라고 부르던 것을 기억해볼 수 있다.

Sir는 기사들이나 준남작을 호칭할 때 쓰는 말이다. 기사 작위(Kighthood)를 귀족 작위로 착각하는 경우가 많은데, 기사 계급은 귀족이 아니다. 기사 위에 준남작(Boronet)이 있는데, 이 사람들도 마찬가지로 귀족이 아니다. 평민 중에서 가장 높은 작위가 준남작인 것이다.

디자이너 폴 스미스나 비틀즈의 폴 매카트니, 맨체스터 유나이티드의 축구감독인 알렉스 퍼거슨 등이 기사 작위를 받았다.

그런데 공작이나 후작, 백작 등은 작위가 하나만 있는 게 아니고 보조 작위라고 해서 작위가 여러 개다. 공작이면서 어디 백작이기도 하고, 장남이냐 차남이냐에 따라서 아들한테 부여하는 호칭도 다르고, 또 보조 작위에는 정관사 The를 안 붙이는 등 이래저래 복잡하다.

'Your Majesty'는 황제(폐하)나 국왕(전하)을 호칭하는 것이고, 황태자/비나 왕세자/비 등에게는 'Your (Imperial/Royal) Highness'라는 경칭을 쓴다. '저하' 정도로 번역하면 될 것 같다.

그리고 'Sir'는 '경'이고 'Lord'는 '공'이다라고 단순하게 번역을 하는 번역가들도 있는데, 그렇게 딱 어울리는 건 아니다. 상대를 그냥 높이는 존칭으로서 '공'이라는 말을 쓰는 것이라면 기사 계급에도 얼마든지 쓸 수 있는 말이다. 하지만 드라마에서 백작을 보고 '공'이라고 했을 때 '윈저공'이나 '요크공'처럼 공작을 뜻하는 말인 줄 오해할 소지도 있다. 동양의 경우 공과 경을 구분한 사례를 많이 볼 수 있다. 조선 시대를 보면, '3공 6경'이라고 해서 세 명의 의정부 정승은 '공'이라고 했는데, 영의정, 좌의정, 우의정은 오늘날의 수상급 관직이다. '경'은 오늘날 장관급인 육조의 판서를 일컬었다. '각하'라는 호칭도 시대에 따라 의미가 변하듯이 '공'과 '경'이라는 호칭도 그 의미가 일정치가 않다.

예를 들어, 임금이 죽은 사람의 업적을 기려 '~공(예: 충무공, 무의공)'이라는 시호를 내리는데 이때는 공작이라서 그런 시호를 내리는 게 아니다. 또 일반 가정집에서도 누군가 돌아가셨을 때 관에 '~공'이라고 적거나 비석에 '~공'이라고 쓰는데, 이런 경우는 그냥 '친족에 대한 존칭'의 의미이니 괜히 우리 집안이 알고 봤더니 공작 집안이었구나 하면서 괜한 오해를 하면 안 된다.

❋ 밀리터리물

'밀덕'이라는 용어가 있다. '밀리터리 덕후'의 준말인데, 군사 계통의 마니아층을 말한다.

밀리터리물에서 어려움을 겪는 두 가지 부분은 무기체계와 관련한 용어, 그리고 계급체계이다. 그런데 무기체계는 워낙 방대한 부분이라서 조언하기도 좀 모호하다. 인터넷에 여러 자료가 풍부하게 있지만, 어떤 게 과연 신뢰할 만한 정보인지 판단하기가 쉽지 않다. 이 부분은 아무래도 전문적 지식이 필요한 영역이라 쉽게 해결되긴 어렵다.

다만, 영상번역가들이 자주 오역하는 단어 중에 'gun-ship'이라는 것이 있는데, ship이라고 해서 반드시 배라고 생각하면 안 된다. ship은 항공기(특히 수송용 항공기)를 말하는데, 기관총 등으로 무장한 헬기나 경우에 따라서는 공격헬기, 또 공격기 등도 gun-ship이라는 표현을 쓴다. 영화에 정확히 어떤 기종인지 파악을 하는 게 가장 좋고, 도저히 파악이 안 되면 '무장 항공(기)' 정도로 번역하는 수밖에 없다.

계급체계는 무기체계보다는 관심을 가지고 검색을 하면 쉽게 알 수 있다.

그런데 몇 가지 유의할 사항이 있다.

첫째, 시대에 따라 계급체계가 상이할 수 있다는 사실이다. 예를 들어, 제2차 세계대전 때는 미군에 이등병 계급이 따로 존재하지 않았다는 사례 등이 이에 해당한다.

둘째, 나라마다 계급체계가 다를 수 있다. 간단한 예로, corporal의 경우 미군은 병사 계급이지만, 영국군에서는 부사관 계급에 해당한다. 왜냐하면, 영국군은 병사들 계급을 private 하나만 규정하고 있어서 sergeant 아래 계급이지만 영국군의 경우는 병사로 보기 힘들다.

셋째, 군마다 계급이 다른 경우가 있다. 우리나라는 현대에 와서 식민지에서 독립한 후 계획에 따라 군대를 창설한 사정상 육·해·공군 및 해병대 모두 같은 계급체계를 사용하지만, 유럽이나 미국의 경우는 군대가 창설된 역사가 길고 복잡하기 때문에 군마다 계급체계가 다르다. 그나마 공군의 경우는 비교적 현대에 들어와서 육군에서 분화한 관계로 육군과 큰 차이를 보이지는 않으나 해군의 경우는 상당히 다르다. 예를 들어, 미군을 다룬 영화나 드라마에서 captain이라고 호칭할 경우 육군과 공군, 해병대에서는 대위 계급에 해당하지만, 해군의 경우는 대령에 해당한다. 그런데 '함장'이라는 뜻도 있으므로 군함 안에서 captain이라고 부른다고 다 대령은 아니다.

도대체 어떻게 하란 말이냐고? 계급장을 보고 판단하는 게 제일 낫다.

특히 sergeant이라는 말을 번역할 때는 계급장을 유심히 보자. 그냥 단순하게 '병장'이라고 번역하다가 감수 과정에서 지적을 받는 사례가 빈번하다.

그런데 번역가가 밀리터리 마니아를 넘어서기는 사실 쉽지 않다. 또 밀리터리 덕후들도 군사물이 어렵다는 사실을 알고 있기 때문에 말도 안 되는 오역이 아니면 어느 정도의 부적절한 표현은 그냥 넘어가는 경우도 많다.

순수한 '덕질' 덕분에 세상의 지식창고가 풍성해진다. 번역가들도 도움을 많이 받고 있다.

❋ 수사물

인기 있는 미국 드라마의 상당수가 수사물이다. 범죄, 마약, 폭력 등 인간 무의식 속에서 벌어지는 갈등을 해소하는 역할을 드라마가 일정 부분 하고 있다.

수사물을 번역하려면 상당 수준의 배경지식이 있어야 한다. 물론 구글과 네이버를 통해서 번역에 필요한 지식은 거의 다 찾을 수 있다. 영상번역가들이 번역하면서 자주 부딪히는 문제는 경찰 계급과 직책명이다. 군대 계급과 마찬가지로 우리나라와 딱 맞아떨어지는 것이 아닌데다가 우리나라는 단일한 국가경찰조직(*제주도의 경우는 현재 제주지방경찰청이 국가경찰로서 존속하면서 위생, 관광 등 일부 영역에 국한하여 자치경찰제가 운용되고 있다)을 운용하고 있지만, 미국은 연방정부에 경찰권이 없고(예외적인 특별 경찰조직이 그 유명한 FBI다) 각 주에 경찰권이 있다 보니 계급과 직제가 주마다 다르다. 따라서 번역을 하게 되면 LA면 LA, 뉴욕이면 뉴욕 등 해당 도시나 주의 경찰조직 정보를 검색해야 한다. 예를 들어, 우리나라 경찰청에선 경위의 영문 표기를 Inspector로 표현하지만 미국의 경우는 주에 따라 Inspector가 경위가 아닌 경감 상당의 계급인 경우도 많다.

법정물의 'you Honour'만큼이나 수사물에 많이 나오는 말이 'Detective'이다. 주에 따라 계급을 의미하는 경우도 있겠지만, 대부분은 제복을 입는 부서(Uniform Division)가 아닌 사복을 입고 수사하는 경찰들을 말한다. 우리나라로 치면 '형사'와 비슷하다. 군대의 장교들을 보면 보병이니 포병이니 병참이니 하면서 병과를 구분하는데, 경찰도 마찬가지로 경과라고 해서 일반, 수사, 보안, 특수 등으로 분야를 구분한다. 이 경과 중에서 수사경과는 2005년부터 독립된 인사시스템으로 운영하고 있는데, '형사'는 계급을 의미하는 게 아니고 수사경과를 가지고 수사부서에서 사건수사를 하는 경찰을 의미한다는 게 서울경찰청의 입장이다. 하지만 수사경과가 아닌 정보형사, 보안형사 등도 형사로 호칭하기 때문에 넓은 의미의 형사는 주로 '사복'을 입고 수사 업무를 담당하는 경찰을 말한다고 보면 되겠다.

〈뉴 블러드(New Blood)〉라는 드라마를 보면 다음과 같은 대사가 나온다.

Sergeant   Tell me something, Arrash.
                Why did you want to be a policeman?
Arrash   I don't want to be a policem
                I want to be a detective.

이처럼 같은 경찰이더라도 '관념상'으로는 범죄의 예방활동이나 행정업무 등을 담당하는 행정경찰과 이미 발생한 범죄의 수사를 담당하는 사법경찰(수사형사가 대표적임)을 구분하고 있다.

 또 '경찰'이라고 하는 집합적 의미로 쓸 때는 'the police'라고 정관사를 붙이는 게 일반적이고, 경찰관만 별도로 호칭할 때는 police officer라고 표현한다. 그런데 경찰을 나타내는 이런 표현 외에도 pig, popo, the fuzz, Five-O 등의 은어나 비어가 수사물이나 범죄물에서 자주 쓰이고 있다.

❋ 기타 범죄물

범죄(Crime)물에는 형사들이 범인을 추적하는 내용을 주로 다루는 수사물도 있지만, 범죄자들이 주인공이 되어 이야기를 전개해나가는 시리즈들도 있다. 예를 들면, 범죄 스릴러 드라마인 〈브레이킹 배드(Breaking Bad)〉나 범죄 코미디 드라마인 〈위즈(Weeds)〉 등이 이에 해당한다.

 이런 기타 범죄물의 주요 소재는 마약이다. 그런데 우리에게는 무척 생소한, 거의 뉴스나 영화에서나 볼 법한 소재다.

 왜냐하면, 우리나라는 유엔이 정한 '마약청정국'이기 때문이다. 인구 10만 명당 마약사범이 20명 미만이면 청정국 지위를 부여받는데, 최근에는 우리나라도 마약사범이 늘어서 청정국 지위가 위태위태한 상태다. 걱정이 아닐 수가 없다.

 그럼 마약과 관련한 표현들을 살펴보기로 하자.

 일단 '마약청정국'이라는 말부터 알아보면, '청정국'은 '-free nation'

이라고 하면 된다.

 그러니까 비핵보유국이면 'nuclear-free nation', 결핵청정국이면 'TB-free nation' 이런 식으로 쓰인다. 마약청정국은 'drug-free nation'이다. 하지만 마약청정국 얘기는 미국과는 한참 먼 이야기라서 미국 드라마에 잘 나오는 표현은 아니다.

 잘 나오는 표현 중 하나는 '마약사범'인데, 'drug offender(s)'라고 표현된다.

 미국 방송 네트워크인 쇼타임(Showtime)의 인기 드라마 제목이기도 한 'weeds'는 잡초를 의미하기도 하고, 미망인이 입는 상복이나 팔 같은데 두르는 상장 같을 것을 의미하기도 한다. 〈위즈〉라는 드라마에서 주인공이 미망인이다보니 중의적 표현으로 쓰인 것 같다. 왜냐하면, 불가산명사로 쓰이는 'weed'는 속어로 대마초를 말하기 때문이다. '마리화나'라고도 한다. 대마라는 식물에서 얻는 물질이다.

 우리나라의 경우 중독성이 약하다는 이유로 마약류로 단속하는 데 반대하는 의견도 있지만, 헤비한 마약류로 가는 루트가 될 우려가 커서 단속을 해야 한다는 의견이 더 많은 지지를 받고 있다.

 참고로 대마하고 양귀비하고는 다른 식물이다. 의외로 헷갈리는 사람들이 많이 있는데, 대마(hemp)는 삼베를 만드는 재료다. 물론 대마초도 만들고, 헤시시인가 하는 것도 대마로 만든다고 한다.

 양귀비(poppy)는 붉은 꽃으로도 유명하고, 시적 표현에도 자주 등장한다. 또 제1차 세계대전에 참전한 전몰장병을 기릴 때도 양귀비를 형상화해서 추념한다. 영국이나 캐나다 등에서는 전쟁이 끝난 날인 1918년 11월 11일(그리고 11시)을 '리멤버런스 선데이(Remembrance

Sunday: 11월 11일에 가장 가까운 일요일)' 또는 '리멤버런스 데이(Remembrance Day)'라고 해서 우리나라의 현충일처럼 기념하고 있다. 이날을 다른 말로 '포피 데이(Poppy Day)'라고도 한다. 제1차 세계대전 100주년을 기념하여 2014년 BBC에서 방영한 영국 드라마 〈크림슨 필드(The Crimson Field)〉는 1915년의 프랑스를 배경으로 영국군 야전 병원에서 벌어지는 이야기를 그리고 있는데, 이때 Crimson은 진홍색 피의 색깔을 상징하고 양귀비의 붉은 빛깔과 비슷하다. 양귀비는 아편과 몰핀을 만드는 원료다. 헤로인도 양귀비로 만든다고 한다.

관상용으로 키울 수 있는 개양귀비하고 그냥 양귀비하고 다르다는데, 털이 있느냐 없느냐로 구분한다고 한다. 자세히 알 필요는 없을 것 같다.

마약류 중에 히로뽕도 있다. 이건 일종의 약품이다. 향정신성 의약품으로 화학합성물이니까 대마나 양귀비 같은 식물은 아니라는 점을 기억하면 된다.

영상번역을 하다 보면 별 이상한 것까지 다 알게 된다.

❋ 첩보물

수사물만큼은 아니지만, 첩보물도 꽤 많은 인기를 누리고 있는 장르이다. 미국은 CIA라는 세계 최고의 첩보기관을 보유하고 있기 때문에 CIA 요원들을 주인공으로 하는 영화와 드라마가 많이 만들어지고 있다. 수사물에 FBI가 있다면, 첩보물에는 CIA가 있는 것이다.

그런데 최근에는 DHS(국토안보부)나 NSA(국가안보국) 사람들도 자주 드라마에 나타나고 있다. 일단 약어와 하는 일부터 정리해 보자.

국토안보부(DHS: Department of Homeland Security)

- 테러 및 재난 방지를 주된 목적으로 이민국, 교통보안국, 연방비상관리청 등 많은 연방기관을 통합한 기관으로 911테러 이후 '국토안보국'을 격상시킨 것이다. CIA와 FBI 등은 국토안보부에 흡수되지 않고 독립하여 활동한다.

국가안보국(NSA: National Security Agency)

- 미 국방부 소속의 정보수집 기관으로 시진트(SIGINT: signal intelligence)라고 하는 신호정보(음성, 영상 등)를 수집한다. 쉽게 말하면 통신을 감청하거나 위성으로 영상을 촬영하여 정보를 획득하는 일을 한다.

중앙정보국(CIA: Central Intelligence Agency)

- NSA가 위성 등의 첨단장비를 이용해 신호정보를 수집하는 반면에 CIA는 휴민트(HUMINT: human intelligence), 즉 인적 네트워크를 통한 정보를 수집한다.

연방수사국(FBI: Federal Bureau of Investigation)

- 국내 보안, 대테러 문제를 다루는 법무부 산하 연방수사기관이다. 연방법 위반 범죄 등도 수사하기 때문에 수사물에서도 자주 볼 수 있는 기관이다.

영국 정보기관

- MI6와 MI5가 있다. MI6는 과거 군사정보국 제6과(Military Intelligence

section6)였던 데서 유래한 별칭이고 정식 이름은 비밀정보국(SIS: Secret Intelligence Service)이다. 미국의 CIA에 대응한다. MI5는 미국 FBI와 마찬가지로 국내 문제를 다루는 조직으로 정식 이름은 보안정보국(SS: Security Service)이다. 영국의 정보통신본부(GCHQ)는 미국의 NSA와 유사한 역할을 담당한다.

대문자로 된 약어를 쓰기도 하지만, 실제 영화나 드라마를 보면 Homeland, Langley, Bureau 같은 말도 많이 쓴다. 각각 국토안보부, 중앙정보국, 연방수사국의 별칭이다. 언제나 하는 얘기이지만 맥락을 잘 따져야 한다. 버락 오바마 미국 대통령도 시청한다고 알려진 쇼타임(Showtime)의 첩보드라마 〈홈랜드(Homeland)〉는 국토안보부 얘기가 아니라 CIA 이야기이다. 여기서는 '고국'이라는 의미로 쓰인 것 같다. 왜냐하면, 시즌1이 알카에다에 감금되었던 미군이 구출되어 고국으로 돌아온 뒤 벌어지는 이야기를 담고 있기 때문이다. Langley는 CIA 본부가 있는 지명(버지니아 주 소재)이다. 현재 외래어 표기법상으로는 '랭글리'로 되어 있지만, 실제 발음은 '랭리'에 가깝다. Bureau는 FBI에서 'B'에 해당하는 말이다. '관료들이 어쩌고저쩌고'하는 식으로 오역이 많이 나오는 단어 중 하나이다.

✺ 어드벤처 / 판타지

어드벤처나 판타지 장르는 역사적 배경이 과거인 경우가 많다. 따라서 모르는 단어가 나와 사전을 찾게 되는 경우라면 꼼꼼히 찾아야 한다.
예를 들어, 'mortar'라는 단어에는 절구라는 뜻도 있지만 '박격포'라는 의미로도 사용된다. 하지만 제1차 세계대전 이후라면 '박격포'라는 말이 어울리겠지만, 중세시대나 근대라면 '박격포'라는 말은 어색하다. '구포(臼砲)'라는 표현을 쓰거나 상황에 따라 '성벽 분쇄기' 등의 표현도 고려해볼 만하다. 만약 배에서 사용되는 경우라면 '포'가 아니라 '구명줄 발사기'일 가능성도 크다. 따라서 역사물을 번역할 때와 마찬가지로 시대에 맞게 고증된 단어를 사용할 필요가 있다.

또 해적물 등을 보면 '~'s mate'라는 말도 자주 나오는데, 항상 '누구의 친구나 동료'를 의미하는 건 아니다. 항해사를 mate라고 부르기도 하고, 전문직업과 같이 쓰이면 해당 직업의 조수라는 의미로 쓰이기도 한다. 예를 들면, 'a carpenter's mate'라고 했다면 확률상으로는 '목수의 친구'라기보다는 '목수의 조수'나 '(과거 함선의) 목수부나 선체 수리부 부원'일 가능성이 더 높다고 하겠다.

✽ 시트콤 / 가족물 / 연애물 / 애니메이션

언어의 마술사들이 주로 활동하는 장르들이다. 일상적인 대화가 주를 이루기 때문에 특별한 전문지식이 필요하다기보다는 언어적 감각을 최대한 동원해서 어감과 유머, 풍자 등을 잘 살리는 것이 관건이다.

초월번역과 명대사가 제일 많이 나오는 영역이기도 하다. 영상번역가의 진면목이 이 가벼운 장르들에서 드러난다는 의견도 많다. 비슷한 번역인데도 미세한 어구 하나, 미세한 조사 하나에 '말맛'이 달라진다. 다음은 넷플릭스의 인기 오리지널 시리즈인 〈언브레이커블 키미 슈미트(Unbreakable Kimmy Schmidt)〉에 나오는 대사이다.

There's a girl here who looks like
Wendy's Old Fashioned Hamburgers.

맥도날드 광대처럼 입은
여자가 찾아왔는데요

　웬디스(Wendy's)는 미국 햄버거 브랜드인데, '핵심이 뭔데?'라는 표현인 'Where is the beef ?'도 웬디스의 광고 카피에서 유래했다. 웬디스 로고가 '말괄량이 삐삐'나 '빨강머리 앤' 비슷한 얼굴이다. 드라마의 주인공인 엘리 켐퍼(키미 슈미트)가 비록 머리를 양 갈래로 땋지는 않았지만, 전반적인 패션이나 분위기가 평범하지가 않다 보니 영어 대사에서 웬디스의 옛날 햄버거 스타일이라고 한 것 같다.
　하지만 사실 웬디스는 우리나라에선 낯선 브랜드이다. 우리나라에도 90년대 초반에 들어왔지만 90년대 후반에 철수했다고 한다. 파파이스의 케이준 통버거를 좋아하는 사람들도 파파이스(Popeyes)가 '뽀빠이 가족들'이라는 의미인 것까지는 잘 모를 것이다. 하물며 웬디스 로고는 더 알기 힘들어서 아마 영상번역가가 언어적 재능을 발휘한 것 같다. 사실 이런 번역은 용기가 필요하다. 찬사도 받을 수 있지만, 왜 원문을 (기계적으로) 살리지 않았냐는 비난을 들을 수도 있기 때문이다. 그러니까 예를 든 번역은 언어적 감각이 뛰어나고 용기 있는 번역가가 번역하지 않았을까 짐작해본다. 노란색 카디건에 꽃무늬 같은 땡땡이 프린트 셔츠, 분홍색 바지를 입고 맹하고 순수한 표정을 짓고 있는 키미 슈미트의 모습을 본다면 저자의 생각에 동의할 것이다.

❈ 쌍둥이별 같은 번역

번역가들에게 언어표현이란 너른 들판에 펼쳐진 들꽃, 그리고 밤하늘에 촘촘히 박힌 별들이다. 번역가들은 무수한 그 표현들 사이를 헤집고 다니다가 적당하다 싶은 표현 몇 개를 골라서 언어의 천칭에 무게를 달아보고 원어와 가장 비슷한 무게의 말을 '선택'하는 일을 한다.

모국어가 아닌 언어를 완전히 이해할 수 있을까? 완전히 무게가 똑같은 표현을 찾아낼 수 있을까? 없다. 불가능하다.

그래서 세르반테스는 "번역이란 뒤집어 놓은 양탄자 같은 것"이라며, 무늬는 살아있지만, 본래의 빛깔과 아름다움은 퇴색해버린 아쉬움을 말했고, 조아샹 뒤 벨레(Joachim Du Bellay) 같은 16세기 프랑스 시인은 당시의 이탈리아 격언을 인용하여 "번역은 반역(Traduttore, Traditore)"이라고 한탄했는지 모르겠다.

독일 철학자 슐레겔은 이 말을 다시 인용하면서 "번역이라는 사생결단의 결투 속에서 번역되는 사람, 번역하는 사람 둘 중 하나는 죽기 마련"이라고 번역가 입장에서는 너무나도 섬뜩한 예언을 하기도 했다.

하지만 완전히 원어를 옮기지 못한다 해도 번역은 존재한다.

> But we can still love them - we can love completely
> without complete understanding.
> - the line of Rev. Maclean, 〈A River Runs Trough It〉

> 그러나 우리는 여전히 사랑할 수 있습니다. 완전히 이해하지
> 못하더라도 완전히 사랑할 수는 있습니다.
> - 맥클레인 목사의 대사, 영화 〈흐르는 강물처럼〉에서

감수와 검수

❋ 감수라는 말, 검수라는 말

원래의 뜻은 다르지만 혼용해서 쓰이는 말들이 많다. 영상번역가들 또한 감수와 검수라는 용어를 혼용해서 쓰는 경우가 빈번하다. 하지만 단어의 원래 용례대로 쓴다면, 감수라는 말은 주로 책이나 영상물의 내용 등을 점검하고 살필 때, 검수라는 말은 물건의 수량이나 규격 등을 확인하는 경우에 쓰는 게 맞을 것이다.

영상번역은 물건이 아닌 정신작용인데 이를 검수한다는 것이 좀 어색하게 들리긴 하나, 프로덕션 등에서 '검수 아르바이트생'들도 종종 모집하곤 한다. 출판번역의 '교정교열' 작업과 유사한 일을 한다고 생각하면 된다. 주로 띄어쓰기를 비롯한 맞춤법, 자막 지속시간(듀레이션), 최대 글자 수(바이트) 초과 여부, 타임코드의 정확성 등을 체크하는 일이다. 검수라고 하지 않고 QC라고 부르는 곳도 있다.

영상번역 감수라고 하면, 의사가 의학 드라마 번역의 사실성에 관해 조언한다든지, 경영학자나 경제학자가 경영경제 다큐멘터리 번역용어 등을 점검하는 등이 사례가 될 터인데, 실제로 이런 형태의 감수가 진행되는 경우는 드물다. 일반적으로 영상번역 업계에서 감수라고 부르는 일은 위에서 말한 자막검수를 포함해서 오역을 찾아내고 표현을 자연스럽게 바꾸는 일 등을 말한다.

 프로덕션에서는 검수라는 용어를, 영상번역가들은 감수라는 용어를 좀 더 선호하나 의미하는 바는 거의 동일하다.

❋ 교정교열은 전문영역

교정교열을 맞춤법 틀린 곳 찾기, 오탈자 찾기 정도로 가볍게 생각하는 경우가 많은데, 실제로 교정교열은 거기서 끝나는 게 아니다. 번역가가 해석만 달랑 한다면 아르바이트생과 차이가 없을 것이다. 전문 번역가가 필요한 것은 번역문의 표현이 다르기 때문이다.

 마찬가지로 교정교열도 맞춤법이나 오탈자, 비문 등을 찾는데 그치는 게 아니라 '어느 선까지' 비표준어를 허용할 것인지, 어떤 식으로 고칠 것인지, 심지어 내용의 이상은 없는지 까지도 살펴서 저자, 역자, 편집자, 기자에게 의견을 제시하는 일을 한다. 신문사의 경우 교열부장이면 상당히 높은 직책이다. 전문성을 그만큼 인정한다는 의미이다. 반대로 취재기자나 편집기자가 교열을 하는 신문사들도 많이 있다. 이는 교열을 너무 간단하게 생각하기 때문인데, 특히 인터넷으로 기사를 빨리 내보내는 곳들은 외주 교열자도 두지 않는 경우가 많다.

 외주든 외주가 아니든 간에 교정교열 전문가가 신문이나 도서 제작 프로세스에 관여하는 것과 관여하지 않는 것은 큰 차이를 낳는다.

❋ 감수작가

사실 감수자라는 말은 일상적으로 통용되는 말이지만, 감수'작가'라는 말은 생경하게 들릴 수도 있다. 왜냐하면, 통상 편집자라고 하지, 편집작가라는 표현은 잘 쓰지 않는 것과 같은 맥락이라고 할 수 있다. 이렇게 다소 생경한 '감수작가'라는 용어가 대다수는 아니지만, 많은 영상번역가들이 사용하는 이유는 크게 세 가지 정도를 생각해 볼 수 있다.

첫째는 영상번역 감수자의 상당수가 영상번역작가이기 때문이다. 전문지식을 활용한 내용감수보다는 자막이라는 영상번역 형식에 맞는지 아닌지와 해석오류 등을 체크하는 형식검수를 하는 일이 많다 보니 아무래도 영상번역 특징을 잘 알고 해당 언어에 밝은 영상번역가가 영상번역 감수자에 적격인 때가 많다.

둘째는 어쨌든 '언어'를 다루는 일이다 보니, 광의의 작가 개념에 포함될 수 있겠다는 생각이 들 수도 있겠다. 예를 들어, 언론사를 보면 실제 취재 업무를 하지 않는데도 불구하고 편집기자, 교열기자 등의 용어를 쓰는 것과 비슷하다.

셋째는 영상번역 업계에서 점점 감수자의 역할이 중요해지는 것과 무관하지 않다. 번역의 '안정적인' 공급을 원하는 프로덕션 입장에서는 개별 번역가와 거래하는 것보다 (실력 있는) 번역가 풀을 보유하고 있는 번역회사와 거래하는 것이 관리 면이나 특히 대량물건(많은 에피소드와 시즌으로 구성된 드라마 등)을 처리하는 데 있어 유리하다. 예를 들어, 프로덕션의 PM(프로젝트 매니저)으로서는 10명의 번역가를 관리하는 것보다 1명의 번역회사 매니저와 업무협조 및 조율을 하는 것이 훨씬 편하기 때문이다. 또 넷플릭스의 경우처럼 한꺼번에 전체 에피소드나 전체 시즌을 업로드하려는 대량물건이 많이 생겨나면서 공동번역을 할 수 있는 번역회사와의 거래가 중요해졌다. 이렇게 번역회사와의 거래 빈도와 공동번역의 비중이 증가하게 되면 필연적으로 번역회사의 관리자와 감수자의 역할이 확대되고 중요해진다.

 미국 ABC의 〈시크릿 앤 라이즈(Secrets & Lies)〉 시즌1에 출연했던 라이언 필립이 2016년에는 USA Network의 〈슈터(Shooter)〉라는 드라마에 출연했다. 대통령 암살을 막기 위해 투입되었다가 대통령 암살범이라는 누명을 쓰게 되는 스나이퍼(sniper, 저격수) 이야기를 다루고 있는 드라마이다.
 비교적 근거리인 0~500미터 전후의 거리에서 저격하고, 후방의 위협이 없는 경찰 저격수의 경우에는 보조자의 역할이 크게 중요하지 않지만, 야전에서 저격 임무를 수행하는 군의 전문 저격수는 1500미터 내외의 거리까지도 저격해야 하기 때문에 풍향, 풍속 등의 영향을 많이 받는다. 그래서 그러한 기상 제원을 알려주고 후방 엄호도 하며, 장시간 매복하고 있을 때 말동무도 되어 주는 관측수와 2인 1조로 편성되어 작전을 벌인다. 그런데 관측수 또한 대개 저격 임무가 가능한 저격수이다.
 영상번역작가와 감수작가의 관계도 이와 비슷하다. 영상번역작가 '혼자서' 온갖 업체의 가이드라인을 챙기려면 번역에 몰입할 시간이 상대적으로 부족해진다. 감수작가가 있으면 아무래도 오차가 적게 난다. 오역이나 표현 문제에서도 많은 도움을 받을 수 있다. 감수작가가 대체로 영상번역작가인 점도 유사한 점이다.

❋ 맞춤법, 어디까지 알아야 할까?

감수 또는 검수, 뭐라고 부르든지 이 과정에서 사람마다 다르긴 하지만 대체로 영상번역가들을 가장 곤욕스럽게 하는 것은 '맞춤법'이다. 특히 합성어의 띄어쓰기가 골치 아프다.

표준어는 어문정책상 또는 공적 영역에서 표준으로 삼는 말이지, '(규범)문법상 올바른 말'과 동의어는 아니다. 예를 들어, '주책이다'라는 말이 2017년 1월 1일부로 표준어에 포함되었지만, 이 말이 표준어에 포함되기 이전에도 문법적으로 틀린 말은 아니었다는 얘기다.

또 문법도 바뀐다. 제일 대표적인 게 조금 전에 언급한 '일관성을 찾기가 힘든' 띄어쓰기와 붙여쓰기 허용 규정이다.

다른 나라에도 표준어가 있을까?

영미권은 법체계도 그렇지만 자유주의 전통이 강해서 국가가 표준어를 규율하지 않고, 영국의 경우는 BBC 방송 등에서 '그런대로' 사용되는 '용인 발음(Received Pronunciation, RP)'이라든지 영국 상류계층의 RP라고 할 수 있는 Posh English라든지 해서 관례적으로 구분하고 있다고 하고, 미국의 경우는 표준어라는 말 자체를 이상하게 생각하지만 '중서부 지역' 발음을 표준어와 유사한 개념인 중립적인 발음이라고 여기는 것으로 알려져 있다.

프랑스, 독일, 스페인 같은 유럽대륙 나라들은 상당수가 우리나라처럼 표준어규정이 있다고 한다. 특히 불어 사전을 편찬하는 아카데미 프랑세즈(Académie française)는 상당히 지명도가 높은 기관이기도 하다.

우리나라 영상번역과 관련해서 표준어가 어떤 의미인지 살펴보면, 극장(상업영화든 예술영화든) 쪽은 사적 영역이니까, 또 연령별로 관람

등급이 나뉘어 있어서 문법이나 표준어 규정 등에 '비교적' 자유롭다.

 방송 쪽을 살펴보면, 지상파('공중public파'라고도 한다)는 공적 측면이 강하니까 어문규정을 가능하면 따르려고 하고, 연령등급은 나뉘어 있지만 사실상 누구나 볼 수 있는 케이블TV 등도 어문규정에 까다로운 편이다.

 넷플릭스처럼 신용카드 정보 등을 이용해서 연령대별로 시청을 제한할 수 있는 경우는 아무래도 규정으로부터 더 자유롭다. 그래서인지 성인 대상의 작품 중 일부는 '원래 어감'을 당황스러울 정도로 '제대로 살리는' 번역도 자주 보게 된다. 하지만 성인 대상 프로그램이 아닌 경우에는 어문규정이나 표준국어대사전 용어를 가능한 한 철저히 활용하려는 경향이 있다.

 따라서 현재 절대다수를 차지하는 방송 계통의 영상번역가들은 맞춤법 책 등을 따로 보거나 맞춤법 스터디가 있을 정도로 맞춤법 공부를 열심히 하는 경우가 많다.

❋ 맞춤법 검사기를 뛰어넘어야 할까?

어문규정을 점검해주는 여러 프로그램이 있지만, 영상번역가들이 많이 사용하는 맞춤법 검사기는 일명 '부산대 맞춤법 검사기'라고 불리는 나라인포테크(주)의 한국어 맞춤법 검사기(http://speller.cs.pusan.ac.kr/)이다.

 그런데 맞춤법 검사기도 100퍼센트 완벽하게 맞춤법 오류를 잡아주는 건 아니라서 많은 영상번역가들이 맞춤법 검사기로 한 번 정도 확인해보는 데 그치지 않고 별도의 시간과 노력을 들여 국립국어원이 정한 어문규정과 표준어를 공부하고 있다 보니 피로감을 호소하는 경우도 종종 보게 된다. 기초적인 맞춤법을 틀리면 안 되겠지만, 국립국어원 연구원들도 헷갈릴 만한 내용도 감수 과정에서 많이 나온다.

가장 효율적이고 이상적인 상황은 영상번역가는 번역에만 신경 쓰고, 감수 또는 검수자, QC 담당자가 제반 오류를 체크해서 알려주는 것이 제일 좋긴 하지만, 실제로는 프로덕션에서 감수인력을 충분히 두고 있지 않기 때문에 그 부담을 영상번역 회사나 개별 영상번역가가 지는 경우도 많이 있다.

영상번역가의 이익을 위해서도 당연하지만, 수준 높은 작품을 위해서는 전문영역별로 분화되는 방향으로 가는 것이 타당할 것이다. 그래서 맞춤법 검사기로 번역 제출 전에 한 번 정도 체크하는 정도의 수준에서 영상번역가의 역할은 마무리되면 좋겠는데 경쟁이 치열한 현실에서는 쉽지 않은 일이다.

아래의 내용은 세계적인 동영상 스트리밍 업체인 넷플릭스의 〈한국어 자막 제작 가이드라인〉 중 일부 내용이다.

22. References

- For all language-related issues not covered in this document, please refer to: http://www.korean.go.kr/
- Spacing Guidelines: http://urimal.cs.pusan.ac.kr/urimal_new/

여기서 참고할 곳으로 두 군데의 웹사이트를 언급했는데, 첫 번째는 '국립국어원' 홈페이지고, 두 번째는 '부산대 맞춤법 검사기'를 제공하는 '우리말배움터' 홈페이지이다.

❋ 일반 사전 = 표준어 + 비표준어

영상번역가 중 일부는 일반 사전에 나오는 말이면 모두 다 표준어라고 잘못 알고 있기도 한데, 사전에 나오는 말 중에는 표준어도 있고, 비표준어도 있다. 영어사전에도 구어적 표현이나 비속어가 있듯이, 일반적인 국어사전에도 비속어나 구어 표현들이 많이 있다.

 표준어인지 여부를 알고 싶으면 국립국어원에서 발간하는 〈표준국어대사전〉을 살펴보는 게 가장 빠르고 정확하다. 물론 〈표준국어대사전〉에 표준어만 있는 건 아니고 북한말 등의 비표준어도 수록되어 있다. 표준어를 선별하는 기관에서 발행하는 사전이니 당연히 최신의 표준어가 '모두' 들어 있다(표제어 선정 원칙 1-1 나)목). 표준어와 맞춤법이라는 양대 어문규정을 모두 충족시킨 훌륭한 사전이긴 하나 국가기관에서 발행하는 사전이다 보니 좋게 말하면 신중하게 단어 등이 선택된다고 하겠으나, 개정 속도가 아주 느려서 현실의 언어에 한참 뒤처지는 사례가 발견되는 아쉬운 점도 있다.

 이런 비판을 수용해서인지 '개방형' 국어사전인 〈우리말샘〉을 2016년 하반기(한글날인 10월 9일)에 국립국어원에서 오픈했다. 〈표준국어대사전〉에 싣지 못한 현실의 어휘를 풍부하게 실어서 큰 호응을 받고 있다. 〈표준국어대사전〉의 약 50만 어휘에 신어·방언·전문용어 등의 50만 단어를 합쳐 표제어가 100만에 달하는 방대한 '어휘창고'가 생겨난 것이다.

 예를 들어, '사이다'라는 말을 〈표준국어대사전〉에서 검색하면 다음과 같이 나온다.

『1』청량음료의 하나. 설탕물에 탄산 나트륨과 향료를 섞어 만들어, 달고 시원한 맛이 난다.
『2』사과즙을 발효시켜 만든 독한 술. 음료나 식초의 원료로 쓴다.

〈우리말샘〉으로 검색하면 위의 설명 이외에도 7번째에 다음과 같은 설명이 나온다.

『007』답답한 상황을 속 시원하게 해결해 주는 사람이나 상황을 비유적으로 이르는 말.

　사이다.('핵사이다'는 아직 등재되지 않았다.)
　하지만 〈우리말샘〉은 표준어 사전이 아니니 아무래도 영상번역가들은 〈표준국어대사전〉 활용 빈도가 훨씬 높긴 하다.

❀ 좋은 표준어, 나쁜 표준어, 이상한 표준어

〈표준국어대사전〉이라고 해서 문법적 오류가 없는 것은 아니다. 국립국어원 측도 문법적 오류가 있는 부분이나 잘못된 설명 등은 계속 수정하고 있다. 표준어에도 '이게 이제야 표준어가 되었네'라고 사람들이 생각하는 좋은 표준어가 있고, '이게 왜 표준어로 들어온 거지?' 하는 나쁜 표준어도 있고, '이건 좀 애매하다' 싶은 이상한 표준어도 있다.

사례를 중심으로 살펴보자.

1) 좋은 표준어

이쁘다, 주책이다, 짜장면, 실뭉치, 먹거리

이런 말들은 이전에는 표준어가 아니었다가 최근 또는 근래에 들어 표준어가 된 것들이다. 특히 '짜장면'은 2011년에 복수표준어가 되었는데, 국립국어원은 복수표준어 인정 이전까지 '짬뽕'은 왜 '잠봉'이라고 하지 않느냐는 비아냥거림에 가까운 비판을 들어야 했다. 특히 '너에게 묻는다'라는 시로 유명한 안도현 시인은 《짜장면》이라는 제목의 책을 집필하기도 했다.

어떤 글을 쓰더라도 짜장면을 자장면으로 표기하지는 않을 작정이다. 그것도 어른들 때문이다. 어른들은 아이들이 짜장면이라고 쓰면 맞춤법에 맞게 기어이 자장면으로 쓰라고 가르친다. 우둔한 탓인지는 몰라도 나는 우리나라 어느 중국집도 자장면을 파는 집을 보지 못했다.
중국집에는 짜장면이 있고, 짜장면은 짜장면일 뿐이다. 이 세상의 권력을 쥐고 있는 어른들이 언젠가는 아이들에게 배워서 자장면이 아닌 짜장면을 사주는 날이 올 것이라 기대하면서…….
-안도현 시인의 '어른을 위한 동화'《짜장면》중에서(122p)

마치 코미디 같았던 '자장면과 짜장면' 사례가 발생한 이유는 경음(硬

음)이라 불리는 '된소리'에 대해 국가기관이 표준어규정(현재의 표준발음규칙 6장)을 충분한 검토 없이 제정했기 때문이다. 혹자는 된소리를 임진왜란과 일본 식민지 시대의 잔재라고 주장하기도 한다. 일본말에 된소리가 많다는 것을 근거로 우리나라 말의 예사소리가 경음화 되었다는 주장이다. 하지만 발음상의 편함 때문에 경음화가 진행된 것이고, 마침 그 중간에 임진왜란과 일본 식민지 시대가 껴있었을 뿐이라고 보는 것이 타당하다. 왜냐하면 '김밥'만 해도 복수표준발음인 '김:빱'으로 발음하는 것이 편한데, 김밥은 순우리말이라서 일본 발음의 영향을 받기가 힘들기 때문이다.

비슷한 사례를 보면 '불법', '효과', '사건' 등이 있다. 이런 단어들은 표준발음규칙 26항이 규정하고 있는 "한자어에서, 'ㄹ' 받침 뒤에 연결되는 'ㄷ, ㅅ, ㅈ'은 된소리로 발음한다"에 해당하지 않아서 된소리로 발음하지 않는 한자들이지만 실생활에서는 된소리로 발음하는 것이 일반적이다. 반대로 표준발음규칙 26항에 해당하지 않는 '불복', '물건', '결과' 등은 뒷말이 된소리로 발음되지 않는다.

국립국어원도 규정의 오류는 잘 알고 있는 것 같다. 그러니까 사전에 따로 복수표준발음을 명기하고 있긴 하다. 하지만 아예 규정 자체를 재점검해야 한다는 의견이 국어학계를 비롯한 많은 전문가로부터 나오고 있다.(*2017년 12월에 '효과' 등의 발음정보 수정 발표 / 국립국어원)

된소리를 싫어하는 표준발음규칙은 외래어의 경우에도 나타난다. 파열음 표기에 된소리를 쓰지 않는 것을 원칙으로 규정(외래어 표기법 제4항)하고 있다. 덕분에 우리는 와인을 파는 '까페'가 아닌 '카페'에서 '까망베르' 치즈가 아닌 '카망베르' 치즈를 먹고 있다.

2) 나쁜 표준어

구라, 지랄, 뽀록나다, 삐대다

이런 말들이 국립국어원이 표준어의 정의로 규정한 '표준어는 교양 있는 사람들이 두루 쓰는 현대 서울말로 정함을 원칙으로 한다 (표준어 사정원칙 총칙 제1항)'는 내용에 부합하는지 의문이다.

표준어(標準語)는 한 나라에서 공용어로 쓰는 규범으로서의 언어. 의사소통의 불편을 덜기 위하여 전 국민이 공통적으로 쓸 공용어의 자격을 부여받은 말로, 우리나라에서는 교양 있는 사람들이 두루 쓰는 현대 서울말로 정함을 원칙으로 한다. - 국립국어원

속어(비속어)는 통속적으로 쓰는 비속한 말이라서 공용어로 쓸 만한 규범성을 갖추지 못했다. 그런데 대부분의 일반 사람들이 비속어로 느끼는 위의 말들을 표준어로 규정한 이유를 모르겠다. '교양 있는 사람들'이 저런 말을 잘 쓰는가?

안녕하십니까?
1. 질의하신 내용을 볼 때 '상판대기, 구라, 개기다'가 속되게 이르는 말(속어)로서 표준어로 볼 것인지에 대해 문의하신 것으로 판단됩니다.
'속어'를 표준어로 볼 것인가에 대해 견해에 따라 차이가 있지만, '표준국어대사전'에 등재된 말은 '속어'라고 하더라도 표준어로 보고 있으며, '상판

대기, 구라, 개기다'는 모두 이에 해당합니다.

  2. 방언이 표준어로 등재된다면 그때부터 방언이 아닌 표준어에 해당한다는 점을 참고하시기 바랍니다.
  – 국립국어원 온라인 가나다 답변 내용

'부락'이라는 표제어도 좀 생각해볼 필요가 있다. 〈표준국어대사전〉에서는 '부락'을 다음과 같이 정의하고 있다.

  시골에서 여러 민가(民家)가 모여 이룬 마을. 또는 그 마을을 이룬 곳. '마을01'로 순화.

'부락'이라는 말은 조선 시대 이전에도 사용된 말이고, 중국에서도 더러 사용된 말이라고는 하나 본격적으로 사용된 것은 일본 식민지 시대인 1914년 행정구역 개편 때부터라고 한다. 그 이전에는 '부락'이나 '부락민'이라는 말을 우리나라 사람들이 잘 사용하지 않았던 것 같다. 그럼 일본은 왜 '부락'이라는 행정단위를 자신들의 식민지에 들여왔을까?
 여러 얘기가 있지만, 일본 에도 시대의 천민 거주지인 '부라쿠(部落)'라는 개념을 그대로 본떠서 식민지에 적용한 것이 아닌가 한다. 자기들 입장에선 피지배층인 당시의 조선 사람들이 천민이자 피차별 부락 출신자처럼 여겨졌을 것이다.
 무작정 일본에서 유래한 말이니까 배격해야 한다는 열등감 섞인 논리는 찬성하지 않지만, '부락'의 경우에는 단순한 일본 유래어가 아니라 이런 역사적 배경이 있다는 사실을 감안하면 표준어에서 배제할 것을 재고해야 한다고 본다. 같은 일본 유래 한자어라도 '자유', '사회', '개인' 등과는 다른 맥락을 가지기 때문이다.

3) 이상한 표준어

곱빼기와 뚝배기, 우비, '~이요' 와 '~이오'

'곱-빼기'에서 '곱'은 갑절을 뜻하는 의미가 있어 분석 가능하다고 보고 '빼기'로 적고, '뚝-배기'에서는 '뚝'이 무슨 의미인지 분석할 수가 없어 '뚝배기'로 적는다고 한다. 일견 이해가 간다. 보통 된소리를 싫어하는 표준어규정의 영향 때문인지 지레짐작으로 '곱배기'인 줄 알고 잘못 쓰는 경우가 많다.

'우비'의 경우를 보자.

비를 가리기 위하여 사용하는 물건을 통틀어 이르는 말. 우산, 비옷, 삿갓, 도롱이 따위를 이른다. ≒우구03(雨具).

시장에 옷을 팔러 가는지 조그마한 보따리를 겨드랑에 낀 여인이 우비도 없이 처마 밑을 따라 지나간다. ≪박경리, 시장과 전장≫
랜턴 주변에 은회색 물보라가 극광처럼 은은했고, 우비를 입고 허벅지까지 올라오는 장화를 신었어도 옷이 촉촉하게 젖어 들어오기 시작했다.
≪안정효, 하얀 전쟁≫

조금 내려오니까 우비 씌운 인력거 한 채가 올라가는 것이 보인다.
≪염상섭, 삼대≫

〈표준국어대사전〉에 나오는 '우비'의 정의이다. 유명 문인들의 작품을 통해 예시도 들고 있다. 그런데 가만히 예시를 보면 모두 '우비'라는 말을 '비를 가리는 옷이나 천'을 의미하는 것으로 쓰고 있다. '우구'라는 포괄적인 의미로는 잘 쓰지 않는다. 따라서 특히 '비를 가리는 옷이나 천을 이른다'고 별도로 명시함이 타당할 것이다.

이외에도 번역을 하다 보면 애매한 경우가 많이 있다.
'-이요, -이오' 문제도 그러하다.
표준어규정은 종결형 어미(연결어미가 아니다)로 쓰이는 '-오'는 발음이 '요'로 되더라도 '오'로 쓰도록 하고 있고, '-이요'는 연결어미로는 쓸 수 있는데, 종결어미로는 쓰지 못하게 하고 있다. 복잡한가?
예를 들어, 학교 국어 선생님이 학생들을 데리고 유명 수제 햄버거 가게에 간 다음 "너희들 사이드 메뉴(side dish)로 뭐 먹을래?"라고 물었을 때, 학생들이 "감자튀김이요"라는 말 대신 "감자튀김요"라고 대답해야 하는 상황이 생긴다는 말이다. 아니면 사극처럼 "감자튀김이오"라고 해야 할지도 모른다.
"감자튀김요"라는 말이 특별히 어색하게 들리지 않는다면, 다음의 경우는 어떨까?

국어 선생님이 점원에게 묻는다.

"쉐이크는 얼마죠?"

점원이 대답할 것이다. "5,900원이요"라는 말 대신 "5,900원요"라고 말이다.

아마 까탈스러운(새로 표준어가 된 말이다) 손님이라면 당장 매니저 나오라고 할지도 모른다. "5,900원요"도 크게 불친절하게 느껴지지 않는다면 이건 어떤가?

학교 국어 선생님이 "너희들 지금 몇 명이니?"라고 물었을 때 "3명이요"라는 말 대신 "3명요"라고 대답하는 경우를 가정해보자. 왠지 '건방'과 '짜증'이 담겨 있는 느낌이 들지 않는가? 아마 학생들이 햄버거 가게 앞에서 줄을 너무 오래 서서 짜증이 났을 때 대답하는 듯한 어감이다. 조금 더 가정을 이어 가보자.

"아까 점심 먹고 와서 그냥 음료수만 마신다고 한 애가 누구였지?"

"준혁요."

이게 어색하면 '-하오'체를 써서 "준혁이오"라고 할 수는 있어도 "준혁이요"라고 할 수는 없다는 게 어문규정이다.

규정이 언젠가는 바뀌어서 '-이요'도 종결형으로 쓸 수 있을 것 같지만, 현재는 아니기 때문에 영상번역가들이 번역할 때 난처한 상황에 자주 빠지게 된다. 규정을 따르자니 대사가 어색해지고, 자연스러움을 따르자니 규정에 위배되는…….

그럼 영상번역가는 어떻게 해야(어떡해야) 할까?

특별한 경우가 아니라면 의뢰인이 원하는 대로 하면 된다. 간단하지 않은가?

 물론 번역실명제가 적용되는 작품이라서 자기 이름이 공표되는 경우라면 자기의 작품세계와 입장을 의뢰인과 조율할 필요가 있을 것이다.

 그런데 사실 이런 딜레마를 극복하기 위해서 번역가의 창의성이 필요하다는 생각이 들기도 한다. 예를 들어, "3명이에요", "3명인데요" 이런 식으로 말이다. 어쨌든 어감이 달라서 뭔가 마음에 들지는 않는다. 사실 듀레이션이나 자막 수 때문에 영상번역가들은 글자 하나, 그러니까 음절 하나도 예사롭지가 않다.

 '3명이에요'에서 '3명이에'까지만 읽었는데 화면이 전환되면서 자막이 사라져버리는 일이 생길 수도 있다. 얼핏 사소한 문제 같지만, 전혀 사소하지 않은 문제이다.

 까다로운(또는 재능 있고 섬세한) 영상번역가는 번역할 때 자막에 나타나는 글자 모양까지도 신경을 쓴다. 종결어미의 어감 문제가 간단하거나 사소할 수 없는 이유이다.

 하지만 이런 딜레마가 영상번역가의 운명이라면 운명을 사랑하는 수밖에 없다.

Ama Fatum!

(운명을 사랑하라. 'Amor Fati'는 '운명애'로 번역되는 니체의 말이다.)

❀ 문법 나치는 주술 호응을 지적하지 않는다

 인터넷 댓글(정확히는 댓글의 댓글)을 보면 내용과는 상관없이 사소한 오탈자나 맞춤법 오류를 지적하는 글들을 많이 보게 된다. 이런 사람들을 소위 '문법 나치(Grammar Nazi)'라고 하는데, 우리나라에서뿐만 아니라 북미권에서도 많이 사용되는 말이다.

이들의 논리는 간단하다. 국립국어원에서 정한 어문규정에 맞는지 여부가 비난할 대상인지 아닌지를 정하는 핵심 기준이 된다. 주로 지적하는 것은 맞춤법이다.

예를 들면, '됐어'라고 해야 하는데 '됬어' 또는 '되어'라고 적었다는 이유이다. 내용에는 별 관심이 없고 맞춤법을 물고 늘어지다 보니 주변 네티즌들로부터 비난을 받지만, 익명성을 믿고 전혀 아랑곳하지 않는다. 방금 예를 든 것 중 '됐어'를 '됬어'라고 적은 것은 사실 큰 문제가 아니다. 그냥 'shift' 키가 제대로 눌러지지 않아서 오자가 생긴 것으로 얼마든지 좋은 쪽으로 해석할 수 있다. 그런데 '되어'는 맞춤법 자체를 잘 몰랐을 개연성이 크다. 이런 경우는 메시지 자체에도 신뢰감이 떨어지는 부정적 효과가 나타날 수 있다.

그런데 의외로 문법 나치들이 '주술 호응'과 같은 문법 문제는 거의 지적하지 않는다. 우리나라 문법 나치들의 행태만 보면 맞춤법 나치들이지 문법 나치들이 아니다. 영어를 예로 들면 다음과 같다.

a) There isn't no dogs. → There isn't any dogs.
b) Theer isn't any dogs. → There isn't any dogs.

a) 는 부정의 표현에 관한 문법 문제지만, b) 는 'there'의 철자에 관한 맞춤법 문제이다. 영어에서 주어가 단수이냐 복수이냐에 따라 동사의

변형 문제가 중요하듯이, 우리나라 말에서는 주술 호응이 중요한 문제가 된다. 우리나라 말은 주어가 문장의 앞쪽에 위치하면서 서술어가 문장의 끝에 오는 구조라서 그 사이에 목적어나 보어, 관형어 등 여러 단어가 들어갈 수 있으므로 문장이 길어지면 주어와 술어의 사이가 과도하게 이격되어 서로 호응을 이루지 못하는 비문이 생기기 쉽다. 출판번역의 편집자나 교정교열 전문가들이 주술 호응만 돼도 교열의 2/3는 해결한다는 말을 할 정도로 '주술 호응'이 정말 많이 틀리는 문법사항인데도 문법 나치들이 그 부분은 잘 지적하지 않는다. 그 이유는 자기들도 잘 모르기 때문이다.

 영상번역의 경우는 대부분 짧은 문장을 사용하기 때문에 주술 호응이 문제되는 경우는 거의 없다. 맞춤법은 문법 나치들의 공격 대상이 될 우려가 높기 때문에 각별히 신경을 써야 한다. 순간 방심했다가 오탈자라도 나오면, 정말 재수가 없는 경우에는 시청자 게시판에 '기본도 안 된 〈번역〉'이라는 항의성 글을 보게 될 수도 있다.

❄ 문어체와 번역 투

맞춤법, 그중에서 띄어쓰기는 늘 헷갈린다. 소제목의 경우도 문어-체는 붙였는데 번역 ˇ 투는 띄었다. 그 이유는 〈표준국어대사전〉에 설명되어 있다.

체 (體): 「접사」

((일부 명사 뒤에 붙어))

「4」'글씨 따위에 나타나는 일정한 방식이나 격식'의 뜻을 더하는 접미사.

고딕체/명조체/흘림체.

「5」'글을 서술·표현하는 방식이나 체재'의 뜻을 더하는 접미사.

구어체/가사체/간결체/만연체.

투 (套):「의존명사」

말이나 글, 행동 따위에서 버릇처럼 일정하게 굳어진 본새나 방식. 한문투/소설 투/비꼬는 투로 말하다/말하는 투가 퉁명스럽다./

그들의 어세는 불러낼 때의 기세와는 달라 사정하는 투가 되었다.
≪장용학, 요한 시집≫

서러워하기는커녕 도리어 죽은 사람 앞에서 이렇게 부유하게 성공을 한 자신을 새삼 대견히 여기는 듯한 투가 서려 있었다.
≪이호철, 소시민≫

번역본을 감수하다 보면 의외로 '문어체'와 '번역 투' 문제를 지적할 수밖에 없는 상황에 놓이게 된다. 작가의 개성 있는 번역 스타일과는 또 다른 문제이다. 자주 거론되는 대표적인 문제는 '인칭대명사'이다. '그', '그녀' 같은 말은 우리가 일상생활에서 잘 쓰지 않는 말이다. 그런데도 다음과 같이 번역하는 영상번역가들이 많이 있다.

I saw him yesterday.
나는 어제 그를 보았어요.

사실 번역해놓고도 이상한 줄 잘 모를 때가 있다. 시청자들도 이상하지 않게 생각할 수도 있다. 왜냐하면, 어쨌든 '자막'은 글자이지 '더빙'과 같은 말이 아니기 때문이다. 하지만 날카로운 감각을 지닌 시청자나 프로덕션 피디들은 금방 알아차린다. '어제 그 사람을 봤어요'나 '어제 걔를 봤어요'처럼 상황에 따라 적당한 단어로 바꿔주는 것이 좋을 것이다.

우리나라 말은 '주어'나 '목적어'(특히 주어)를 잘 쓰지 않는다. 맥락을 중요시하는 언어습관을 가지고 있기 때문에 대화 상대도 '눈치껏' 행위의 주체나 객체가 누구인지 파악하고 있을 때가 많다. 또 '그녀'나 '그'라는 말을 가능하면 쓰지 말라고 조언하는 것은 'she', 'her', 'he', 'him'라는 말을 '일본'사람이 번역한 것을 우리가 차용했기 때문이 아니다. 그냥 잘 쓰지 않는 말이기 때문이다.

'것', '의'라는 말도 마찬가지이다. 이런 말들을 빈번하게 사용하는 것을 자제하라고 말하는 이유는 같은 표현이 반복되면 어색하기 때문이지, 일본사람들이 많이 사용하는 표현과 비슷하기 때문이 아니다.

물론 단일민족이라는 사실(허구일 수도 있다)을 자랑스러운 가치로 생각하거나 민족어, 겨레말 같은 개념을 높게 평가하는 입장을 가진 분들은 좀 다르게 생각할 여지도 있다.

❋ 구두점

〈표준국어대사전〉의 정의로는 구두점이 '글을 마치거나 쉴 때 찍는 마침표와 쉼표'로 두 가지 예시만 나오지만, 영어는 우리말보다 더 많은 구두점을 사용한다. 생각나는 것만 따져도 반점(,), 온점(.), 물음표(?),

콜론(:), 세미콜론(;), 대시(—), 붙임표(-) 등이 있다. 영한번역을 하는 경우에는 콜론이나 세미콜론, 대시(줄표), 붙임표 등을 사용할 일은 거의 없다.

또 한 가지. 마침표인 온점을 사용할 일도 거의 없다. 영상번역가들이 표현할 때 '마침표는 절대로 찍지 않는다'라는 말도 쓰긴 하는데, 세상 일이란 게 '절대로', '반드시' 같은 말이 통용되는 경우는 '거의' 없을 것이다.

아래는 넷플릭스의 〈한국어 자막 제작 가이드라인〉 중 일부이다.

13. Punctuation

- There should never be a period at the end of a subtitle.

Subtitle 1:   싶은 말이었어
[correct]   사랑해

(First line can end with a period. Second line cannot)

Subtitle 2:   사랑해. 그게 내가
[correct]   하고 싶은 말이었어

(A period can be used to indicate 2 separate sentences within a subtitle)

Subtitle 3:   사랑해. 그게 내가
[incorrect]   하고 싶은 말이었어.

(There should never be a period at the end of the second line)

요약해보면 끝부분에는 절대 마침표를 사용하지 말고, 한 자막 라인에 문장이 나뉠 경우에는 마침표를 사용한다는 내용이다. 다른 업체들도 동일하거나 비슷한 가이드라인을 가지고 있다.

그런데 한 자막 라인에 문장을 나누는 경우는 드물기 때문에 실제로 영상번역을 하면서 마침표를 찍을 일은 거의 없다.

❋ 외래어 표기법

외래어 표기도 헷갈리고 번거로운 작업이다. 원칙은 간단하다. 원지 발음표기가 원칙이다. 그런데 예외가 늘 문제가 된다. 예를 들어, 원지의 발음과 우리가 기존에 쓰던 표기방식의 차이가 심한 경우에는 기존 표기를 따르라는 내용 같은 것들이다. 차이가 심하다는 건 참 주관적이고 애매한 기준이다.

제3항

원지음이 아닌 제3국의 발음으로 통용되고 있는 것은 관용을 따른다.

Hague 헤이그   Caesar 시저

참고로 시저(Caesar)의 경우에는 '카이사르'라는 원지음도 표준국어대사전에 등재되어 있다.

일본의 인명과 지명은 일본어 발음대로 표기하면 되니까 큰 문제가 없는데, "중국 인명은 과거인과 현대인을 구분하여 과거인은 종전의 한자음대로 표기하고, 현대인은 원칙적으로 중국어 표기법에 따라 표기하되, 필요한 경우 한자를 병기한다(외래어 인명, 지명 표기 원칙 제2절 1항)"고 한다. 그렇다면 중국의 과거와 현재는 어느 시점으로 구분하는 것일까? 신해혁명(1911년)이라고 한다. 만약 1800년의 중국사람 '成龙'을 표기할 때는 '성룡'으로 1954년에 태어난 '成龙'은 '청룽'으로 표기하는 방식이다. 혹시 장궈룽이 누군지 아는가? 저우룬파는? 과거에 장국영과 주윤발이라 불렸던 배우들이다.

외래어 표기법 규정 제4장 제3절

제1항 바다는 '해(海)'로 통일한다.
   홍해   발트해   아라비아해

제2항 우리나라를 제외하고 섬은 모두 '섬'으로 통일한다.
   타이완섬   코르시카섬   (우리나라: 제주도, 울릉도)

제3항 한자 사용 지역(일본, 중국)의 지명이 하나의 한자로 되어 있을 경우, '강', '산', '호', '섬' 등은 겹쳐 적는다.
   온타케산(御岳)   주장강(珠江)   도시마섬(利島)   하야카와강(早川)   위산산(玉山)

제4항 지명이 산맥, 산, 강 등의 뜻이 들어 있는 것은 '산맥', '산', '강' 등을 겹쳐 적는다.
   Rio Grande 리오그란데강 Mont Blanc 몽블랑산 Sierra Madre 시에

라마드레산맥

상기 규정은 2017년 6월 1일부터 시행된 것으로 기존 표기법과는 상이한 점이 있다.

	개정 전	개정 후
외래어에 붙을 때	그리스 어, 그리스 인, 게르만 족, 발트 해 나일 강, 에베레스트 산, 발리 섬 우랄 산맥, 데칸 고원, 도카치 평야	그리스어, 그리스인, 게르만족, 발트해 나일강, 에베레스트산, 발리섬 우랄산맥, 데칸고원, 도카치평야
비외래어에 붙을 때	한국어, 한국인, 만주족, 지중해 낙동강, 설악산, 남이섬 태백산맥, 개마고원, 김포평야	한국어, 한국인, 만주족, 지중해 낙동강, 설악산, 남이섬 태백산맥, 개마고원, 김포평야

*외래어 표기법 일부 개정(2017.6.1.부터 시행 / 문화체육관광부)

"개정 전과 후를 비교해 보면, 개정 전에는 앞에 오는 말의 어종에 따라 '발트 해/지중해'와 같이 띄어쓰기를 달리해야 했으나 개정 후에는 '발트해/지중해'와 같이 띄어쓰기 방식이 같아지는 것을 알 수 있습니다. 다만, '도버 해협/대한 해협'과 같이 개정 전에도 앞에 오는 말의 어종에 관계없이 띄어쓰기가 일정하던 어휘는 개정 후에도 띄어쓰기가 달라지지 않는다는 점을 유의해야 하며, 개별 어휘들의 올바른 띄어쓰기는 『표준국어대사전』을 검색하여 확인하시기 바랍니다." - 국립국어원(2017.5.29.)

이처럼 외래어 규정을 포함한 한글 맞춤법 규정은 자주(분기에 1회 정도) 변경되므로 필요할 때마다 국립국어원 홈페이지를 찾아보는 것이 좋다. 변경 내용을 보면 국립국어원에서 표준어(특히 띄어쓰기)를 간명하게 규율하기 위해 많이 노력하고 있음을 알 수 있다. 다만 국어의 중요성 때문에 신중하게 접근하다보니 관련 규정들이 급격하게 바뀌기보다는 점진적으로 바뀌고 있다.

*국립국어원 홈페이지 주소; http://www.korean.go.kr

영화 〈레옹(Leon, 1994)〉과 〈블랙스완(Black Swan, 2010)〉에 출연한 이스라엘 출신의 유명 영화배우 이름을 혹시 알고 있는가? 바로 '내털리 포트먼(Natalie Portman)'이다. 기존의 '나탈리 포트만'이 아직은 더 친숙하지만 금방 적응할 거라 예상한다. 앤드루(Andrew)도 마찬가지이다. 물론 리어나도 디캐프리오(Leonardo Dicaprio)처럼 10년이 다 되도록 적응하기 힘든 경우도 있긴 하다.

하지만 인간은 적응의 동물이니까, 또 원지음을 존중하는 취지라면 당장의 불편함은 참을 수 있을 것 같다.

" I believe more in the scissors than I do in the pencil. "

- Truman Capote

난 연필보다는 가위를 더 신뢰한다.

- 트루먼 카포트

6장

[번역가들의 동행 이야기]

사람 상대하기 싫어서 번역하려고 하는데 무슨 동행이냐고?
맞다. 번역은 철저히 개인적인 작업이다. 공동번역도 결국 각자의
번역 부분이 명확히 나뉜다.
덴마크의 실존주의 철학자 키에르케고르는 인간을 '신 앞에 선
단독자'로 규정했는데,
영상번역가는 '모니터 앞에 앉은 단독자'이다.
하지만 우리에게도 동료들이 있다. 동료들과 차 마시고, 술 마시고,
밥 먹고, 수다 떨고, 하소연하고, 업체 욕하면서 함께 간다.
동행. 항상 우리를 든든하게 하는 말, 그 속으로 들어가 보자.

companion
: 우리 같이 빵 먹자

✳ 식구

2006년 유하 감독의 영화 '비열한 거리'에서 최고의 명대사를 찾으라면 대부분의 사람이 주인공인 병두(조인성 분)의 대사를 떠올린다. 한국 영화 전체를 봐서도 손꼽히는 대사로 관객들의 뇌리에 박혀 있다.
"식구가 뭐여, 같이 밥 먹는 입 구멍이여."

음식을 나눈다는 건 상당히 중요한 의미를 갖는다. 왜냐하면 음식이란 생존에 필수적인 요소이기 때문에 음식을 지속적으로 나눠 먹는 사람은 그만큼 가까운 사이라는 방증이기도 하다.

아시아권 사람들이 밥을 나눠 먹는다면 유럽권 사람들은 빵을 나눠 먹는다.

companion이 동료인 것은 함께(com) 빵(panis)을 먹는 사이이기 때문이다. 함께 빵을 먹는 조직은 company다.

❋ 동료들

영상번역가들은 혼자 일한다. 공동작업을 하더라도 자기 분량의 번역은 결국 혼자 해야 한다. 그래서 고독은 대다수 번역가들의 숙명과도 같다. 어찌 보면 고독이 가장 가까운 companion인지도 모르겠다.

번역가들을 보면 싱글들도 많이 있는데, 혼자 사는 경우라면 다른 사람과 대화(SNS 말고, 육성으로)할 일이 거의 없을 수도 있다. 하루 내내 다른 사람과 한 말이라곤 "김치볶음밥 주세요"가 전부일 수도 있는 것이다.

만약 직업상 사람한테 시달릴 일이 많은 사람이라면 엄청 부러운 상황이겠지만, 사람은 사회적 동물이라서 결국 다른 사람과의 관계와 교감을 통해 행복감을 느낀다. 번역가는 일반 직장인들과는 생활패턴이 많이 다른 데다 아무래도 비슷한 직종의 사람끼리 말이 잘 통하기 때문에 동료 번역가들과의 만남을 통해 안정감도 찾고 위로도 받고, 즐거운 대화도 나누게 된다.

"회사 사무실 선배들과는 자주 만나진 못해요. 일정이 빠듯할 때가 많아서 얼굴은 보통 연말이나 연초에 보는 정도고 보통은 전화나 톡으로 얘기할 때가 많아요. 다른 거래처도 마찬가지고요. 얼굴은 못 봐도 톡으로 많은 대화를 나누죠." - 임선애

"제가 방송 아카데미 다녔다고 했잖아요? 그때 동기들하고 연락하고 지내죠. 다 연락하는 건 아니고, 4명 정도인데요. 비슷한 고민을 하고 있고, 하는 일도 서로 잘 아니까 마음도 통하고, 말도 통하고 해서 심리

적인 의지가 많이 돼요." - 김지혜

"저하고 같이 일하는 30명의 작가들이 제 동료인 거죠. 서로 의지하고 격려하고 발전을 자극하고 그러면서 커나가는 것 같아요. 특히 본부장으로 있는 친구는 저하고 인연이 각별하죠. 정말 어려운 고비마다 함께 한 거니까요. 일본사람이에요. 그러니까 국경을 초월한 우정이라고 봐도 되겠네요. 저희는 한국 작가님들과 일본 작가님들이 서로 체크를 해주시는 시스템을 구축하고 있어요. 그래서 서로 함께 성장하죠." - 김명순

❋ 쓸모없는 우정의 아름다움

실무형 경영학 석사과정을 MBA 과정이라고 한다. 연구 중심의 경영학 석사과정(MA)과는 차이가 있다. EMBA 과정도 있다.

EMBA라고 하면 보통 온라인이나 사이버 MBA 과정이라고 오해를 많이 하는데, Executive MBA라고 해서 7~8년 차 이상의 경력을 가진 관리자의 재교육을 목적으로 커리큘럼이 진행되는 과정이다. 그런데 등록금이 엄청 비싸다. 일부 대학들의 경우 장학금으로 15% 정도를 감액받는다고 해도 학기당(연간이 아니다) 등록금이 2천만 원을 웃도는 경우가 많다. (물론 몇백만 원 선도 있다.)

EMBA는 정식 학위를 받지만, AMP(보통 최고위 과정, 최고경영자 과정이라고 부른다)는 6개월 정도 코스에 정식 학위도 받지 못하는데도 수료하기까지 (원우회비 등을 고려하면) 1천만 원 이상의 비용이 들어간다.

이 비싼 등록금을 내고 왜 다니는 걸까?

바로 인맥 때문이다.

인맥이 득세하는 곳은 실력사회가 아니다. 번역계는 완전하다고는 할 수 없겠지만, 철저한 실력 위주의 사회이기 때문에 '번역회사'를 운영할 게 아니라면 개별 번역가로서는 인맥에 목을 맬 필요가 없다고 생각한다. 전혀 이해관계가 없는 관람객이나 시청자들이 평가를 하기 때문에 인맥이 개입할 여지가 적다. 오히려 인맥이 실력에 밀리는 영역이다. 번역가의 실력이 모자라면 아는 사람이라고 해도 봐주기가 힘든 곳이 영상번역의 세계이므로, 영상번역계의 인맥은 결국 실력을 전제로 한다.

따라서 마음 맞는 동료 번역가들과의 만남은 대체로 '쓸모'가 없다. 그래서 아름답다.

동료 번역가들과 술잔을 기울이며 업계정보도 얻을 수 있겠지만, 그래 봤자 얼마나 얻겠는가. 오히려 번역 관련 인터넷 카페 같은 데서 얻는 정보가 훨씬 더 많다.

서로 빵을 나눠 먹는 동료로서 느끼는 공감이라는 정서적 만족이 동료 번역가들과 만나는 이유이다.

정서적 만족은 그 자체가 목적이지 어떤 수단이 되기는 힘들다.

그러므로 우정은 인맥이 아니다.

" What is a friend? A single soul dwelling in two bodies. "

- Aristotle

친구란 무엇인가? 두 개의 몸에 깃든 하나의 영혼이다.

- 아리스토텔레스

잡초가
연약한 풀이라고요?

❋ 장미와 들꽃

우리는 보통 잡초나 들꽃을 생명력이 강한 억센 식물로 생각하고, 온실 속의 화초를 고생 없이 자란 연약한 사람을 지칭하는 표현으로 사용한다.

하지만 실제로는 식물끼리의 경쟁 구도에서 승리한 식물종이 젖과 꿀이 흐르는 땅을 차지하고, 경쟁 구도에서 밀려난 식물종이 척박한 땅, 심지어 아스팔트 틈새 등에서도 서식하는 것이라고 한다.

그래서 상처받기 쉽고 위로가 필요한 식물은 들꽃이나 잡초일지 모른다.

사람 사는 세상에서도 온실 속의 화초는 세상 물정도 모르고, 연약해서 사회적으로 성공하기 어렵다는 식으로 말은 하지만, 실제로 가만히 보면 온실 속의 화초가 온실에서 나갈 일도 없이 안락하게 사는 경우가 태반이다. 비바람과 추위는 들꽃과 잡초의 몫일 때가 많은 것이다.

영상번역가의 생활을 보면 온실 속의 화초인 케이스도 있고, 들꽃이나 잡초처럼 힘겨운 케이스도 있다. 특히 데뷔한 지 얼마 안 된 영상번역가들의 경우에는 온실 밖에서 고생할 때가 많다.

돈 얘기는 이미 했으니까 다른 관점에서 바라보도록 하자.

❈ 상처 주는 말

재능이란 일종의 예민함이다.

음악가는 소리에 예민해야 하고, 소믈리에는 맛에 예민해야 하며, 영상번역가는 언어에 예민해야 한다. 시트콤을 번역할 때 등장인물의 대사의 맛을 살려 번역하려면, 미묘한 어감의 차이를 일단 알아야 한다.

문제는 이게 일상생활 중의 언어생활에도 적용이 된다. 상대방 말의 미묘한 뉘앙스를 영상번역가는 잘 캐치한다.

"업체하고도 호흡이 잘 맞아야겠죠. 커뮤니케이션하는 과정이 힘들면 정말 일할 맛 안 나는 거죠. 그래서 자기하고 잘 맞는 업체와 일하는 게 중요한 것 같아요." – 임선애

"똑같은 말을 해도 기분 나쁘게 말하는 사람들이 있잖아요. 그런데 그런 스타일의 사람이 같이 작업해야 하는 PD면 짜증나죠. 예를 들면, 추궁하듯이 번역작가한테 뭘 물어보는 PD들도 있어요. '이거 확실해요?', '이거 맞아요?' 이런 식으로 말하면 기분 나쁘죠." – 김지혜

"저 같은 경우는 운 좋게 제가 그동안 접해온 업체분들은 비즈니스에

관하여 상당히 예의 바르고 배려가 있었어요. 그래서 상처를 받거나 하는 일은 없었어요." - 김명순

❋ 감정노동은 거의 없다

사실 다른 직종에 비하면 말에 상처받을 일도 많지 않다.

프리랜서 영상번역가는 엄연히 '외부인'이기 때문에 조직 내에서처럼 상하관계가 있는 것도 아니고, 또 일이 순조롭게 진행된다면 업체와 직접 얘기할 일도 많이 없다. 업체 입장에서도 의뢰하면 '알아서 무난하게' 작업해주는 번역가가 편하고 좋다.

'감정노동(emotion work, emotional labor)'이라는 용어가 있다.

업무상 요구되는 특정한 감정 상태를 연출하거나 유지하기 위해 행하는 일체의 감정관리 활동이 직무의 일정 부분 이상을 차지하는 노동유형을 말한다. 보통 업무의 40% 이상이 감정관리 활동이라면 감정노동 직군에 속한다고 분류한다.

대표적으로는 콜센터 상담원이라든지, 항공승무원, 은행 창구직원, 병원 상담직원 등이 감정의 소비가 많은 직업 유형으로 분류된다. '감정노동'이라는 거창한 용어가 우리 사회에 들어오기 전부터도 이미 사람들은 감정노동이 얼마나 힘든지 알고 있었다. '사람 상대하는 게 제일 힘든 일이야'라는 말이 괜히 나온 게 아니다.

영상번역 작업을 하면서 감정관리 활동을 해야 하는 비중은 10%나 될까?

감정 상할 일이 별로 없다는 건 큰 장점이다.

❋ 사자와 표범

영상번역가는 대부분 프리랜서다. 일감이 많이 없으면 백수처럼 보일 수도 있다.

또 건강보험이나 국민연금보험을 개인이 알아서 해야 하다 보니 그것도 부담이 된다. 이런저런 이유로 가족들(부모님이나 배우자)이 조금은 탐탁지 않게 생각할 수도 있다.

물론 영상번역가로 자리를 잡고 나면 돈도 좀 벌고 바쁘게 보이니까 별 얘기를 안 하는데, 데뷔하고 나서 자리를 잡기까지 1~2년 정도는 가족들 눈치에 가시방석인 경우도 꽤 있는 것 같다.

가족들이 힘내라고 응원해주고, 너 잘 될 거야 하면서 격려해주면 참 좋겠지만, '가족이기에' 솔직하게 조언하는 말이 오히려 상처가 되는 경우도 많다.

그 솔직한 조언이 한국 사회의 틀, 예를 들면, 어느 정도 나이가 되면 취업하고, 또 일정 시기가 지나면 결혼해야 하고, 결혼하면 아이가 있어야 한다는 개인의 삶을 고려하지 않은 집단주의적인 면을 많이 반영하고 있어서 '개인주의적' 성향이 강한 영상번역가들을 힘들게 하기도 한다. 영상번역가들은 집단으로 사냥하고 집단을 위한 각자의 역할이 있는 사자보다는 단독으로 사냥하고 자기 스타일대로 행동하는 표범에 가깝다. 까르띠에(Cartier) 광고에 나오는 그 고혹한 표범의 모습을 상상해 보라.

개방된 초원이 아닌 은밀한 밀림에서 생활하는 게 맞는 사람들이다.

가족이 자기 삶을 대신 살아줄 순 없다.

만약 가족이 영상번역가로서의 진로를 적극 지지해준다면 큰 행운이지만, 그런 행운이 없더라도 대부분의 영상번역가들은 자기의 서식지를 찾아간다. 그런 걸 운명이라고 하는 걸까?

지금은 대한민국에서 손꼽히는 MC로 유명세를 떨치는 방송인 강호동은 잘 알다시피 '씨름 천하장사' 출신이다. 씨름선수에서 연예인인 개그맨으로 진로를 변경할 때 집에서 반대가 심했다고 한다. 특히 어머니의 반대가 심했는데, 나중에 방송인으로 크게 성공하자 어머니가 이렇게 말씀하셨다고 한다.

"다 네 사주에 나와 있던 거다."

❈ 최종 소비자들의 지적

영상번역의 최종 소비자인 영화 관람객이나 방송 시청자들로부터 받는 좋지 않은 평가 또한 영상번역가들의 마음에 상처를 낸다. 사실 가장 아픈 상처가 될 수도 있다. 번역이라는 자신의 '업' 그 자체에 대한 평가이기 때문이다.

많은 작가들과 예술가들이 자신의 작품을 '자식과도 같다'라고 표현하듯이, 영상번역가에게도 자신이 번역한 자막과 더빙이 자식과 비슷한 느낌이다. 자기 자식이 남한테 나쁜 소리 듣고 다니는데 기분 좋을 부모는 없다.

'말(言)'은 크게 두 부분으로 나뉜다. 하나는 '전달하려는 내용'이고 다른 하나는 '표현방법'이다. 시청자의 부정적인 평가도 마찬가지다. 날카로운 비평은 얼마든지 환영이지만, 그 표현방법이 거칠고 상스러우면 번역에 대해 지적한 내용이 옳더라도 번역가의 귀에 제대로 들리지 않는다.

또 네티즌들이 익명의 그늘에서 신상(이름)이 노출된 번역가를 공격하는 것이다 보니 번역가들이 열심히 싸우고 해명해도 남는 것이 없다. 유령과의 싸움이랄까. 악플에 시달려 본 영상번역가라면 정치인들이나 유명 연예인들의 심정을 100분의 1 정도는 이해할 수 있을 것이다. 유명 번역가들은 앞서도 말했지만 웬만한 연예인만큼 시달리기도 한다. 퇴출운동이 벌어지기도 하고, 역대 오역이 정리되어 인터넷에 게시되기도 하고, 욕설 등의 비방을 듣는 경우도 있다.

❈ 마음 근육 단련하기

연예인들을 보면 악플에 시달리다가 자살하는 경우도 있고, 반대로 악플과는 비교하기도 힘든 스캔들에 휘말려도 꿋꿋하게 극복하는 경우도 있다.

물론 선천적으로 담대한 마음을 타고나는 경우면 좋겠지만, 소심한 마음을 부모님으로부터 물려받았더라도 육체의 근육을 단련하듯이 정신의 근육도 단련할 수 있다고 한다.

종교나 명상도 (물론 현실적인 도움을 받으려고 종교활동을 하는 건 아니겠지만) 마음을 강하게 만드는 데 큰 도움을 준다.

몸과 마음이 별개가 아니라서 육체적인 운동이나 식이조절도 정신건강에 도움이 된다고 하니, 요가든 필라테스든 웨이트든 자신에게 맞는 운동을 하나 골라보는 것도 좋겠다.

아니면 힘이 되는 좋은 글귀를 읽어볼 수도 있다.

사람들은 평온하게 잘 먹고, 잘 살다 간 인생보다 우여곡절로 점철된 인생에 더 큰 매력을 느낀다. 결핍과 결핍에 따른 고난과 시련은 소설과 영화, 드라마 주인공들이 갖춰야 할 필수요소이다.

 빌 게이츠가 (왕족 등을 제외한 사람 중) 세계 최고 부자라는 타이틀을 오래 차지하고 있고, MS윈도우를 통해 세상 사람들의 생활에 엄청난 영향을 끼쳤으며, 자선사업으로도 큰 존경을 받고 있지만, 애플의 스티브 잡스만큼 개인에 대한 반향을 이끌어내지는 못했다.

 스티브 잡스의 굴곡진 인생사가 사람들의 마음을 훨씬 사로잡았기 때문이다.

 우리나라 사람들도 다른 재벌 창업자들에 비해 인생의 우여곡절이 많았던 한 사람을 특히 추억하는 경우가 많다.

" 淡淡한 마음을 가집시다. "

담담한 마음은 당신을 바르고 굳세고 총명하게 만들 것입니다.
담담한 마음은 좁은 이기에서 출발하지 않는 마음이며 관용입니다.
담담한 마음은 도리를 알고 가치를 아는 마음입니다.
그것은 융통자재의 평상심을 언제나 잃지 않는 것이며, 모든 것을
배우려는 학구적인 노력이며, 모든 것을 받아들이려는 빈 마음이
며, 조용한 가운데 치열하게 자기한계에 도전하는 항상심입니다.

- 故정주영 현대그룹 명예회장, 〈86년 현대 社友지〉에서

공동작업 :
혼자 일해도 완전히 혼자일 순 없어요

❋ 공동번역의 증가 추세

TV 드라마는 시리즈로 이어져 이야기가 전개되는 경우가 많다.
 꼭 시즌제 드라마가 아니더라도 예전부터 몇 부작 하는 '시리즈물'이 많이 있다.
 이런 시리즈물을 예전에는 1명의 번역작가에게 방송스케줄을 고려해서 의뢰했는데, 지금은 인터넷을 기반으로 하는 플랫폼의 발달과 함께 (별도의 방송시간에 대한 제한이 없다) 시리즈 전체를 동시에, 또는 아주 촉박한 시간 내에 업로드하기 위한 방안을 찾게 되었다. 그 결과 1시즌 또는 1개 시리즈를 여러 명의 영상번역가가 번역하는 경우가 늘고 있다.

"일정이 여유를 두고 들어오면 1명의 번역가가 한 작품을 다 번역하지만, 보통은 스케줄이 빡빡하게 들어와서 2명이 한 작품을 번역할 때가 많아요. 3명이 붙는 경우는 방송국에서 편성 2주 전쯤에 일을 던지는 정도로 급박하게 들어왔을 때죠. 공동작업을 할 때 말투나 인물 이름 등을 정리하는 공동작업 노트를 만들어서 작업하지만, (※TC 스타일이 맞지 않을까 우려하는 목소리도 있긴 하지만, TC 스타일이나 번역의 질은 한 사람이 번역한 것처럼 맞추기 위해 오랜 시간 같이 호흡을 맞췄어요. 대표님께서 이렇게 호흡을 맞추는데 10년쯤 걸렸다고 하더라고요. 그래서 공동작업을 하더라도 번역의 질이 떨어지거나 하진 않아요. 물론 지금 같이 일하고 있는 팀원들과 함께 작업했을 때에 국한되긴 하지만요. 다른 사람들과 공동작업을 한다면 TC 호흡이나 표현 등에서 물론 차이가 나겠죠.) 아웃점 같은 건 크게 신경 쓰지 않아요. 오랫동안 호흡을 같이 맞춰왔기 때문에 TC 호흡이 비슷하기도 하고 설령 아웃점 길이가 차이가 나더라도 팀장님이 감수를 보시며 정리를 하시거든요. 공동작업을 한다고 혼자 작업할 때보다 더 번거롭거나 일이 많아지진 않아요. 어차피 중드는 편수가 길어서 혼자 작업할 때도 말투나 이름, 인물관계를 따로 정리하는 노트를 만드니까요." - 임선애

"저는 공동번역을 해본 적은 없어요. 공동번역은 아무래도 번역품질에 문제가 생기지 않을까요? 저는 한 달에 한 시즌을 혼자 번역하니까 일정관리에도 좋고, 별도로 다른 작가들과 말을 맞춰야 할 필요도 없어서 다행이죠. 만약에 공동번역 하는데 작가마다 서로 자기의 작품 해석, 특히 캐릭터 해석이 옳다고 우기면 상당히 난감할 것 같아요. 그렇죠?" - 김지혜

"일본은 번역의 퀄리티를 상당히 중시해요. 저희 회사도 한 시리즈는 한 사람이 하도록 하고 있어요. 한 시리즈를 공동번역하는 일은 안하도록 노력하고 있지만 스케줄이 너무 급할 때는 어쩔 수 없을 때가 있어요. 리스트 업 파일과 공통단어 파일 작업을 철저히 해서 통일시키는 훈련도 시키고 있어요." - 김명순

공동번역은 영어 번역 영역에서 많이 일어나고 있다. 속도에 대한 경쟁이 치열하고, 번역 실력은 차치하고서라도 일단 가용한 번역가 풀이 영어는 차고 넘치기 때문인 것 같다. 경력이 어느 정도 되고, 자리를 잡은 영상번역가들은 공동번역을 웬만하면 하지 않는 것으로 파악된다.

❋ 영상번역가에게 주는 부담

왜냐하면 공동번역은 영상번역가에게 단독번역과는 달리 추가적인 부담을 주기 때문이다.

첫 번째는 용어와 어투의 통일이다.

특히 다큐멘터리보다 미드 번역에서 이런 부담이 커진다. 다른 공역자들과 등장인물의 이름도 통일시켜야 하고, 직책이나 직위, 등장인물 간의 존대관계, 캐릭터 해석에 따른 어투 등 세세한 부분을 조율해야 하는 것이다.

정밀하게 조율하려 하면 조율시간이 너무 많이 걸리고, 대강 기준만 맞춰 놓고 각자 번역을 하게 되면 존대관계, 등장인물 이름 등이 에피소드별로 달라지는 '사고'가 터질 확률이 높아진다. 시청자들이 오역을 찾아내기는 쉽지 않지만, 등장인물 이름이 달라지거나 존대관계가 달

라지는 경우는 쉽게 발견할 수 있고 작품에 몰입하기가 어렵게 된다.

두 번째 부담은 작품 해석의 부담이다.

예를 들어 설명하면, 만약 시즌2의 3번째 에피소드를 자신이 번역한다고 생각해 보자. 그러면 시즌1와 시즌2의 1, 2 에피소드의 내용을 '대략이라도' 파악하고 있어야 맥락에 맞는 번역이 가능해진다. 물론 단독번역을 하는 경우에도 작품의 전체적인 내용을 파악하려 하는 건 마찬가지지만, 공동번역은 자신의 분량에 비해 과다하게 작품 해석에 임해야 하는 불균형이 있는 것이다.

세 번째 부담은 새로운 업체와 거래할 때 유리한 포트폴리오가 아니라는 점이다.

업체 입장에서는 번역가의 작품목록에 시즌 전체가 아닌 일부 에피소드만 번역한 내용이 들어 있으면, 아무래도 한 시즌 전체를 맡기기가 망설여질 수 있다. 왜냐하면, 단편적인 에피소드를 번역하는 것과 1시즌 전체를 번역하는 것은 일정관리 면에서 크게 차이가 나기 때문이다.

❋ 감정 상하는 일

작품 해석 과정에서 영상번역가들끼리 다투기도 한다. 공동번역의 경우는 재제작사인 프로덕션에서 개별 번역가에 의뢰하기보다는 아예 번역가 풀을 가지고 있는 번역업체에 맡기는 일이 많다. 번역업체에 소속된 번역가끼리는 아무래도 작업을 같이하는 일이 잦으니까 서로 어느 정도는 알고 지내는 사이인 경우도 많지만, 더러는 전혀 모르는 사람과 공동작업을 해야 하는 경우도 있다.

등장인물들의 어투부터 존대관계, 인명, 지명 등 공동번역에 참여하는 번역가들끼리 협의해야 할 일이 한둘이 아니다. 인명이나 지명 등은 이견이 있더라도 전체를 총괄하는 번역업체 감수자나 프로덕션 측에서 정하는 대로 따르면 되니까 큰 문제가 없지만, 존대관계나 어투 등은 번역가들끼리 생각도 다르고 작품 전체의 분위기에도 영향을 끼치는 것이 크기 때문에 서로의 주장을 굽히지 않는 경우도 있다.

이러한 조율 과정에서 서로 감정 상하는 일이 종종 발생한다.

❋ 수평적 영상번역가 소그룹

이전에 이 책에서 몸값 올리는 얘기를 하면서 3~5명 정도의 '소규모 영상번역가 그룹' 결성을 고려해볼 필요가 있다고 말했다. 공동번역에 있어서 미리 결성된 소규모 그룹은 큰 위력을 발휘한다. 커뮤니케이션에 들이는 시간과 노력이 획기적으로 감소하기 때문이다.

소규모 영상번역가 그룹은 하나의 번역업체로 볼 수 있다. 기존의 번역업체와 다른 점은 구성원 모두가 수주 및 관리 업무 등에 관여하는 수평적 조직이라는 점이다. 구성원이 조직의 주인으로서 의견도 낼 수 있고, 완전하고 투명한 정보도 받게 된다.

느슨한 조직으로서 협동조합과 유사한 원리로 운영된다고 생각하면 딱 맞을 것 같다. 협동조합 얘기를 다음 장에서 조금 더 해야겠다.

" Nothing astonishes men so much as common
sense and plain dealing.
- Ralph Waldo Emerson

상식과 정직한 거래만큼 인간을 경탄케 하는 것은 없다.
- 랄프 왈도 에머슨

뭉쳐야
산다

❊ 무엇이 단가를 결정하나

우연한 기회에 어떤 번역업체 대표자와 만날 일이 있어서 이런저런 얘기를 하다가 영상번역 업계의 핵심 이슈가 개인적으로 뭐라고 생각하느냐고 물어보았다.

"결국, 단가 문제죠. 저희 회사의 경우에는 10년 전 단가를 그대로 '유지'하고 있어요. 단가를 올린 게 아닌데 지금은 이상하게도 비싼 업체가 돼버렸어요. 왜냐하면, 다른 회사들이 덤핑으로 수주해가니까요. 개별 영상번역가들도 마찬가지예요. '공짜'로라도 하겠다는 친구들이 많이 있다 보니 다른 번역가들 단가도 같이 내려가는 거죠. 뭔가 대책이 있어야 할 것 같아요. 사실 아주 고난도의 기술이 아닌데도 일당 20만 원 넘게 받는 기술자들도 많이 있잖아요. 기술 난이도도 물론 중요하지만, 자기들끼리 어떤 가이드라인이 있으니까 일당이 유지되는 측면도 있다고 하더라고요. 가끔은 영상번역가들도 모여서 단체로서 힘을 낼 필요도 있지 않겠나 하는 생각도 해 봅니다. WGA(Writers Guild of America: 미국작가조합)은 파업도 하잖아요." - 영상번역가 출신 번역업체 대표

가격은 수요와 공급이 결정한다. 결국, 단가 하락은 번역 물량이라는 수요보다 영상번역가의 공급이 더 많기 때문에 벌어지는 일이다.

하지만 2016년에는 넷플릭스라는 공룡 미디어 업체의 국내시장 진출로 인해 영상번역 단가가 올라가는 경우도 많이 생겼다. 특히 라이센스가 아닌 넷플릭스 오리지널 시리즈 번역에 대해선 상당한 번역료를 지급한다고 알려져 있다. 아쉬운 점은 부익부 빈익빈처럼 단가가 올라가는 영상번역가들만큼이나 단가 하락에 힘들어하는 숫자도 많다는 사실이다.

❋ 영상번역 작가조합

협동조합(cooperative)에는 빛과 그림자가 존재한다.

긍정적인 면은 규모의 경제와 협상력을 통해 조합원들이 더 나은 경제적 조건에서 일할 수 있다는 점이다. 부정적인 면은 가격 담합과 유사한 효과를 나타내어 공급가를 상승시키고, 조합 외부의 사람들에게 배타적일 가능성이 높다는 사실이다.

회사와 노동력을 집단적으로 거래하는 노동조합을 생각하면 간단히 이해할 수 있다. 회사에 노동조합이 있으면 아무래도 임금이 상대적으로 더 올라가게 된다. 하지만 임금이 시장가격 이상으로 올라가면 기업이 채용 숫자를 줄이기 때문에 사회적으로는 그 숫자만큼 실업이 발생한다.

만약 영상번역 작가조합이 생긴다면 이와 비슷한 일이 발생할 것이다. 영상번역가가 되는 사람들의 숫자가 줄어드는 대신 조합에 참가하는 영상번역가의 번역료는 상승하게 된다.

❈ 뭉쳐야 산다

대규모 조합을 누가 나서서 이른 시일 안에 결성하고 유지하기가 사실 쉽지 않다. 또 영어 잘한다고 해서 영상번역도 잘하는 것은 아니지만, 어쨌든 외국어 실력이라는 필수조건을 갖춘 사람들이 요즘 많이 있기 때문에 신규진입이 용이해서 조합의 협상력이 강하지 않을 가능성이 크다.

그래서 과도기적 형태로 3~5명 단위의 소규모 영상번역가 그룹을 계속 권유하는 것이다.

이런 그룹이 많이 생기고, 또 그룹끼리 정보가 공유되고 서로의 처지를 이해하고 공감하게 되면 자연스럽게 규모가 큰 조합이 탄생할 수 있다.

키위로 유명한 제스프리(Zespri), 오렌지 주스로 잘 알려진 썬키스트(Sunkist), 세계 최고의 명문 축구클럽인 FC 바르셀로나(FC Barcelona) 등이 모두 이렇게 탄생한 협동조합이다.

❈ 同病相憐

한자성어 중에 발음과 뜻 모두 미감이 가득한 말이 있는데, 바로 '동병상련'이다. 참고로 신세계백화점에도 입점해있는 떡집 '동병상련'은 한자가 다르다. 同餠常恋. 떡을 항상 사랑하자는 뜻이라고 한다.

 원래 한자성어는 同病相憐으로서 같은 병에는 서로 가엾게 여긴다는 뜻으로 같은 처지인 사람끼리 서로 위하는 마음을 4글자에 담고 있다.
 (* 우리나라 영어사전을 보면 'Misery loves company'라는 어구를 '동병상련'으로 등치시켜놓은 경우가 대부분인데, 영영사전에 나오는 뜻과 영어권 원어민들의 용례를 살펴보면 서로 애처롭게 여긴다(타인의 처지를 위로하는 것에 초점)는 뜻보다는 자기가 고통스러울 때 남도 고통스러우면 좀 낫다(자기 위안에 초점)는 뜻에 가까운 것 같다.)

 신기한 일이다.
 세상의 수많은 직업 중 우린 어쩌다 영상번역을 같이하게 되었을까.

> One arrow alone can be easily broken
> but many arrows are indestructible.
> - Genghis Khan

> 한 개의 화살은 쉽게 부러지지만,
> 많은 화살은 쉽게 부러지지 않는다.
> **- 징기스 칸**

7장

[번역가의 미래는 어떨까요?]

번역가의 미래는 어떨까?
연일 매스컴에선 '제4차 산업혁명의 충격'을 말하고 있고,
실제로도 번역기 성능이 놀랍게 향상되고 있다.
이러다 번역가라는 직업이 없어지는 건 아닐까?
의사, 변호사들도 다 없어진다는데 영상번역가들이라고
별수 있을까? 사실 영상번역가들도 미래가 어찌 될지 궁금하다.
영상번역가들이 전망하는 미래, 그리고 변화하는 업계 환경에서
살아남기 위한 번역가마다의 노력에 대해 의견을 나누는 장이다.

번역가와 인공지능

❊ 과학을 이해 못 하는 번역가들

AI(Artificial Intelligence) 관련 직업에 종사하거나 관심이 많은 사람이라면 인공지능의 발전상이 크게 놀랍지 않겠지만, 일반 대중들, 특히 한국 대중들의 뇌리에 인공지능의 위력이 강하게 박힌 건 알파고와 프로바둑기사 이세돌 9단과의 대국 때문이었다.

컴퓨터가 체스 챔피언은 이겼다지만, 세계 최고의 기량을 자랑하는 현직 바둑기사를 이길 수 있을지에 대해서는 반신반의하는 의견이 많았고, 언론이나 이세돌 9단조차도 알파고와 대결하기 직전까지는 인간의 압승을 자신했다. 하지만 결과는 반대로 나왔다.

그리고 언론들은 미래에 사라질 직업에 대한 기사를 쏟아냈다. 의사, 변호사, 판사, 세무사 등과 같은 소위 전문직이라 불리는 직업들이 대거 포함됐다. 번역가도 예외는 아니었다. 다만 섬세한 감성이 담긴 어감까지 번역할 수 있느냐 없느냐 등은 논쟁으로 남았다.

인공지능 번역에 관한 기사가 나오면 많은 사람들, 특히 번역가들은 기자들이 '번역을 잘 몰라서', 또는 '번역을 잘 이해하지 못해서' 기계(인공지능)가 번역가를 대체할 거라는 말들을 한다면서 불쾌하게 생각하는 경우가 많다. 그러면서 문학번역 얘기도 하고, 어감 얘기도 하고, 한국어의 미묘함도 얘기한다.

그런데 어쩌면 이런 번역가들이 '과학'을 잘 이해하지 못하고 있는 건지도 모르겠다.

취업할 때 이공계가 유리한 이유는 기업 입장에서, 문과 출신한테 과학원리를 가르치는 것보다, 이과 출신한테 인문적 소양을 가르치는 게 더 쉽기 때문이라고 한다.

현재 기술번역 쪽부터 시작되고 있는 문구 기반 기계번역이 딥러닝과 같은 신경 기계번역 영역으로 넘어오면 미묘한 문학번역까지도 결국 해내게 될 것이다. 문학번역은 기술번역과 달리 정답이 없다고들 오해를 하는데, 기술번역이든 문학번역이든 정답이 있으면 둘 다 있는 거고, 없으면 둘 다 없는 거라고 봐야 한다.

왜냐하면, 번역 알고리즘을 '사람들이 선호하는 번역'이라는 '해답' 찾기 과정으로 정의하고 접근하면 되기 때문이다. 결국, 인공지능이 광활한 바둑의 세계에서 이세돌을 물리친 것처럼 번역의 전 영역을 인공지능이 파고들 거라 확신한다.

더 나아가 '사람들이 좋아하는 소설이나 시나리오'를 쓰는 인공지능까지도 개발될 것이다.(하지만 기존에 알려진 일본의 사례는 좀 과장되었다. 현재까지는 멀어 보인다.)

❋ 기계번역 어디까지 왔니?

컴퓨터를 활용한 번역 프로그램을 이해하기 위해서는 통계 기반 번역(SMT: Statistical Machine Translation)과 인공 신경망 번역(NMT: Neural Machine Translation)이라는 말을 알아야 한다. SMT는 문장을 단어나 구 단위로 쪼개 통계적으로 알맞다고 생각하는 대칭어를 입력한 다음 문장으로 조합하기 때문에 문맥에 맞지 않는 엉뚱한 번역이 나오는 경우가 많다. 하지만 NMT는 인간의 두뇌와 비슷하게 문장 단위로 번역한다. SMT가 단어마다 사전을 찾는 방식이었다면 NMT는 문장의 의미를 사람들에게 물어보는 방식이다. 따라서 문맥을 이해하는 수준도 높고 정확도도 빠르게 높아지고 있다.

예를 들어 설명하면, '난 아침 먹었어'라는 말을 SMT는 'I ate in the morning'이라고 번역할 확률이 높지만, NMT 방식은 'I ate breakfast'라고 번역한다. 문맥에 따라 아침이 아침 식사를 말하는지, 아니면 시간적 개념임을 말하는지 구분하는 것이다.

인공지능이 학습하는 방식인 딥 러닝(deep learning)은 인공 신경망을 기반으로 학습하므로 인간과 마찬가지로 복잡한 상황에서도 패턴을 찾아낸다. 거기에 더해 인간과 달리 육체가 지치는 일도 없으므로 엄청난 양의 학습을 수행할 수 있기 때문에 그 학습속도는 상상을 초월한다. 나관중이 지은 〈삼국지연의〉를 보면 '괄목상대(刮目相對)'라는 고사가 나온다. 오나라왕 손권이 부하장수인 여몽을 보고 무술에는 능하지만, 학식이 뒤떨어지는 것을 나무라자 여몽이 밤낮으로 공부했고, 나중에 학식이 뛰어나기로 유명했던 노식을 찾아가 대화를 하게 되는데 여몽의 전과 다른 박식함에 깜짝 놀란 노식에게 여몽이 했던 말이 바로, "선비를 사흘 동안 떨어져 있다 다시 만날 때는 눈을 비비고 대하여야 합니다(士別三日 卽當刮目相對)."였다.

인공지능의 딥 러닝은 괄목상대의 정수를 보여준다.

❈ 번역가들의 미래

그럼 앞으로 번역가들의 미래는 어떻게 될까? 물론 아무도 모른다. 하지만 여러 사회학자나 미래학자들의 견해를 살펴보면, 결국에는 번역가들 대부분이 사라질 것 같다. 다만 문학번역처럼 정교한 번역까지 기계번역이 해내는 시대가 오면 인간과 일의 관계도 지금과 같지 않을 확률이 높다.

과거 그리스 로마 시대의 귀족이나 조선 시대 양반처럼 인간은 유희로서의 번역만을 담당하고 실용 목적의 번역은 인공지능의 몫이 될 것이라는 의견이 있다. 인간이 노동에서 해방될 것이라는 긍정적인 전망을 펼치는 견해에 따르면 그렇다. 하지만 이와 다른 견해에서는 부와 권력을 가진 인간은 귀족처럼 지내겠지만, 그렇지 못한 인간은 궁핍에 시달릴 확률이 크다는 비관적 전망을 하기도 한다.

고도로 발달한 인공지능과 함께하는 미래를 유토피아로 전망하는 견해에 의하든, 디스토피아로 전망하는 견해에 의하든 의사나 변호사, 번역가 같은 지능형 전문직들이 돈을 받고 일을 하는 상황은 점점 사라지게 된다. 아쉽지만 어쩔 수 없는 변화이다. 자동운항장치를 주로 활용하는 항공기 조종사처럼 의사가 됐든, 변호사가 됐든, 번역가가 됐든 해당 직종 내에서 최고급 인력만 남을 가능성도 크다. 그런데 아주 먼 미래의 일이라서 그런 상황을 지금 세대가 볼 수 있을지도 확신

하기 힘들다. 번역가라는 유상 직업인이 사라져도 좋으니 사람보다 더 뛰어난 번역기계를 죽기 전에 볼 수 있었으면 좋겠다.

✤ 반쯤 남은 위스키

10 · 26 사건 때문에 유명해진 시바스 리갈(Chivas Regal)이라는 위스키 브랜드가 있는데, 반쯤 남은 위스키병과 함께 "To the host it's half empty. To the guest it's half full."이라는 카피를 내세워 광고 캠페인을 벌인 적이 있다.

해석해보면, "주인에게는 반이나 비었지만, 손님에게는 반이나 남았다"는 뜻이다.

같은 현상도 어떤 프레임으로 바라보느냐에 따라 해석이 달라진다.

초등학교 미술 시간에 21세기가 되면 어떤 일이 벌어질지 그려보라는 선생님의 주문에 따라 반 아이들이 열심히 그림을 그렸다. 아이들 대부분이 우주여행, 해저도시 등을 그렸다. 엄청난 미래가 '금방' 다가올 것만 같았다.

그렇지만 서울의 용산공원 사업이 완료되는 시점이 2027년이다. 우주정거장을 만든다는 계획이 아니다. 도시정비계획이나 재건축계획 등을 보면 10~20년이 지나도 많은 사람들이 여전히 아파트에 살고 있을 것 같다.

하지만 자율주행차량의 발전 속도는 생각보다 놀랍다. 구글과 애플은 2020년까지, 현대자동차는 2030년까지 완전 자율주행차량을 상용화하겠다는 계획이다.

어떤 기술은 빨리, 비약적으로 발전하고 어떤 기술은 느리고, 완만하게 발전한다.

 인공지능에 의한 진단의학이나 외과수술 등이 급속도로 발전한다고 해서 지금 이 순간 의대 진학이 현명하지 못한 선택이라고 단정하긴 힘들 것이다.

 사람보다 뛰어난 기계번역의 도래 시점 또한 예측하기가 쉽지 않다.

 번역가라는 직업을 선택한 것이 잘한 일인지는 한참 지나봐야 알 수 있을 것이다.

 중요한 건 '지금' 우리가 번역을 사랑하고 있다는 게 아닐까.

 누군가와의 만남이 결국 이별로 귀결될지, 아니면 결혼으로 귀결될지 알 수 없지만, 그렇다고 우리가 지금 사랑하기를 주저하지 않듯이. 사랑은 선택이 아니니까. 그저 다가온 운명이니까.

 미래?

" We will never make a 32-bit operating system. "
- Bill Gates (1983)

우리는 결코 32비트 운영체제를 만들지 않을 것이다.
- 빌 게이츠 (1983년)

* 1981년에 빌 게이츠가 말했다고 알려진 "640킬로바이트면 어느 누구에게나 충분하다(640K ought to be enough for anybody)"는 말은 빌 게이츠가 실제로 한 말이 아니라고 한다.

우리가
바라는 세상

❈ 작은 소망(所望)

우리는 항상 무언가를 바란다. 괜한 욕심인 경우도 있고, 자그마한 소망일 수도 있다. 우리는 소망함으로써 삶의 의미를 찾고, 무언가를 이루어낸다. 그래서 소망 없는 삶은 공허하다. 성경에 보면 '믿음, 소망, 사랑'이라는 표현이 나오는데, 그중에 제일은 사랑이라지만 소망 또한 사랑에 버금가는 소중한 가치라 믿는다.

"소망이라고 하면……. 제 번역 수준이 좀 더 완벽해졌으면 좋겠어요. 전 아직 제 실력이 부족하다고 느끼거든요. 그리고 한 가지 더 말씀드리면, 중국어 쪽 요율이 영어랑 동일해졌으면 좋겠어요. 이번에 인터뷰하면서 알아봤더니 영어랑 중국어가 요율 차이가 좀 나더라고요. 똑같은 번역이고 힘든 것도 똑같은데 번역 요율 차이가 나는 건 속상하죠. 왜 사람들은 중국어는 싸도 된다고 생각하는지 모르겠네요." - 임선애

"오랫동안 이 일을 계속할 수 있으면 좋겠다는 소망이 있죠. 유명해지고 그런 것보다 그냥 오래 할 수 있으면 좋겠어요. 좋아하는 일이니까. 또 지금까지는 일정 때문에 영화제 일을 못 했는데, 이제는 일정 조절이 가능해서 영화제 일도 할까 생각 중입니다." - 김지혜

"저는 제가 운영하는 회사가 더 잘 돼서 많은 번역작가들에게 기회도 주고, 대우도 더 낫게 해줄 수 있는 여건이 되길 바라죠. 또 영상번역가들이라면 다 비슷하겠죠. 좋은 작품과 안정적인 의뢰를 받을 수 있기를 바라는 마음 같은 거요." - 김명순

사실 부모가 자식 잘 되기를 바라고, 자식이 부모 건강하기를 바라듯이 영상번역가들의 소망도 비슷비슷하다. 오래 일할 수 있기를, 자기가 좋아하는 작품 만나기를, 번역료가 오르기를 다들 소망한다.

❀ 업계는 어떻게 변할까

고장 난 시계도 하루에 두 번은 정확한 시간을 알려준다는데 인간의 미래예측은 고장 난 시계만도 못한 경우가 많다. 그만큼 세상일에는 변수가 많기 때문이고 인간의 능력으로는 온갖 변수와 변수 간의 상관관계를 고려해서 미래의 변화를 계산하는 게 거의 불가능에 가깝기 때문이다. 나비효과라는 말도 있지 않은가. 하지만 브라질에 비가 내리면 스타벅스 주식을 사는(피터 나바로의 책 제목) 사람도 있듯이 현재의 추세와 미래를 잘 가늠하면 기회를 발견할 수도 있다.

"아까 말씀드렸듯이 지금은 역사 로맨스물과 무협+판타지(청운지, 환천골, 촉산 같은)가 많아요. 〈랑야방〉의 히트로 중드 마니아가 많이 늘었어요. 또 중국과 한국의 합작이 많아지면서 중드가 전에 비해 많이 세련되지고 웹드도 참신한 내용이 많아지면서 점점 중드에 대한 관심이 늘고 있으니 시장은 점점 커질 거라고 생각해요."- 임선애

"영어 영상번역 수요는 계속 증가할 것 같아요. 지금도 증가 추세에 있고요. 새로 한국 시장에 진입한 넷플릭스의 경우도 아직 번역할 물량이 상당히 남았을 테고, 계속 새로운 시리즈가 탄생하니까 더 좋아질 개연성도 많죠."- 김지혜

"다행히도 최근에 여러 콘텐츠를 가지신 업계 쪽에서 일본진출들을 많이 시도해주셔서 긍정적인 방향을 기대할 수 있는 상황이긴 해요. 사실 저희는 작가님들이 많이 부족한 상황이에요. 계속해서 실력 있고 마인드 좋은 작가님들을 배출하기 위해 힘쓸 생각이에요."- 김명순

 일본어 쪽은 시장이 급격히 커지거나 급격히 줄어들거나 하지 않고 꾸준한 상태인 것으로 보인다. 하지만 최근 우리나라 케이블 업체와 종합편성 업체가 점점 지상파TV와 시청률 전쟁을 벌이는 추세를 보면 결국 콘텐츠 확보에 각 방송사가 열을 올릴 수밖에 없고, 이는 다시 일본 콘텐츠로 눈을 돌리게 만드는 계기가 될 것이다.
 일본 소설과 에세이가 여전히 한국 시장에서 잘 팔리고, 일본 원작 드라마를 리메이크한 작품이 선풍적 인기를 끄는 것을 볼 때 일본어 번

역 시장도 다시 커질 가능성이 높다고 전망한다.

 국내 중국어 영상번역 시장은 2가지 변수를 고려해야 한다. 하나는 무협이나 역사물 말고 현대물이 얼마나 한국 시장에 어필할 수 있을지이고, 다른 하나는 정치적 변수이다. 중국 내 반한 기류가 높아지면 우리나라 내에서도 반중 정서가 높아질 수밖에 없다. 이런 변수가 부정적인 방향으로 흐르지 않는다면 추세로만 봤을 때 시장 확대가 예상된다.

 중국 드라마나 영화의 작품성이나 디테일에 대한 지적이 많긴 하지만 중국은 콘텐츠 생산에 있어 아시아를 넘어 세계 최고의 잠재력을 지니고 있다. 오랜 역사와 다양한 민족, 넓은 영토 등에서 나오는 각종 '이야기'는 무궁무진하다. 또 아시아 특유의 정서가 우리나라에도 잘 맞는 편이다.

 영어 영상번역 시장은 현재 중흥기를 이미 맞이했다고 많은 번역가들이 말하고 있다. 영어를 좀 잘한다고 해서 곧바로 영상번역을 할 수 있는 건 아니기 때문에 아무리 영어 잘하는 사람이 대한민국에 넘쳐난다고 해도 현재는 실력 있는 영상번역가에 대한 품귀현상이 벌어지고 있다. 모집공고도 자주 올라오고 단가 자체도 높다. 단, 양극화되는 측면이 없지는 않다. 신규 진입한 영상번역가의 경우에는 낮은 번역료 때문에 상당한 어려움을 겪는 게 현실이기 때문이다.

 가장 큰 업계의 관심은 역시 넷플릭스다. 넷플릭스가 어떤 포지션을 취하느냐에 따라 번역 물량과 번역가의 처우 등이 상당히 달라질 수 있다. 넷플릭스가 비록 시장점유율이 기대 이하라고 하더라도 대부분의 콘텐츠가 번역이 필요한 콘텐츠들이기 때문에 그 양과 질 모두에 있어 영상번역에 가장 큰 영향을 줄 수밖에 없다. 번역 물량뿐 아니라 번역 품질도 세심히 신경 쓰고 있는 상태다.

❊ 환경변화에 대한 대응

세계 영상 시장은 지금 콘텐츠 전쟁 중이다. 아마존, 넷플릭스, 훌루 모두 오리지널 콘텐츠 제작에 열을 올리고 있다. 특히 넷플릭스는 오리지널 콘텐츠 비중을 이른 시일 내에 50%까지 올릴 예정이라고 한다.

이것이 영상번역가에게 무엇을 의미하는 걸까?

지금도 넷플릭스 오리지널 시리즈는 넷플릭스 이외의 채널은 말할 것도 없고 넷플릭스에서 방영되는 라이센스 시리즈보다도 월등하게 높은 번역료로 번역이 되고 있다. 즉, 오리지널 시리즈의 콘텐츠 완성도를 위해 번역에도 엄청난 공을 들이는 것이다.

그렇다면 당연히 영상번역가들도 '번역의 완성도'에 더욱 신경을 써야 한다.

하지만 문제는 넷플릭스 오리지널 시리즈를 번역하는 시장에 진입 자체가 어렵다는 사실이다. 경쟁률도 치열하고 경쟁률이 치열한 만큼 선별 과정도 까다로울 수밖에 없다.

그래도 오리지널 시리즈 물량은 계속 증가할 것이기 때문에 경력 등으로 지금 당장 진입하지 못한다고 해서 실망할 것이 아니라 앞서 말한 완성도 높은 번역을 할 수 있는 실력을 계속 키워야 기회가 왔을 때 진입할 수 있다. 뻔한 말이긴 하지만 정답이란 게 원래 뻔한 답이다.

저가 번역료 시장에 있는 경우라면 반복해서 말하지만, 소규모 영상번역 그룹을 만들 것을 권한다. 물론 소규모 영상번역 그룹을 만들었다고 해서 당장 번역의뢰가 들어오고 하지는 않을 것이다. 하지만 만들어서 손해가 날 것은 없다. 대신 소규모 그룹을 통해 정보공유도 광범위해지고 '단결해있는' 자체만으로 협상력이 향상된다.

로버트 라이시 같은 정치경제학자들이나 노동경제학자들의 이론에 따르면 근로자가 높은 임금을 받는 건 그 사람의 능력이나 실력 때문인 경우도 있겠지만, 그보다는 협상력이 높기 때문이라고 한다. 협상력을 높이는 강력한 수단 중 하나가 노동조합이다.('로버트 라이시의 자본주의를 구하라(Saving Capitalism)' / 안기순 역 / 김영사)

기업은 근로자의 실력이 뛰어나서 그에 합당한 급여 상승을 보장한다기보다 노동조합이 결성되어 있기 때문에, 또는 노동조합을 결성할까 봐 일정 수준 이상의 급여 상승을 결정하는 경우가 많다.

프리랜서 영상번역가들은 사용종속적인 노동을 하는 근로자가 아니니까 노동조합을 결성하지는 못할 것이다. 그러니까 대신에 소규모 영상번역 그룹을 결성해놓으면 협상력도 강화되고 의뢰받을 수 있는 작품의 범위도 넓어지며 하다못해 정서적으로 안정감도 준다. 그룹 결성 시 나쁜 점은 뭐가 있을까? 딱히 떠오르는 게 없다. 물론 소규모 그룹 결성조차도 귀찮고 혼자 활동하는 걸 선호한다면 그렇게 해도 된다. 혼자서도 자리 잘 잡은 영상번역가들이 많다. 사회활동이 싫은 경우라면 억지로 할 필요까지는 없다.

❋ 고귀한 성실

사실 뭐 그렇게 미래를 전망하고, 더 높은 번역료를 지급하는 시장을 탐색하고, 협상력 강화 방안까지 고민해야 할까 싶은 생각도 들 것이다. 어차피 계획대로 되는 것도 아닌데 말이다. 하지만 계획된 목표를 달성하는 것만큼이나, 아니 어쩌면 계획된 목표를 달성하는 것 이상으로 미래를 고민하고, 번역료를 고민하고, 협상력을 고민하는 것이 더 큰 의미가 될 수도 있다.

사람은 끝이 아니라 과정을 살기 때문이다.

우리의 인생을 다른 사람은 결과만을 보고 평가할지 모르나 우리 스스로 자신의 인생을 이해하는 부분은 결과보다는 그 과정이다.

산꼭대기에 바위를 밀어 옮기면 그 바위가 다시 아래로 굴러떨어지고, 그 떨어진 바위를 다시 밀어 산 정상으로 옮기고, 그 바위가 또 아래로 굴러떨어지는 무의미한 노동을 하던 시지프스(Sisyphos)가 패배하지 않았던 건 까뮈에 따르면 '부조리한 인식을 통해 인간 존엄성을 획득'했기 때문이라고 한다.

결국, 그 영겁의 형벌 속에서도 자살하지 않고 무의미한 노동을 반복하는 그 인식, 그 고귀한 성실이 까뮈가 말한 반항이고, 존엄한 인간 행위이다.

눈길을 걸을 때는 뒤에 오는 사람들을 생각해야 한다고 한다. 앞서간 사람들의 발자국이 뒷사람의 길이 되기 때문이라는데, 영상번역가로서 조금 앞서간 사람들이라면 뒷사람을 생각해서 바른 방향의 발자국을 남기기를……

" One must live the way one thinks or end up thinking "
the way one has lived.
- Paul bourget

생각대로 살지 않으면 사는 대로 생각하게 된다.
- 폴 부르제

(*'폴 발레리'가 아니다.)

어떤 사람이
영상번역가가 되나

❋ 저먼 셰퍼드는 저먼 셰퍼드답게 진돗개는 진돗개답게

요즘에는 우리나라에 애견 인구가 많이 늘었다. 고양이를 키우는 애묘인들도 물론 많이 있겠지만, 그래도 반려동물의 상징은 개다. 동네 공원마다, 아파트 단지 산책로마다 온갖 종류의 개가 꼬리를 흔들며 부지런히 산책하러 다닌다. 크기나 국적, 털 색깔, 생김새도 정말 다양하다.

군대에서도 개를 키운다. 당연히 군사적 목적 때문인데 경비 목적도 있지만, 주로 탐지·수색이나 추적을 목적으로 많이 키우고 있다.(탐지·수색견, 추적견 등 목적에 따라 별도로 관리되고 있다.) 군견을 훈련하는 전문부대도 있다. 군견관리병도 일선 부대에 파견 나와서 군견의 건강 및 훈련 상태를 항상 점검한다.

우리나라를 대표하는 개는 천연기념물로까지 지정된 진돗개인데 군견으로 활용되는 경우는 거의 없다. 2015년에 대한민국 군견 50년 역사상 처음으로 진돗개 2마리가 1,300여 마리의 군견 대열에 합류했다. 군견은 대부분 저먼 셰퍼드(German Shepherd)이고, 벨지언 말리노이즈(Belgian Malinois)나 래브라도 리트리버(Labrado Rtriever)도 일부 운용되고 있다.

 진돗개가 군견으로 적합하지 않은 이유에 대해 군견훈련소나 많은 우리나라 사람들이 '핸들러'라고 불리는 군견병이 전역해버리면 후임 군견병의 말을 듣지 않아서라고 말하지만, 2015년 이전까지 한 번도 군견으로 사용해보지 않았기 때문에 실제로 그런지는 정확히 알 수가 없다. 그냥 충성심이 높으니까 그러지 않을까 짐작만 할 뿐이다. 진돗개가 군견으로 적합하지 않은 이유는 여러 가지가 있는데, 체력 문제가 좀 있기도 하고 결정적으로 산만하다. 2011년에 LA 경찰견 테스트에서도 그날의 기분에 따라 임무 수행을 잘하기도 못하기도 해서 불합격했다.

 물론 스누피의 모델인 비글(Beagle)만큼 산만하진 않을 것이다. 비글은 숲을 헤집고 다니면서 발달한 후각으로(마약 탐지견으로도 활용된다) 토끼나 여우를 찾아낸 뒤 괴롭혀(땅을 잘 판다) 바깥으로 나오게 하는 역할을 했던 개라서 활동적일 수밖에 없다.

 무슨 얘기를 하고 싶으냐고?
 자기가 어떤 종류의 개인지 잘 생각해보고 진돗개면 진돗개답게, 비글이면 비글답게, 저먼 셰퍼드면 저먼 셰퍼드답게 사는 게 행복에 이르는 길이라는 말을 하고 싶다.
 난 진돗개를 군견으로 만들려는 억지 노력이 못마땅하다. 군견이 아니더라도 얼마든지 훌륭한 경비견이나 수렵견으로 살 수 있는데 왜 꼭 군견이나 경찰견으로 만들려 하는지……. 훌륭한 가수나 화가가 될 수 있는 학생을 꼭 의사로 만들어야 할까?

✽ 영상번역가에 맞는 적성이란

적성이란 어떤 일에 적합한 성격이나 소질을 말한다. 영상번역이라는 일에 맞는 성격이나 소질은 어떤 것일까?

"기본적으로는 언어능력이 뛰어나야겠죠. 일단 중국어 영상번역가가 되려면 중국어 실력이 뒷받침되어야 해요. 중국어 실력이 있다는 전제 하에 한국어 구사 능력이 뛰어나면 클라이언트들로부터 인정을 받겠죠. 결국, 언어를 다루는 직업이니까 언어에 대한 감각이 중요한 것 같아요." - 임선애

"영상번역의 특징은 언어를 단축한다는 데 있어요. 그런데 단순히 단축하는 게 아니라 재밌게, 감동적이게 단축해야 하는 거죠. 이런 능력이 뛰어난 사람들이 있어요. 그런 게 소질 아닐까요?" - 김지혜

"저는 특별한 능력보다는 영상번역 자체를 좋아하는 마음, 또 배우려는 자세만 있다면 얼마든지 할 수 있다고 생각해요. 열정과 노력을 이기는 재능이란 찾아보기 힘들잖아요. 있을 수도 있겠죠. 천재들이 있으니까요. 하지만 그 많은 영상번역가들 중에서 천재라고 불리는 사람이 몇 명이나 되겠어요? 결국, 열정과 노력이 중요한 거죠." - 김명순

❊ 성격적인 측면

영상번역을 잘하려면 꼼꼼한 성격이면 좋고, 적어도 덤벙대는 성격은 아니어야 한다. 물론 다른 일에서 덤벙댈 수는 있다. 하지만 번역하는 순간만큼은 고도의 집중력을 발휘해서 세심하게 번역해야 한다. 대강 번역하면 표시가 난다. 선수들끼리는 다 안다.

영상번역은 제약이 많다. 따라서 무심코 잘못 찍은 문장부호나 글자 수 초과, 어이없는 맞춤법 실수 등은 프로덕션 피디를 '불안하게' 만든다. 그런 영상번역가가 번역한 작품은 바짝 신경 써서 확인해야 하므로 에너지 소비가 많고 피곤해진다. 아무래도 다음번 작품은 의뢰하지 말아야겠다는 생각이 들 수밖에 없다. 왜냐하면, 영상번역 하겠다고 줄 서 있는 사람들이 많기 때문이다.

반대로 번역을 봤는데 '와'하는 감탄사가 나올 정도로 잘한 건 아니지만, 특별히 흠잡을 데 없이 '무난하게' 했다면 마음이 놓이면서 다음번 작품도 의뢰해야겠다는 생각이 든다. 영상번역 하겠다고 줄 서 있는 사람들은 많지만, 굳이 바꿀 이유가 없다. 쉽게 말해 적어도 그 피디에게는 검증된 영상번역가가 된 것이다.

외향적이든 내향적이든 그런 건 상관없다. 어차피 혼자 일하는 직업이다. 비사교적이어도 상관없고, 좀 까칠해도 상관없다. 어차피 업체와 만나서 얘기할 일도 별로 없다. 주로 전화와 메일이다.

꼼꼼하고 집중력 있는 성격이면 영상번역가에게 필요한 성격적 특성으로 충분하다.

❉ 소질적인 측면

천재적인 언어 감각? 자신이 그 정도라고 생각된다면 번역 아카데미 보다는 드라마작가 아카데미 문을 두들겨보라. 창작과 번역의 평균 소득을 비교하면 번역 쪽이 아무래도 높겠지만(왜냐하면, 기성 드라마 작가도 작품 공백기가 3~4년이라고 한다. 입봉 못한 작가 지망생들이 부지기수다.), 잘 나가는 사람의 소득을 비교하면 창작, 특히 드라마 작가가 압도적이다.

이미도 번역가가 편당 600만 원 내외를 받는다면, 이미도 급의 드라마 작가는 회당 3,000만 원 이상을 받는다. 문영남, 최완규, 홍자매, 임성한 등의 드라마 작가 이름은 많이 들어보았을 것이다. 김수현 작가는 회당 6,500만원~1억이라고 한다.

본인은 번역하더라도 딸내미, 아들내미는 꼭 드라마 작가 시켜야지 하는 생각이 확실히 들 것이다. 그런데 정말 대단한 언어 감각이어야지 좀 잘해서는 보조작가 되기도 힘든 영역이다. 하긴 창작은 아이러니하게도 배고픔을 먹고 큰다.

대신 아주 뛰어난 언어 감각은 아니지만, 주변 사람들로부터 글을 잘 쓴다거나, 말을 잘한다는 평가를 좀 받아본 사람이라면 번역 쪽으로 오면 좋다. 특히 구어체 구사에 재능이 있다면 영상번역 쪽이 제격이다.

자신이 구어체도 능하고 문어체도 능해서 어쩌면 좋을까 걱정할 수도 있는데, 걱정할 필요 없다. 영상번역 하다가 출판번역 할 수도 있고, 반대의 경우도 있고, 또 창작하는 작가의 길로 나갈 수도 있다.

❖ 통장 잔액

　사실 성격이나 소질만큼 통장 잔액도 중요하다.
　데뷔하고 나서도 영상번역가로 자리를 잡기까지 1~2년은 걸리고 그 기간의 소득은 편의점에서 일하는 정도라고 생각하면 된다. 그나마도 일감이 없어 소득이 최저생계비 이하로 떨어지는 경우도 꽤 있다. (물론 일부의 경우는 몇 개월 하지도 않았는데, 뛰어난 실력 때문에 국내 및 해외업체의 러브콜을 받기도 하고, 소득도 작업에 투입하는 시간을 고려하면 상당히 좋은 경우도 간혹 볼 수 있긴 하다.)
　그래서 급여가 좀 적더라도 시간 여유가 있는 다른 직업과 병행해서 일하다가 영상번역으로 완전히 전업하는 게 현실적이고, 현명한 선택이라 본다.
　당장의 마음 같아서야 1~2년 버티는 게 대수일까 싶지만, 많은 영상번역가들이 데뷔한 이후에도 경제적 어려움을 견디지 못하고 떠나는 일이 많다. 처음에야 영상번역이 너무 신기하고 재미있는 일이지만 또 계속하다 보면 재미있는 일이긴 하지만, 처음만큼 그렇게 신기하고 재미있지는 않아서 정말 지루하고 조사할 자료가 많은 다큐멘터리나 대사가 쉴 새 없이 쏟아지는 리얼리티 쇼라도 맡아서 하게 되면 초심을 잃기가 쉽다.
　따라서 병행할 직업을 가지고 여유 있게 영상번역을 하든지, 아니면 영상번역에 입문하기 전에 통장 잔액을 좀 넉넉하게 마련해서 업계에 진입해야 생존확률을 높일 수 있다.

❋ 지망생들에게 전하고픈 말

기성 영상번역가들은 지망생들에게 어떤 말을 전하고 싶을까?

"데뷔는 운에 따라서 좀 빨리 될 수도 있고, 늦게 될 수도 있으니까 데뷔를 빨리 못한다고 너무 초초해하지 말고 실력을 키우면서 기회를 기다리는 게 좋아요. 자기가 좋아하는 일을 직업으로 삼는 건 일종의 행운이니까, 그 행운을 잡기 위해 인내하라는 말을 전하고 싶습니다." - 임선애

"조급하게 생각하지 말라는 조언을 하고 싶어요. 영어 영상번역은 일감을 받을 수 있는 루트가 정말 다양하거든요. 그러니까 포기하지 않고 계속 도전하다 보면 일은 언젠가는 받을 수 있을 거예요. 또 일찍 시작해서 잘 안된 경우도 많이 봤어요. 왜냐하면, 업체에서 그런대로 하니까 시리즈 전체를 맡긴다든지 해서 많은 물량을 하게 됐을 때 그걸 소화해낼 실력이 없으면 그 업체와는 영영 안녕이죠. 그리고 너무 빨리 가려고 하면 지칠 수도 있거든요. 마라톤처럼 페이스 조절 잘해서 롱런하시길 바라요." - 김지혜

"전 지망생들에게 겸손하라는 말을 하고 싶어요. 일본어 영상번역은 실력으로 하는 일이지 스펙으로 하는 일이 아니에요. 또 실력이라고 해서 단순히 외국어 실력만으로 해결되는 문제가 아니거든요. 우리는 배울 게 많아요. 또 겸손해야 배울 수 있어요. 속이 비어 있어야 채울 수 있는 거잖아요. 잘난 사람이 아니라 겸손하고 성실한 사람이 인정받고 오래 일할 수 있다는 말을 전하고 싶습니다." - 김명순

" Even if I knew that tomorrow the world would go to pieces, I would still plant my apple tree.
- Martin Luther "

내일 세상이 허물어질 거라는 사실을 내가 안다고 하더라도
난 한 그루의 사과나무를 심겠다.
- 마틴 루터

(*스피노자의 말로 잘못 알려져 있다.)

나를 위한 격려 :
수고했어, 사랑해

❋ 세상에서 제일 중요한 사람

우리는 누군가를 위해 희생한다. 자녀의 교육을 위해서 머나먼 통근을 감내하기도 하고, 지역사회를 위해서 봉사활동을 하기도 하며, 나라를 위해서 목숨을 내놓기도 한다. 하지만 이 모든 희생의 중심에는 자기 자신이 있다. '내' 자식, '내'가 속해 있는 지역사회, '내' 조국이기 때문에 기꺼이 희생하는 것이다.

영상번역은 번역의 여러 영역 중에서 특히 축약이 강조되는 영역이므로 '부득이하게' 단어들을 희생시키고 만다. 하지만 영상번역'가'라는 직업은 경제적으로 좀 더 나은 여유를 찾기 위해 부업으로 하는 게 아니라면 희생하고는 거리가 먼 직업이다. 자기 자신을 위한 '이기적' 직업이다.

영상번역가 자신이야 영화와 드라마 보면서, 또 사람 시달리는 것 없이 일정을 자유롭게 조절해가며 일하니까 세상 편한 일일지 모르겠으나, 안정적이고 더 많은 소득을 위해 많은 걸 희생하는 일반 직장인들에 비하면 가족들 입장에서는 이기적으로 보이는 직업일 수도 있다.

적어도 자기희생적인 직업과는 거리가 멀다.

 물론 영상번역가로 자리를 잡기까지는 경제적 어려움을 비롯해서 군데군데 온갖 난관이 놓여 있고, 자리를 잡고 난 이후에도 일감이 밀려오면 다크써클이 생길 정도로 수면 부족에 시달리기도 하고, 손목이 뻐근해질 때까지 키보드를 두들겨야 할 때도 있다. 하지만 다 영상번역가 자기 좋자고 하는 일이다. 누가 등을 떠밀어서 영상번역의 세계에 온 경우는 거의 없고, 대부분 자기의 선택이다. 그래서 책임이 무겁다. 이 책임은 남에 대한 책임이 아닌 자기 인생에 대한 책임이다.

❋ 나에게 해주고 싶은 말

영상번역가를 꿈꾸는 지망생들에게 조언하고 그들을 격려하는 말은 많이 해보았겠지만, 영상번역가 스스로 해주고 싶은 말은 어떤 게 있을까?

"글쎄요. 지금처럼 계속 열심히 잘하자, 이 정도? 좋아하는 일을 직업으로 삼았다는 건 특별한 경험이고, 행운이고, 감사한 일이란 걸 늘 잊지 말자는 말도 저에게 하고 싶네요. 일정 바쁘고 늦게까지 잠 못 자고 일할 때는 가끔 힘들기도 하죠. 하지만 내가 왜 이걸 할까라고 생각해 본 적은 없어요. 행운에 감사하고 열심히 하는 거죠." - 임선애

"좋아하는 일 오래오래 하자. 갑자기 질문하시니까 멋있는 말이 생각 안 나네요. 제가 다녔던 방송 아카데미에 같은 반 학생들이 20명이었는데 지금 영상번역을 계속하고 있는 사람은 4명 정도인 것 같아요. 나

머지 16명가량은 재미로 그냥 한번 영상번역이란 게 어떤 건가 해서 호기심에 수강한 경우도 있고, 개인 사정이 생겼을 수도 있고, 아니면 영상번역을 너무 쉽게 생각해서 살아남지 못한 케이스일 수도 있어요. 쉽지 않은 길이지만 다행히 잘 왔고 앞으로도 계속 꾸준히 (번역)일하면서 살고 싶어요." - 김지혜

"항상 배우고, 항상 도전하자는 말을 저에게 해야겠네요. 미리 준비한 멘트가 없어서. 인생이 참 알 수 없는 거죠. 우연한 계기로 번역에 들어서서 지금껏 오래 작품을 하고 있고, 작가들도 교육하고 있으니까요. 요즘에 전 앨범 준비를 하고 있어요. 실제로 녹음 작업 중이거든요. 아마추어가 아닌 프로페셔널 가수가 되는 거죠. 제가 학생들에게 하는 말이 사실 저에게 하는 말이에요. 열정을 가져라, 겸손해라, 체력관리를 해라, 도전하라." - 김명순

❋ 풍성한 인간관계

영상번역을 하면서 좋은 것 중 하나는 칡넝쿨처럼 얽힌 인간관계가 정리된다는 사실이다. 회사를 다니다 보면 별로 친하지 않은 사람들의 경조사에도 어쩔 수 없이 같은 조직이라는 이유 하나로 빠지지 않고 참석하게 되는 일이 많지만, 정작 자신의 가까운 친구나 친인척의 경조사에는 조직생활이 바쁘다는 이유 하나로 참석하지 못하는 경우가 많다.

하지만 영상번역가는 자기가 집중해야 할 일에 집중할 수 있다. 인간관계도 마찬가지로 자기가 만나고 싶은 사람 위주로 정리가 되어 좋아

하는 사람과의 인간관계에 집중할 여유를 갖게 된다.

그래서 오히려 인간관계의 밀도가 높아지고 풍성해진다.

인간관계 중의 인간관계인 자신과의 관계도 풍성해진다. 자신을 좀 더 들여다볼 수 있고(물론 들여다봐도 별다른 건 없다), 거추장스러운 허식도 많이 벗어놓고 자기를 위한 삶에 집중하게 된다.

✿ 야생의 삶은 자신을 동정하지 않는 삶

리들리 스콧 감독의 〈지.아이. 제인(G.I. Jane, 1997)〉이라는 영화를 보면 금녀의 벽인 네이비 씰의 대원이 되기 위해 고군분투하는 데미 무어(조단 오닐 역)의 삭발한 모습이 나온다. 당시는 그냥 액션 영화라고 생각했지만, 요즘 다시 생각해보니 페미니즘의 시각에서도 바라볼 수 있는 영화인 것 같다.

아무튼, 우리나라 영화나 드라마였다면 아마 교관과 사랑에 빠지는 내용이 주가 되었을 텐데, 리들리 스콧의 영화에선 남자 애인이 잠깐 나오긴 하지만 큰 비중은 없다.

이 영화 덕분에 유명해진 시(詩)가 바로 〈채털리 부인의 사랑(Lady Chatterley's Lover)〉을 쓴 소설가 D. H. 로렌스의 〈자기 연민(Self Pity)〉이다.

프리랜서는 야생의 삶을 산다.

조직이라는 울타리가 없다. 아무도 보호해주지 않는다. 프리랜서(freelance/-r)라는 말 자체가 어느 영주에도 소속되지 않은(free) 창기병(lance/lancer)을 뜻한다. 국회의원으로 따지면 당적이 없는 무소속 의원이다. 프리랜서가 사는 곳은 춥다. 준비 없이 나섰다가는 딱

얼어 죽기 좋은 곳이다.

 신문을 보면 우리나라 식당의 폐업률이 높다는 애기를 하면서 자영업의 어려움을 애기하는데, 프리랜서들도 마찬가지로 자영업의 일종으로 볼 수도 있다.

 하지만 영상번역가들을 인터뷰하면서 자신을 스스로 동정하는 영상번역가를 보지 못했다.

 그래서 살아남았나 보다.

⟨Self Pity⟩

I never saw a wild thing

sorry for itself.

" A small bird will drop frozen dead from a bough "

without ever having felt sorry for itself.

- David Herbert Lawrence

⟨자기 연민(自己憐憫)⟩

나는 자신을 동정하는

야생의 것을 본 적이 없다.

나뭇가지에서 얼어 죽어 떨어진 작은 새조차도

결코 자신을 동정하지 않는다.

- 데이비드 허버트 로렌스

에필로그

번역을 하면서 좋은 점이 2가지가 있다.

하나는 '몰입'이라는 정신 상태를 '자주' 경험할 수 있다는 사실이고, 다른 하나는 뭔가 자신의 것이 쌓이는 느낌이 든다는 것이다. 두 번째 느낌은 '보람'이라고 말해도 좋을 것 같다.

몰입감은 정신노동을 명상처럼 만들어준다. 두뇌가 정신노동이라는 노동을 했으면 두뇌의 근육이 뻐근해지고 기진맥진한 상태가 되어서 당분을 원하는 상태가 되어야 하는데, 오히려 정신이 맑아지는 느낌이 들 때가 있다. 물론 이런 무아지경의 상태를 '자주' 경험한다는 얘기이지 '항상' 경험한다는 얘기는 아니다. 일하다 보면 당 땡길(당길) 때가 더 많다. 하지만 일반 직장인들이 겪는 실적에 대한 압박감이나 정신없이 바쁘면서 온갖 감정을 소비해야 하는 상황에 비하면 복 받은 직업이다. 평온하다.

보람은 자기가 한 일이 포트폴리오로 남는다는 사실이다. 물론 시청자들로부터 좋은 평을 받는다면 그 또한 큰 보람이겠지만, 외부의 평가와는 별개로 뭔가 세상에 내어놓은 것이 있다는 사실 자체로 인간의 원초적인 기쁨을 느끼게 된다. 소박하게 표현하면 발자국일 수도 있고, 거창하게 표현하면 업적일 수도 있다. "그동안 풀어놓은 말빚을 다음 생으로 가져가지 않겠다"며 그동안 냈던 출판물도 모두 절판시킨 법정 스님 같은 고승이라면 쓸데없이 업을 쌓는 일이 한심해 보일 수도 있겠지만, 범부인 우리는 세상에 뭔가 남기고 싶다. 혹시 모르지 않는가. 어떤 청년이 아름다운 영화나 드라마를 보고 인생을 성찰하거나 앞으로의 생에 대한 영감을 얻을 수도 있다. 더 나아가 그 청년이 깊은 울림을 주는 번역된 대사에 감동했다면 더 보람된 일일 것이다.

하지만 빛이 있으면 그림자도 있는 법.

나는 빛과 그림자를 함께 소개하고 싶어 여러 영상번역가들에게 기쁨과 슬픔을 함께 말해달라고 했다. 솔직히 말한다면, 내가 겪고, 또 곁에서 본 영상번역가들의 명암은 그렇게 깊지는 않았다. 개인별로 개인이 처한 특수한 환경 때문에 크게 기쁘고, 크게 서러웠던 일이 있었는지는 모르겠으나, 영상번역가라는 직업만 체에 곱게 걸러보았더니 적당한 기쁨과 적당한 슬픔이었다. 우리가 늘 관심 있어 하는 돈 문제를 따져보아도 대부분 적당히 부유했고, 적당히 가난했다.

독자들이 이 책을 읽고, '아, 이 사람들은 이런 삶을 살고 있구나', '이런 직업도 있네' 정도만 느끼면 저자로서의 보람이 될 것 같다. '영상번역의 모든 것'이라고 광고를 하고 싶지만, 책 한 권에 담기에는 영상번역이라는 세계가 너무 광대하기 때문이다.

그리고 이 책이 그다지 필요 없는 사람도 있다.(프롤로그가 아니라 에필로그에서 밝혀서 죄송하다.)

이미 자신이 영상번역가가 되리라는 자기 확신이 있는 사람들이다.

어떤 조언도 현실에 대한 정보도 소용이 없다.

결국 영상번역가가 되어서 자막을 만들게 된다. 다른 말로 운명이라고도 한다.

왜 그렇게 영상번역을 하고 싶어 할까?

" Because it is there.
-George Mallory, 1924 "

산이 거기에 있으니까.
- 조지 말로리, 1924년

(*에드먼드 힐러리보다 30년 먼저
이 말을 했다.)

영상번역 노하우
원포인트 레슨

| 1. 실제 사례를 통해 배우는 스파팅 방법

▶ 각 자막은 호흡에 맞게 끊어서 번역한다.

자막은 원어 대사가 시작되면서 화면에 뜨고, 대사가 끝나는 동시에 사라진다. 따라서 원어 대사와 호흡이 맞게 끊어져서 번역되어야 한다. 보통 4초 이내로 스파팅 해주는 것이 가장 보기 좋지만 1~2초 내로 떴다가 사라지는 자막은 보기에 좋지 않으므로 조금 더 여유를 두고 끊어주는 것이 좋다. 반대로 5초를 넘게 떠 있는 긴 자막은 보기에 지루하므로 한 번 정도 나눠주는 것이 좋다. 예를 들면 원어 대본이 다음과 같이 주어지는 경우를 살펴보자.

〈원어 대본 - American Beauty 중에서〉

JANE   I need a father who's a role model, not some horny geek-boy who's gonna spray his shorts whenever I bring a girlfriend home from school. Like he'd ever have a chance with her. What a lame-o. Somebody really should put him out of his misery.

RICKY Want me to kill him for you?
JANE   Yeah, would you?
RICKY It'll cost you.

JANE   I've been baby-sitting since I was ten. I've got almost three thousand dollars. I was saving it for a boob job. But my tits can wait.

RICKY   You know, that's not a very nice thing to do, hiring somebody to kill your dad.

JANE   Well, I guess I'm just not a very nice girl, then, am I?

LESTER My name is Lester Burnham. I'm forty two-years old. In less than a year, I'll be dead. In a way, I'm dead already. Look at me jerking off while I listen to country music. I hated this shit when I was growing up. Funny thing is, this is the high point of my day. It's all downhill from here. That's my wife Carolyn. See the way the handle on those pruning shears matches her gardening clogs? That's not an accident.

위와 같은 대본을 주어진 영상과 대조해 보면서 컴퓨터 화면상에서 호흡에 따라 끊어주면 번역하기가 훨씬 수월해진다.

JANE   I need a father who's a role model, not some horny geek-boy who's gonna spray his shorts whenever I bring a girlfriend home from school. Like he'd ever have a chance with her.
        What a lame-o.
        Somebody really should put him out of his misery.

RICKY   Want me to kill him for you?

JANE   Yeah, would you?
RICKY It'll cost you.

JANE   I've been baby-sitting since I was ten.
       I've got almost three thousand dollars.
       I was saving it for a boob job. But my tits can wait.

RICKY You know, that's not a very nice thing to do,
       hiring somebody to kill your dad.

JANE   Well, I guess I'm just not a very nice girl, then,
       am I?

LESTER My name is Lester Burnham.
       I'm forty two-years old.
       In less than a year, I'll be dead.
       In a way, I'm dead already.
       Look at me jerking off while I listen
       to country music.
       I hated this shit when I was growing up.
       Funny thing is, this is the high point of my day.
       It's all downhill from here.
       That's my wife Carolyn.
       See the way the handle
       on those pruning shears matches her
       gardening clogs?
       That's not an accident.

위에서 표시한 것처럼 대본에 호흡을 끊었으면, 각 호흡을 한 개의 자막으로 설정하고 번역해주면 된다. 대사가 빨리 이어진다면 두 개의 문장이 한 개의 자막이 될 수도 있고, 한 문장이 호흡 없이 길게 이어질 경우엔 중간 절에서 끊어서 자막을 바꿔줄 수도 있다.

ǀ 2. 글자 수 안배를 통한 읽기 좋은 자막 만들기

▶ 자막은 보통 4초 이내로 스파팅 해주고, 번역은 한 줄에 한글 13자에서 16자, 두 줄까지 표현이 가능하다.

 시청자가 가장 보기 좋은 자막의 글자 수는 16자 이내이다. 너무 대사가 길어도 읽을 시간이 부족하기 때문이다. 즉, 적당한 글자 크기로 시청자가 읽어나가기 좋은 글자 수는 한 줄에 15자 이내란 뜻인데, 대체로 그 한도 내에서 대사를 처리해주면 무리가 없다. 어떤 경우엔 정확하게 대사의 길이를 계산하여 글자 수를 맞추는 경우도 있지만, 번역이란 것이 완전히 기계적으로 글자 수를 맞출 수는 없기 때문에 어느 정도의 융통성이 필요하다. 아래 번역 대본은 영화 '엔젤 아이즈'의 한 장면이다. 대본을 보면서 실제 어떻게 글자 수가 맞춰져 있는지를 파악해 보자.
 글자 외의 느낌표, 쉼표, 물음표, 스페이스, - 표시 등은 반 자로 친다.

⟨자막 글자 수 안배의 예⟩

샤론	여기서 만날 줄 몰랐어요	--------11자 반
	왜 혼자 앉아 있어요?	--------10자
캐취	사교적인 성격이 못돼요	--------11자 반
	좀 앉으시겠어요?	--------8자
샤론	그러죠	--------3자
	고맙다는 말도 못했네요	--------11자
	전 샤론 포그예요	--------8자
	- 절 알지도 못하잖아요?	--------11자 반
캐취	- 그렇죠	--------4자

위에서 보는 것처럼 한 줄에 들어가는 글자는 16자를 넘지 않는 것이 보통이고, 또 보기에도 좋다. 대사 앞부분에 짧은 바가 들어가 두 개의 대사가 나란히 놓이는 경우는, 두 사람이 빠른 대화를 나눌 때 한 자막에 대사를 띄워주기 위해 그렇게 하는 것인데, 이 기법을 적절히 사용하면 더욱 간결하고 깔끔한 자막을 만들 수 있다.

| 3. 영상번역의 묘미, 대사 축약!

▶ 대사는 간결하게 축약해준다.

우리가 접하는 영화나 드라마의 대사는 일상생활에서 흔히 사용하는 구어체이다. 따라서 단어 하나하나를 너무 직역해주는 것보다는 의역을 통해 자연스럽고 매끄러운 대사로 약간씩 축약해 주는 기교가 필요하다. 많은 대사를 일일이 전부 번역해주면 시청자가 미처 다 읽기도 전에 다음 자막으로 넘어가게 되기 때문이다.

〈축약하지 않은 번역〉

I think I've found a very nice vase for the foyer.
현관에 놓아둘 아주 멋진 꽃병을 찾았어

You'll probably think it's an extravagance,
but it's not, all things considered.
자넨 사치라고 생각할지 모르지만 그렇지 않아, 다 생각해서 산 거야

These pieces are becoming increasingly rare.
이런 것들은 점점 보기 드물거든

Isn't that exquisite?
우아하지 않나?

I hope you like it, because
it's perfect for the foyer.
마음에 들었으면 좋겠군, 현관에는 완벽하게 어울리거든

We already have a vase in the foyer, Eve.
이브, 현관에는 이미 꽃병이 있어요

Yes, but this will never look right when we redo the floors.
그래, 하지만 이건 바닥을 다시 깔면 전혀 어울리지 않을 거야

I've never understood why they have to be redone.
바닥을 왜 다시 깔아야 하는지도 모르겠어요

〈축약한 번역〉

I think I've found a very nice vase for the foyer.
현관에 놔둘 예쁜
화병을 찾았어

You'll probably think it's an extravagance,
but it's not, all things considered.
사치라고 생각지 말게
다 알아서 고른 거니까

These pieces are becoming increasingly rare.
이런 건 요즘 점점
보기 드물어

Isn't that exquisite?
우아하지 않나?

I hope you like it, because it's perfect for the foyer.
현관 장식용으로 그만이야
맘에 드나?

We already have a vase in the foyer, Eve.
현관에 꽃병 있어요

Yes, but this will never look right when we redo the floors.
하지만 바닥을 고치면
그건 안 어울려

I've never understood why they have to be redone.
바닥도 왜 고쳐야 하는지
모르겠어요

위의 번역은 축약하지 않고 그대로 번역해주었다. 당연히 말이 길다. 대사가 진행되는 시간이 4초 정도라면, 자막도 역시 4초 이내에 읽을 수 있게 만들어주어야 한다. 따라서 자막 번역에 알맞은 대사의 길이는 〈축약한 번역〉과 같이 해주어야 한다.

| 4. 대사 이외의 번역할 것들

① 타이틀

어떤 프로그램이든 제목이 있게 마련이다. 대개 작가에게 번역을 의뢰하기 전에 영화사, 혹은 방송국에서 제목을 달아주는 것이 보통이지만, 원제목을 그대로 보냈을 경우 작가는 제목을 우리말로 번역해주어야 한다. 물론 작가가 단 제목을 꼭 그대로 사용하는 것은 아니지만, 적어도 어떤 제목이 적당한지 스스로 네이밍을 할 수는 있어야 번역작가라고 할 수 있다. 프로그램의 제목은 시청률, 또는 흥행의 성공에 아주 큰 영향을 주게 되므로 번역 작가의 역할이 중요하다.

② 제작진 표기

영화의 시작 부분에는 영화에 출연한 사람들이나 제작진의 이름이 순서대로 뜨는 것이 보통이다. 외국어로 된 이름을 우리말로 표기할 때는 원발음에 맞게 제대로 표기해 주어야 한다. 때로는 제작진의 표기와 대사가 겹치기도 하는데, 이럴 때는 대사를 먼저 띄워준다.

제작진의 우리말 표기법은 다음과 같다.

Director of Photography	촬영감독
Production Designer Art Director	미술감독
Casting	배역담당
Music Score	음악담당
Editor	편집
Based upon Novel by ~	원작
Screenplay	각본
Teleplay	TV용 각본
Costume Design	의상담당
Special Effect	특수효과
Make-Up Artist	분장
Special Appearance, Guest Star	특별출연
Producer	제작
Director	감독

'촬영감독'은 카메라의 위치와 각도 등을 결정하여 지시하는 감독이다. 영화를 찍을 때는 한 촬영감독이 영화제작사에 고용되어 일하기도 하지만, 촬영 전문 회사에 맡기기도 하는데, 그 경우에는 회사명이 나오기도 한다.

'미술감독'은 영화 장면의 밑그림, 즉 화면 배경이나 소도구, 각 장면의 컬러 등을 준비하는 작업을 하며, 영화의 분위기를 담당하는 중요한 위치이다. 건축이나 디자인, 의상의 분위기 등 모든 영역을 책임지기 때문에 탁월한 감각을 필요로 한다. 미술감독은 대본을 받아 들고 가장 먼저 각 장면에 맞는 배경을 구상하고, 이 아이디어를 세트 디자이너에게 충분히 설명하여 물질적인 도구를 만들게 한 뒤 이를 배치하여 완성한다. 세트 데코레이터에게 장식과 포장을 의뢰하여 겉모양을 꾸미면 세트가 완성되는 것이다.

'배역' 담당은 각 역할에 맞는 배우를 캐스팅하는 사람을 일컫는다. 원작의 분위기에 적합한 배우를 선택하는 일은 영화의 성패를 가르는 중요한 작업이다. 최근에는 배우를 먼저 선정해 놓고 그 배우의 이미지에 맞게 대본을 쓰는 경우도 있다.

'음악' 담당은 영화에 사용되는 음악을 쓰는 사람을 의미한다. 영화음악은 영화를 관객들에게 각인시키는데 한몫을 하고 하나의 커다란 음악 장르로까지 발전했다. "타이타닉", "대부", "사운드 오브 뮤직", "로미오와 줄리엣" 등은 주제음악 자체로도 유명하다.

'편집'은 촬영이 끝난 뒤, 각 장면의 구성을 감독이나 제작자의 지시에 따라 처리하는 일을 말한다. 편집자는 감독이 제공하는 필름을 처리하는 단순작업자로 보기 쉽지만, 한 편의 영화를 깔끔하게 마무리하는 최종 점검자로서 막중한 임무와 감각이 요구되는 일이다.

'원작'은 영화의 줄거리가 되는 소설을 쓴 작가의 이름이다. 원작을 영화화하면서 전체, 또는 부분을 고치거나 첨가하는 작업은 '각색'이라 부른다.

'각본'은 소설 또는 연극 대본 등으로 되어있는 내용을 영화화할 수 있도록 대본으로 바꾸어주는 작업이다. 흔히 영화의 청사진을 만드는 작업이라고도 한다.

'의상' 담당은 영화에 등장하는 연기자들의 의상을 총 책임진다. 영화의 배경이 현대물인 경우 연기자의 성격에 맞는 의상을 준비하면 되지만, 역사물이나 외국을 배경으로 한 영화의 경우엔 그에 걸맞은 고증을 거쳐 의상을 준비해야 한다. 의상 때문에 영화 전체가 돋보인 경우도 대단히 많은데 그중 대표적인 것이 오드리 햅번이 주연한 영화 '사브리나'였다. 유명한 디자이너 지방시의 의상이 각 장면에서 빛을 발해 아카데미 의상상을 받기도 했다.

'특수효과'는 특정 장면을 직접 촬영하기 힘들 때 컴퓨터 그래픽이나 모형으로 처리하여 영화의 극적 재미를 높이는 역할이다. 엄청난 자본과 기술이 필요한 대규모 폭파 장면이나, 잔인한 장면, '쥐라기 공원'에서처럼 공룡이 등장하는 장면 등, 현대 영화에서 특수효과가 차지하는 비중은 대단히 크다.

'특별출연'은 이미 널리 알려진 유명한 배우가 주연이 아닌 조연급으로 영화에 출연할 경우 일반 출연진이나 조연과 구분하여 칭할 때 쓰인다. 대사 없이 화면에 얼굴만 잠시 비추는 카메오와는 성격이 다르다.

'감독'은 영화가 완성되기까지의 모든 과정을 책임지는 사람이다. 한 편의 영화를 만든다는 것은 물론 '공동작업'이기는 하지만, 촬영장에서의 감독의 말 한마디는 법과 같은 효력을 가진다고 해도 과언이 아니다. 일단 영화 제작안이 기획되면, 제작자와 작가, 촬영감독, 배우 등은 감독을 전폭적으로 믿고 지지하면서 촬영이 원활히 진행될 수 있도록 협조해야 한다. 제작과정에서 완벽한 뒷받침이 이루어질 때 감독의 역할이 빛나는 것이다. 즉 감독은 자질구레한 준비나 비용 문제에 신경 쓰지 않고 다만 영화를 잘 만드는 일에만 전념할 수 있기 때문이다. 제작과 감독의 분업 효과가 극대화되어 시너지 효과를 낼 때 훌륭한 영화가 만들어진다.

③ 대사 이외의 자막

영화나 다큐멘터리를 번역하다 보면 지명이나 대사 이외의 자막, 메모, 편지, 신문 기사 등이 나온다. 이런 것들은 대사에 관계없이 수시로 화면에 등장하므로, 빠뜨리지 말고 번역해줘야 시청자가 보는데 있어 불편함이 없을 것이다.

특히 지명의 경우 정확한 외국어 표기를 잘 모를 때 가장 좋은 방법은 사전에서 그 지명을 찾아 우리말로 어떻게 표기되어 있는지 알아보는 일이다. 예를 들어 Washington이란 지명은 발음에 따라 '워싱턴' 또는 '와싱턴' 등 다양하게 나올 수 있는데, 네이버를 찾아보면 정확하게 '워싱턴'으로 표기되어 있으므로, 워싱턴이라고 표기하는 것이 좋다. 가령 연도의 표시는 미국에서는 2002년 7월 20일을 '20th July, 2002'라고 표시하지만, 우리말로는 2002년 7월 20일로 번역해주어야 한다.

5. 시청자를 위한 배려, 단위환산

▶ 미국식 단위는 한국식으로 환산해 준다.

미국에서는 거리를 나타낼 때 km가 아니라 mile을 쓴다. 따라서 영화 대사에도 그대로 mile로 표현이 되는데, 그대로 써주면 km에 익숙한 우리나라 시청자들에겐 낯설게 느껴지고 얼마나 먼 지 감이 잘 잡히지 않는 경향이 있다. 따라서 이 단위는 km로 환산하여 표현해주어야 한다. 그밖에 길이나 무게 등에서 우리와 다른 표기는 우리 식으로 반드시 고쳐주는 것이 상식이다. 주로 많이 쓰이는 단위 환산은 아래와 같이 정리할 수 있다.

〈길이〉
1인치 = 2.54센티 = 0.0254미터
1피트 = 30.48센티 = 0.3048미터
1야드 = 91.438센티 = 0.8144미터
1마일 = 1.609킬로미터

〈무게〉
1온스 = 28.3495그램 = 0.02835킬로그램
1파운드=453.592그램 = 0.45359킬로그램

〈온도〉
a) 화씨(°F)를 섭씨(°C)로 환산하는 공식
C = F −32 ÷1.8   (예) 80°F = 26.6°C

b) 섭씨(°C)를 화씨(°F)로 환산하는 공식
F = C ×1.8 +32   (예) 30°C = 86°F

요즘은 인터넷 포털에서 단위환산을 치면 바로 공식에 적용할 수 있는 유용한 툴이 있어서 모든 단위를 쉽게 환산할 수 있어서 편리하다.

6. 더빙작품을 위한 영상번역 방법

더빙번역

외화를 우리말로 녹음하는 경우, 번역 작가와 성우의 역할이 대단히 크다. 케이블과 위성방송 시장 규모가 급속도로 확장되면서 외국 프로그램이 봇물 터지듯 쏟아져 들어왔고, 더빙(Dubbing) 즉 우리말 녹음도 어느새 친숙하게 느껴지게 됐다.

더빙번역이란, 외국어 대사에 녹음과 믹싱이라는 과정을 통해 우리말을 덧씌워주는 과정의 첫 단계라고 보면 된다. 영어와 우리말은 말의 순서가 다르고 구와 절 등으로 이루어져 있어, 단어의 길이와 호흡이 한국어와는 완전히 다르기 때문에 입을 똑같이 맞추어 주는 일이 쉬운 작업은 아니다. 또 동서양의 문화적 이질감도 커서 폭력성이나 선정성이 있는 대사를 그대로 번역해줄 경우 심의상의 문제가 생길 수도 있다. 따라서 더빙번역을 할 때는 먼저 원 대사의 의미를 정확하게 이해한 다음, 우리말로 자연스럽게 번역해주면서 호흡까지 맞추어 주면 완벽한 한국어 대사가 완성되는 것이다.

① **더빙번역을 하기 전에**

| 원어 대본을 검수한다

번역물에는 영상과 영어 대본이 주어진다. 이때 주어진 대본이 간혹 영상과 100% 맞지 않는 경우가 비일비재하므로, 번역을 시작하기 전에 반드시 대본이 잘 맞는지 맞춰봐야 한다. 대본을 영상과 맞춰보면서 영상에 기술적인 문제는 없는지, 프로그램의 전체적인 분위기는 어떤지 검토하는 것도 번역을 시작하기 전에 꼭 필요한 과정이다.

| 전체적인 프로그램의 분위기와 톤을 점검한다

대본을 보면서 화면과 대조하다 보면, 전체적인 스토리는 물론, 어떤 분위기의 대사로 가주어야 하는지를 명확하게 알 수 있다. 예를 들어, 과거 시대를 배경으로 하는 작품일 경우 그 시대에 맞는 대사와 용어를 써주어야 할 것이고, 미래를 배경으로 하는 SF물의 경우는 그에 걸맞은 대사를 연구해야 할 것이다. 또, 속사포처럼 대사를 쏟아내는 코믹물은 가볍고 밝은 톤으로 대사를 조절할 필요가 있다.

| 등장인물들의 관계를 파악한다

번역을 하기 전에 등장인물들의 관계를 파악하는 일은 무엇보다 중요하다. 예를 들어, 엄마와 딸의 대화와 교사와 학생의 대사는 분명 격식과 친밀도가 다르기 때문이다. 또, 남녀 관계에서도 처음 만나는 남녀는 서로 존댓말을 쓰면서 어딘지 모르게 어색한 분위기가 감돌지만, 서로 친해지면 반말을 할 수도 있기 때문에 그 시점이 어디부터인지도 작가가 결정할 수 있어야 한다. 예를 들어 직장 상사와 비서의 불륜 관계를 그린 장면이 있다고 하자. 비서는 상사를 공식 석상에서는 깍듯하게 존대하지만, 둘이만 있을 때는 반말로 일관할 수도 있다. 좀 비약적일지도 모르지만, 드라마 상에서는 얼마든지 있을 수 있는 상황이기 때문이다. 아무튼 등장인물들의 성격과 그들의 관계를 잘 파악하는 것이, 완벽하고 자연스러운 번역을 위해 대단히 중요하다는 것을 알아야 한다.

| 대강의 줄거리를 파악한다

영화는 대개 기승전결이 뚜렷해야 재미가 있다. 간혹 더욱 재미있는 것은 기가 막힌 반전이 있는 경우인데, 영화를 끝까지 보지 않고는 그 반전이 무엇인지 알 수 없는 경우가 대부분이다. 영화 대본을 검토하면서 대강의 줄거리를 파악해 놓으면, 대사를 번역하는 데에도 그냥 그 대사 한 줄만 번역하는 기분과 전체적인 내용을 파악하고 번역하는 기분이 다르기 때문에 당연히 결과도 다르게 나온다. 또, 전체의 줄거리를 파악하고 있으면 앞뒤 내용도 한결 짜임새 있게 맞춰지게 마련이다.

| 번역용 화면의 검수

번역 작가가 방송사나 제작사에서 받는 영상은 거의 한 장면도 편집하지 않은 마스터 영상이 대부분이다. 그런데 간혹 방송 일정에 쫓길 경우, 마스터가 아직 입수되지 않은 상태에서 샘플 영상만으로 미리 번역을 의뢰하는 경우도 있는데, 이때는 대본과 일치하지 않을 수도 있으므로 화면을 잘 보면서 번역에 임해주어야 실수가 없다.

 간혹 방송사나 프로덕션 담당자의 실수로 영상이 불량이 나오는 경우도 왕왕 있으므로, 번역을 시작하기 전에 반드시 영상을 처음부터 끝까지 돌려보면서 음질은 좋은지, 화면이 끊기는 곳은 없는지 등을 잘 파악해서 담당자에게 알려주어야 실수가 없다.

 어느 정도 영상번역을 했다는 작가의 경우, 매너리즘에 빠져 영상을 다 보지 않고, 부분마다 보면서 처음부터 조금씩 번역해 나가는 경우가 있는데, 이건 대단히 위험한 작업 스타일이다. 프로그램을 처음부터 끝까지 모두 보아야 전체적인 내용을 알 수 있고, 또 간혹 영상의 끝부분이 잘렸다든지 하는 일이 있더라도, 미리 알아서 조치할 수 있기 때문이다.

| 성우 캐스팅 자료 만들어 주기

더빙 작업을 위해 필수적으로 필요한 것이 성우를 캐스팅하는 일이다. 물론 이건 담당 PD의 역할이지만, 프로그램을 가장 먼저 접하는 번역 작가가 배역 자료를 제공하는 것이 관례로 되어있다. 배역 자료의 샘플은 수업시간에 따로 자세히 설명한다.

 담당 PD는 작가가 준 자료를 바탕으로 성우를 미리 캐스팅할 수 있으므로 훨씬 일 처리가 빨라질 것이다. 성우들도 전체적인 등장인물과 비중을 미리 알 수 있어, 더빙작업을 준비하는 데 꼭 필요한 자료가 될 수 있다. 이 부분은 특히 번역 작가의 센스가 필요한 부분이기도 하다.

대체로 성우들의 배역은 극 중 인물의 목소리에 가장 근접한 사람으로 캐스팅하는 것이 원칙이다. 주연급 성우들은 대개 정해져 있기 마련이다. 예를 들면 엘리자베스 테일러의 목소리는 누가, 로저 무어의 목소리는 누가…하는 식으로 말이다. 외화에서의 성우들의 활약은 실로 대단하다. 성우들의 역할에 관한 부분은 수업 중에 자세히 언급하고자 한다.

② **더빙번역 하기**

더빙번역이란 말 그대로 더빙(우리말 녹음)을 하기 위한 번역이다. 모든 번역의 기본은 오역이 없는 완벽함이지만, 더빙에서는 다소 예외의 경우도 있다. 예를 들어, 강도가 너무 센 욕이라든지, 노골적인 성적 표현 같은 경우, 너무 직역을 해주면 세련되지 못한 번역이 되기 쉽고, 자칫 심의 규정에 걸릴 수도 있다. 이럴 때는 다소 원문과는 거리가 있더라도, 그 상황에서 만들어낼 수 있는 최고의 대사를 추구해주면 된다. 그렇다고 너무 동떨어진 대사는 곤란하다.

가령, **"김칫국부터 마시지 마"** 란 대사로 번역했다고 치자. 우리말에선 자연스러운 표현일지는 몰라도 미국인들이 김칫국을 마시는 일은 없으니 조금은 어색한 표현으로 들릴 수도 있다. 더빙번역에서는 아래 사항을 유념해야 한다.

첫째, 극 중 인물의 대사와 우리말 번역 대사의 길이와 호흡이 정확하게 맞춰야 한다.

더빙은 영어 원음이 들리지 않는 상태에서 우리말 녹음만 나오도록 작업하기 때문에, 극 중 인물의 호흡과 대사 길이에 우리말을 맞춰서 번역해주어야 한다. 가령, 더빙된 우리 말 대사가 너무 짧았던 관계로 이미 대사가 끝나버린 상황이면, 화면 속 주인공의 입은 여전히 움직이고 있을 것이다. 반대로 주인공은 대사가 끝나 입이 다물어진 상태에서 우리말 대사는 여전히 흘러 나온다면, 이 또한 어색한 장면이 될 수밖에 없을 것이다.

〈더빙 대본의 예〉

빈스	(걱정) 제씨, 엔진이 말을 안 들어/
제씨	(os) 공기 연료 조합에 문제가 있어서... 3단 기어가 말을 안 듣는 거야/
리온	내가 말했잖아/
제씨	연료 분사 펄스를 늘이고... 나스 타이머를 조정하면 아주 잘 달릴 거야/ 응?
빈스	봐! / (os) 왜 또 온 거야? (on) 샌드위치에 미쳤나?/
리온	(화난 듯) 다신 여기 오지 말라고 했는데/
레티	열 받지 마... 부품을 팔러 온 것뿐이야//
빈스	뭘 팔려는지 알아
리온	(os) 미아를 꼬시려는 거지 /
미아	(반갑게) 어서들 와
제씨	우리 왔어 /
레티	장사 잘돼? /
리온	받아
레티	도미닉... 마실 거 줄까? //
제씨	그놈 한번 잘 생겼네
리온	머리가 맘에 들어 /

미아	(멀리서) 빈스! / 빈스! /
빈스	뭐?
미아	먹을 거 줄까? /
빈스	좋아 보이네 /
브라이언	고마워 / 내일 봐 /
미아	(os) 그래 /
빈스	내일 봐?
리온	재밌어지는데 /
빈스	야! 다른 데서 먹어, 더블 치즈버거에 프라이까지 해서 2달러 95센트면 먹을 수 있어
브라이언	난 참치가 좋아
빈스	거짓말... 여기 참치를 누가 좋아해?
브라이언	난 좋아 /
빈스	(고통스러운) 윽~ /
브라이언	(큰) 아아악~ //
미아	오빠, 나가서 말려, 싸우는 건 정말 지겨워 / 농담이 아냐! 어서 나가봐! /
빈스	(신음) 윽~
도미닉	샌드위치에 뭘 넣었어?
미아	웃기지 마

위의 대본에서 볼 수 있듯이, 짧은 감탄사나 대사 하나도 빠트리지 않고 번역해주어야 호흡과 대사의 길이가 맞는다는 것을 알 수 있다.

둘째, 대사 중의 모든 소리를 그대로 다 표현해 주어야 한다.
위에 제시한 더빙 대본의 예에서도 알 수 있듯이, 극 중 배우가 연기를 하다 보면 대본에 지시된 대사 이외에도 여러 가지 소리, 즉 감탄사나 울음소리, 웃음, 한숨, 기침, 휘파람 등 인물이 내는 모든 소리를 대사와 더불어 자세히 묘사해 주어야 한다. 번역 작가가 번역만 하면 됐지, 왜 그런 세세한 부분까지 신경을 써야 하나 하는 의문이 들 수도 있지만, 성우가 녹음하기 좋은 대본을 만들어 줄 때 번역도 빛이 나는 법! 이것이 일반 번역과 영상번역의 다른 점이다.

> 예) (os) 글쎄요 // (on) 도시는... / 다 똑같아 보여요 / 진짜 그래요 /// (os, 한숨) 하아~ / 로마의 파스타는 당신보다 못하구... / (on) 찝쩍거리는 놈팽이는, (빈정대는) 흠, 반반한 유럽 남자들이 다 그렇잖아요 /

셋째, 각종 부호와 기호를 대사에 넣어준다.

> 예) (os) 화면에 화자의 얼굴이 보이지 않을 때
> (on) 화면에 화자의 얼굴이 보일 때
> (echo) 메아리가 울리는 대사
> (F) 필터 처리가 필요한 대사, 즉 마이크나 전화, 방송 등
> (겹) 앞 대사와 겹치는 대사
> (높) 높은 톤으로
> (낮) 낮은 톤으로
> (급) 급하게
> (속) 속삭이듯이
> (흐느끼며) (울부짖으며) (헉헉대며) (숨 가쁜 듯) (웃음을 참으며)...등등

위와 같은 지문이나 암시를 대사 곳곳에 적절히 삽입해주면, 성우들이 대사를 하면서 충분히 분위기에 맞게 처리할 수 있다. 또, 미리 대사의 주변 상황을 파악할 수 있어 훨씬 경제적인 녹음 작업을 할 수 있다.

특히, 화면에는 화자의 얼굴이 보이지 않는데 대사는 나오는 상황에서는 반드시 (os) 표시를 대사 앞머리에 해줘야 성우가 대사를 듣고 녹음하는 데 실수가 없다. 물론, 이것도 성우가 미리 시사를 완벽하게 하고 들어오는 경우에 해당한다.

넷째, 대사와 대사 사이의 호흡, 즉 간격의 길고 짧음은 /, //, /// 으로 표시해 준다.

일반적인 호흡은 /, 대사와 대사 사이의 호흡이 약간 길 때는 //, 장면이 바뀐다든지 혹은 액션 장면이 오래 계속되어 대사가 없는 부분에는 ///개 이상으로 구분하여 주면 성우들이 녹음할 때 대단히 유용하다. 예를 들어 설명하면 다음과 같다.

재키	좋아요, 우회전해서 동쪽으로 36미터, 거기서 좌측으로 돌았다가… 다시 우측으로 돌아 동쪽으로 (on) 460미터 가세요 / 좋아요 / 전방 6미터가 지하실 바로 밑이에요, 터널을 계속 따라가다가 (filter) 위를 보면 사다리가 있을 거예요 //
닉	(os) 갱도가 있다, 올라간다 ///
재키	뭐 하세요? /
닉	(os) 올라가고 있어 / 여긴 거 같다 /// (filter) 끝났다 ///

위 대사에서 보면 /는 일반적인 호흡이며 //는 약간의 사이를 두었을 때, ///는 대사와 대사 사이의 호흡이 길 때를 표시해준다는 것을 알 수 있다. 이

부분은 특히 더빙번역에서 중요하므로 충분한 이해와 오랜 훈련이 필요하다.

다섯째, 더빙 대사는 완벽하게 일상적인 구어체여야 한다.

흔히 말하는 '번역투'라는 것이 있다. 분명 우리말이긴 한데 어딘가 모르게 어색하고 딱딱해서, 번역한 대사라는 것을 금방 알 수 있는 대사를 말한다. 번역 작가들 사이에서도, 이 번역투는 절대 피해야 할 금기로 되어있다. 실제로 번역을 할 때는 잘 모르지만, 성우의 입을 통해서 나오는 대사는 왜 그렇게 어색한지, 정말 자신이 번역한 대사가 그런 투로 들릴 때 쥐구멍이라도 찾고 싶은 작가의 심정은 겪어본 사람만이 알 수 있다. 예를 들어 다음과 같은 두 개의 대사를 비교해 보자.

예) 1) 내 인생에 있어서 가장 소중한 존재는 당신이야, 당신도 알고 있지?
     2) 나한테는 당신이 제일 소중해, 알지?

어떤 대사가 더 자연스러운지는 굳이 얘기하지 않아도 알 수 있을 것이다. 똑같은 대사라 하더라도 얼마나 자연스럽게 표현하느냐에 따라 대사의 맛과 현실감이 다르게 느껴진다. 특히 더빙 대사의 경우에는 자연스러운 구어체를 구현해 주는 것이 대단히 중요하다 하겠다.

여섯째, 일차 번역이 끝나면 작가 스스로 성우가 된 느낌으로 대사의 길고 짧음과 호흡을 맞추어 보아야 한다.

번역된 대사가 화면상의 원어와 어감이나 호흡이 잘 맞는지 직접 대사를 화면에 맞추어 발성해 봄으로써 최종 점검하는 것이다. 만약 번역된 우리말이 영어에 비해 길다면 호흡에 맞게 줄여 주어야 하고, 짧다면 늘여 주어야 영어와 우리말이 정확히 일치하는 자연스러운 번역이 나온다. 또, 대사를 만들었을 때는 잘 몰랐는데 실제 발성을 해보니 너무 '번역 투'가 많이 느껴져 부자연스러운 경우도 있다.

더빙번역의 핵심은 자연스러운 우리말 대사의 구현이다. 너무 지나친 비어나 속어(가령 욕이나 유행어 따위) 등은 자칫 까다로운 심의의 도마 위에 오를 수 있다. 특히 할리우드 영화의 경우는 심한 욕이나 노골적인 성적 표현 등이 거침없이 등장하기 때문에 이를 있는 그대로 번역해주면 방송을 타기가 곤란한 경우가 생기기 때문이다. 우리나라의 방송 실정에 맞는 언어 구사도 필수적으로 생각해야 할 부분이다.

자료제공 | 글밥 아카데미

영상번역가로 먹고살기

1쇄 발행 | 2017년 3월 13일
2쇄 발행 | 2020년 2월 19일

지은이 | 최시영
발행인 | 김명철
발행처 | 바른번역
디자인 | 서승연
캐리커쳐 & 캘리그라피 | 엄창호 (instagram : um_changho)
출판등록 | 2009년 9월 11일 제313-2009-200호
주소 | 서울 마포구 어울마당로26 제일빌딩 5층
문의전화 | 070-4711-2241
전자우편 | glbabstory@naver.com

ISBN | 979-11-5727-110-8

내용의 전부 또는 일부를 이용하려면 반드시 출판사의 동의를 받아야 합니다.
잘못된 책은 바꾸어 드립니다.

정가 15,000원